# Creative Calling《クリエイティブ・コーリング》

## 創造力を呼び出す習慣

Establish a Daily Practice,
Infuse Your World with Meaning,
and Succeed in Work + Life

チェイス・ジャー
訳・多賀谷正子



CCCメディアハウス

# はじめにひと言！

Read This First!

**創造性は涸れることがない。使えば使うほどあふれてくるものだ。**

**——マヤ・アンジェロウ**

まず、自分に問いかけてみてほしい。いまのやり方でうまくいっているだろうか。いまの生き方でいいのだろうか、と。

この本は創造性について書いたものだが、より広い意味でいうと、人生や生き方について書いたものだ。読んでもらえれば、クリエイティブなスキルが高まることは間違いないが、たんにクリエイティブな仕事を始めたり、いいデザイナー、いい作家、いい写真家、いい起業家になったりするための方法を書いたものではない。もっと豊かで、奥深い、生きがいの感じられる人生をおくるにはどうすればいいかを書いたものだ。

あなたの人生に創造性を取り入れるとはどういうことだろうか。それはたとえるなら、『オズの魔法使』のドロシーが、モノクロのカンザス州から、色彩のあふれるマンチキンの国へ足を踏み入れるようなものだ。

今日、この時間に、あなたがこの本を手に取った理由は何だろう。あなたはいま、何を求めているのだろう。

もしあなたが望んだとおりの人生をおくっていて、自分のポテンシャルを余すところなく発揮できているなら、それはすごいことだ。クリエイティブな仕事をするときだけでなく、何をするにおいても寛容さと遊び心を忘れないでいるならば、すばらしい。何かを創造したい、新しいものを発見したいという気概をもって毎日をおくっていて、喜び、インスピレーション、活力を与えてくれる人間関係をうまく築けているなら、ぼくからあなたに教えられることは何もない。何をしている人であれ、あなたはうまくいっているはずだ。あなたは自分が思い描いたとおりの人生をおくっている。そのまま、創造性にあふれた毎日をおくっていくといい。世界はあなたが生み出すものを必要としている。この本は、誰かこれを必要としている人に譲ってあげてほしい。

それでもまだあなたがこの本を読んでいるとしたら。

あなたは思いどおりの人生をおくれていないということなんだろう。もしかすると、自分の理想からは程遠い人生を歩んでいるのかもしれない。あるいは、自分の生き方を模索しているところなのかも。燃え尽きて、疲れきって、行きづまっているのかもしれない。人生が好転することなどありえない、何かが足りない、と思っているかもしれない。

この本を読んでいる人のなかには、自分を〝クリエイティブな人間〟だと思っている人も、そうでない人もいるだろう（〝クリエイティブ〟がどういう意味かはさておき）。けれども、この本の何かがあなたの興味を引いたわけだ。それが何なのか自分でもわからないかもしれない。わかっていたとしても、それを認めたくないだけかもしれない。だが、この先を読んでもらえれば、それが何かわかるはずだ。安心してほしい。この本はあなたが読むべき本だ。

なかには、自分はクリエイティブな人間だと思っているけれど、いま何か創造的な活動をしているわけではない、という人もいるだろう。どのみちたいしたものは創れないのだから、と思っているかもしれない。かつては写真を撮ったり、プログラミングをしたり、ものを書いたり、楽器を演奏したりしていたのに、以前ほどの情熱がもてなくなってやめてしまったのかもしれない。どうやってもあのころの高揚感を取り戻せそうにない、と思ったりして。そんなあなたにも、ぜひこの本を読んでもらいたい。

逆に、あなたは何かを創っている人かもしれない。ものを書いたり、ダンスを踊ったり、次々と事業を起こしたり。それは副業かもしれないし、本業かもしれない。いずれにしても、これまで何かを創造して成功してきた人だ。

けれどもここへきて、どうやって続けていけばいいのか、そもそも続けるべきなのかどうか、あなたは迷っている。進行中のプロジェクトが暗礁に乗り上げているところなのかもしれないし、顧客にイライラさせられて、こんな仕事やめてやると思っているところかもしれない。あるいは、最後の公演が終わって空虚感をいだいているところなのか。心の中ではずっと安定した仕事につかなくてはならないと思っていたのに。

いま、思いどおりに創造的な活動ができていないなら、いっそのことあきらめたほうがいいのだろうかって？　いや、そう焦ってはいけない。

活力を与えてくれる創造的な活動、自分を支えてくれる創造力豊かな仲間、活気あふれるコミュニティ、そして強い心がなければ、人生は味気ないものになってしまうだろう。その道で成功したプロだってつねにもがいている。この本を読めば、あなたに足りないものが何かわかるはずだ。いま、あなたのなかにある創造力を支点にして考えていこう。アルキメデスの言葉を借りるなら、しっかりと立っていれば、あとは支点さえあれば、世界を動かすこともできる。


もしかすると、いま取り組んでいる創造的な活動は傍目にはすばらしく見えるけれども、なぜか夢中になれない、続けていく気になれないという人もいるかもしれない。そういうことは誰にでもある。ぼくにもそんな時期があった。傍から見れば何もかもうまくいっているように見えるのに、自分の心はなぜかうつろだというとき。

そんなときは、そもそもなぜ自分がその活動を始めたのかを思い出してみるといい。そのころを振り返ることで道が開ける。あなたの中に眠っている何かが、表現してもらいたがっているはずだ。それは、すっかりホコリをかぶった高校生のころのギターをもう一度弾いてみることかもしれないし、コメディークラブでネタを披露してみることかもしれない。かつて感じたあふれんばかりのインスピレーションや喜び、生命のみなぎる感覚を、あなたもまだ感じることができるはずだ。ただ自分の心の声に耳を傾け、自分なりの道を進めばいい。自分をみつめなおしたら、創造への欲求を形にしていこう。

ぼくたちが歩んでいく道のすばらしいところは、どんなこともけっして無駄にはならないということだ。さまざまな紆余曲折があるだろう。けれども、どんなに遠くまでさまよって行ったとしても、けっして道を見失うことはない。それこそが何かを創造するというプロセスの本質だ。すべてが生きてくる。すべてに意味がある。いま感じているフラストレーションも、倦怠感も、憤りもすべて、いつか上向く日のためにある。その日を迎える準備が、あなたにはできているだろうか。

よい人生を歩むためには設計が必要だ。この本では、クリエイティブになることをとおして、よりよい人生を歩む方法を伝える。小さなことでもいいから、つねに自己表現することを心がけていれば、そのうちその作用が現れ、自然と思い描いたとおりの人生を創造できるようになる。創造する力を形にすることは、運動、適切な栄養、マインドフルネスと同じように、健康と幸福感には欠かせないものだ。あなたの内側に秘められたエネルギーを解き放ってこそ、あなたらしい人生を精一杯生きることができる。

この本は、あなたにこそ読んでほしい。

# Contents

STEP 2 DESIGN

# 設計する

夢を実現するための戦略を設計しよう

## STEP 3 EXECUTE／実行する

戦略を実行し障壁を乗り越えていこう

Creative Calling



Published by arrangement with HarperBusiness,
an imprint of HarperCollins Publishers
through Japan UNI Agency,Inc., Tokyo.

# 序章

Introduction

**クリエイティブな人とクリエイティブでない人がいるわけではない。ただ、自分の創造力を使う人と使わない人がいるだけだ。だが、創造力を使わなくても何の問題もないというわけではない。そのうちにわかるが、使われない創造力はおとなしくしていない。危険なものになる。**

**――ブレネー・ブラウン**

傍から見れば、ぼくには何の問題もなかった。それなりの野心はもっていたし、それを達成するための明確なプランもあった。自分の人生をどうしたいかもわかっていたし、うまくやっていく自信もあった。だが、心の内側でぼくは途方にくれていた。不安で、心ここにあらずといった感じで、行きづまりを覚えていた。何かわからないけれど、何かがおかしかった。いまのままの生活はとても続けられない、もう一歩も前へ進めない、こんな状態でどうやって自分のプランを実行に移せばいいんだろう、と思っていた。

ところが、大切な人を亡くして初めて気づいたのだ。ぼくのプランはなんてつまらないものなんだろう、と。ひとつひとつの行動は意味のあるものだったけれど、その先にあるものにはまったく心を動かされなくなったのだ。その前の年のこと、ぼくはサッカー選手になるのをあきらめて医学校に入り、望んでいたもうひとつの道へ飛びこんだ。それなのに、ぼくは何をしているんだろう、なぜこんなことをしているんだろう、という思いが頭から離れなくなった。

それまでぼくはずっと、周りの人に認められたくて、何がなんでも成功を収めたいと思って必死だった。医者になればそれもかなうと考えた。医者しかないと思った。ぼくは心からそう信じていた。だが、大切な人の死が、それがすべてではないことを教えてくれた。祖父の突然の死でぼくは目が覚めた。人生は一度きりだということを強く感じたのだ。一度きりの人生なのだから、自分が本当にやりたいことをするべきではないのか、と。

病人を治す仕事ではないとすると、この世界における自分の役割は何だろう。何をするために生まれてきたのだろう。ぼくが求めているものとは？　そのはっきりとした形や輪郭はまだわからなかったけれども、ぼくの内側で解き放たれるのを待っている何かがあった。そのときのぼくは、人生の岐路に立っていた。一方は安全な道、もう一方は不安定だが可能性に満ちた道だ。

そのうちぼくは自分の欲求に気づいた。それは遠くのほうで聞こえるささやき声のようだった。ある日突然、自分は馬専門の獣医やオペラシンガーになるために生まれたのだと思う人はあまりいないだろう。それはあとになってから自分でそう思うだけの話で、最終的にその職業についたからこそ言えることだ。けれども、心が求めるものとはもっと直感的で、出会ったときに「これだ！」と強く引かれるもの。「これはすばらしい！　これをどこまでも極めていこう」と思えるようなものだ。

その直感を信じ、導かれるままに進み、心が求めるものを忘れずにいれば、ぼくたちはいつの間にか自分なりの道を歩んでいるはずだ。どこへ向かおうと、それは来るべくして来た道だ。

もちろん、ぼくも、21歳になった瞬間にアーティストになりたい、アクション・スポーツ・フォトグラファーになりたいと思ったり、オンラインの学習プラットフォームを立ち上げたいと思ったりしたわけではない。ただ、自分の直感に従ってきただけだ。写真を撮りたかった、ということに尽きる。自分がやるべきだと思うことをやっていれば、そうでないことも自ずと明らかになってくるだろうと思っていた。そして、そのとおりだった。

写真の道へ進むのは、ぼくの人生に関わるすべての人をがっかりさせることになるだろうと思ったが、思い切ってやってみるべきだと感じた。ぼくは医者になるという計画を捨て、恐る恐る新しい道への第一歩を踏み出した。何かを創造したいという欲求に従う道へと。ぼくはいまでもその道を歩いているが、後ろを振り返ったことはない。

クリエイティブであるということは、仕事をやめたり、ベレー帽をかぶったり、パリに移住したりすることとは違う。他の人と違う恰好をしてみたり、新しく芸術家の友人を何人もつくったりすることでもない。新しい仮面をかぶってみたり、新しい段階へと進んだりすることでもない。クリエイターとはこういうもの、という先入観をすべて捨ててみてほしい。何かを創造することは人間が生来もっている重要な機能で、健康や幸福感を得るには欠かせないものだ。いってみれば、息をするのと同じくらい自然なことなのだ。

ちょっと別の例えをしてみよう。息の音をたてるのははしたないことだという世界を想像してほしい。学校で先生たちはこう言う。「はいみんな、息を殺して！」息があがってしまうといけないので、子どもたちは走り回ったり遊んだりしない。大人たちも思わず息をのんでしまわないように、スリルのあることは慎んでいる。そんな世界に住んでいるところを想像してみてほしい。ほとんど息をしないで歩き回っていたら、いつもめまいがして体も疲れてしまうだろう。

そんな世界で、思い切り深呼吸をして新鮮な空気をお腹にたくさん入れなさい、爽快で気分もリフレッシュするし体にとてもいいから、と言われたらどうだろう。おかしいのは社会のほうであって、あなたではない、と言われたら。深呼吸をすることで考え方も感じ方もガラリと変わるよ、と言われたら。そうしたら、あなたは深呼吸をするだろうか。

ぼくらはみんな、生まれつきクリエイティブだ。人種、性別、性的志向、能力、生い立ちに関係なく、どんな人にも創造性が備わっている。この本の最終的な目的は、クリエイティブであることによって得られる利点を、あなたにも享受してもらうことだ。

何かを創造しているとき、ぼくらは自分の内側にある何か強い衝動に突き動かされている。その力を創造に向けることはできるが、そのエネルギーを抑えることはできない。誰にでも何かを創造する強い力がある。これまでその力が解き放たれるところを何度も目にしてきたので、それは確かだ。気づいていようといまいと、その力はあなたの中にも息づいている。

ぼくらが何かを創造するとき、たとえそれがシンプルなものや、ほんのちょっとしたものであっても、初めてだから不格好なものしか創れなくて、すぐに捨ててしまうことになるとしても、内に秘めたこの強い力が活性化する。それがどんなものであろうと、ぼくらの創造欲は変わらない。創造性が目覚めたいま、そのエネルギーはあらゆる方向へと流れ出す。そのエネルギーを来る日も来る日も新しいものを創り出すことに使っていれば、そのうち信じられないようなことが起きる。気分が爽快になり、覚醒し、心が満たされ、充足感を覚える。定期的に何かを創造していると、つねに新しいやる気の源が刺激される。

あなたの頭の中にあるアイディアを実際に形あるものにすることは、人生の大きな喜びだ。それは小説を書くことでも、写真を撮ることでも、料理をすることでも、ビジネスでもいい。何かを創造するエネルギー、いってみれば創造するための密度の濃い小さなプルトニウムを内に抱えてぼくらは生まれてきたのだ。この原子炉の中には一生何かを創りつづけるのに十分な燃料が蓄えられている。

実際、その力は使えば使うほど新たに供給される。だが、プルトニウムと同じように創造力は危険なものだ。そのエネルギーはどこかに向かって発散されなければならない。そしてそのエネルギーは日常的に何かを創造することで解き放たれなければならない。抑え込んでしまうと、何かを批判するほうに向かったり、誰かを傷つけてしまったりするかもしれない。表現することにそのエネルギーを向けないと、あなたの創造力はあなたの人生を狂わせてしまうかもしれない。

## 創造性とは何か、なぜそれが大切なのか

創造とは、ふたつ以上の意外なものを組み合わせたりアレンジし直したりして、何か新しいものをつくったり、役に立つ形にしたりすることである。それだけのことだ。シンプルな定義だが、その奥は深い。

「何を創造するか」よりも大切なことは「なぜ創造するか」だ。何かを創造するとき、ぼくたちは自分の時間と労力を惜しみなく注いでそれを価値あるものにし、見返りは求めない。ぼくたちは真の自分自身をみつめたときに初めて、何かを創造することができる。つまり、創造するとは、自分を信じることを学ぶプロセスなのだ。

あなたの中からあふれ出てくる純粋な創造性には、誰も評価をくだすことができない。不

可能だ。この本を読めば、周りからの評価をいっさい気にすることなく、心の底から自分自身を信頼する方法がわかってもらえると思う。あなたに必要なものはすべて、いまのあなたの中にある。次の3つを意識して毎日をおくれば、あなたの将来は変わってくる。

**1** 自分は本来クリエイティブな人間であり、新しいものを創ったり育てたりするための無限の能力が備わっている。

**2** その能力を使うには創造するための筋肉が必要で、真の能力を活用するには、その筋肉を鍛えなければならない。

**3** 自分はクリエイティブな人間であると自覚し、周りの世界をキャンバスだととらえ、自分のアイディアを定期的に表現することを心がけていれば、自分が真に望む人生を直感的に創造することができる。

言い方を変えてみよう。ピアノを弾くことであなたの人生が豊かになる。料理をしたりプログラミングをしたり起業したりすることであなたの意識が変わり、周りの環境や経験は自分で形づくることができるという考えをもてるようになる。揺るぎない主体感をもつことができる。そうして日一日とクリエイティブになるにつれ、自分が望む人生を築けるようになっていく。それは、もっと大きな尺度で考えたときに望ましいといえる人生の創造だ。

ぼくたちは、こうしたことを教えられてはこなかった。社会では〝クリエイティブな人〟と〝それ以外の人〟とが分けて語られるが、それは間違いだし、そういう考え方はよくない。そうしたゆがんだ考えを手放せば、あなたの意識も変わるだろう。創造性には実用的なことを突きつめていくという面が多分にあり、それこそが真に人生を豊かにするものだと気づくはずだ。

自分の創造力を解き放つことこそ、あなたの心が求めていること。それはあなたの人生を形づくるうえで大切なことだ。創造する力はとても強く、ときに危険なものにもなる。かつてのぼくのように自分の創造力に気づかないふりをしているのがいちばんいけない。

ぼくは、失敗は取り戻せるということを示す生きた証拠だ。ぼくは自分の心の声を聞くことを学び、自分らしい人生を取り戻した。だからこそ、創造性についての間違った考えを正したいし、創造力の作用や、誰にでも創造力があるということを、ぜひみんなにわかってもらいたい。間違った考えとして真っ先に挙げられるのは、創造力とはほんの一握りの選ばれた人にだけ与えられた稀有の才能である、というものだ。そんなことはない！　創造力とは人間が本来もっている力だ。その力を表現したものが、すなわち文化だ。

ふたつの状態がつながったとき、創造が生まれる。考えることと実行すること。探求と熟考。開いている状態と閉じた状態。開いた状態にあるとき、ぼくらはさまざまな可能性を探って、ひとつひとつの断片をどう全体にあてはめるか考える。閉じた状態にあるときは、コツコツと作業に取り組み、完成に向かって突き進む。

閉じた状態にあることは問題ない。実際、そういうときも必要だ。ただし、正しいものを正しい方法で完成させようとしているときにかぎっての話だ。たとえば、買ってきたペンキの色もツヤも気に入っているとしよう。だが、買っただけで満足してはいけない。さあ、袖をまくりあげて、殺風景な壁にペンキを塗ろう。ただ、残念なことに閉じた状態にあったとしたら。自分の家の壁が本当にこの色でいいのかどうか考える間もなく急いでペンキを塗り、あとで後悔することになる。「あーあ。ベージュ色だらけじゃないか！」

ぼくたちは幼いころから、きちんと座って、静かにして、言われたとおりに物事をやらなければならないと教えられてきた。そうしなければ、この子は弱い子だ、もろい子だ、ばかな子だ、と思われてしまう。大人になってからも、現代的な生活のなかで慢性的なストレスや不安をかかえながら、閉鎖的な空間で懸命に働いている。いってみれば、ぼくたちはトンネルの先しか見ていないようなもので、自分の周りにあるさまざまな機会に気づくことができずにいる。そこから抜け出すためには、ふたつの状態、たとえば開いた状態と閉じた状態を行ったり来たりすることを学ばなければならない。

誤解のないように言っておくが、ぼくが「創造性」と言うときは、たとえば油絵を描いたりバイオリンでソナタを弾いたりする、いわゆる「芸術的なこと」だけを意味しているのではない。たしかに、芸術も創造の一部ではあるが、何かを創造するということは、特定のクリエイティブな作品を創ることだけを指すのではない。

創造とは、あなたのアイディアを世界に向かって表現することだ。それは問題解決の方法かもしれない。ビジネスや何かの行動を起こすことかもしれない。家族の世話をすることだって創造だ。他人や自分のことをより深く知って、人生に生きがいを見出すことも。

ぜひ知っておいてもらいたいのは、たとえば写真、プログラミング、料理など、クリエイティブな作品を定期的に生み出していれば、あなたの創造力がより活性化され、堰を切ったようにあふれ出てくるようになるということだ。そうなれば、あらゆる可能性が開ける。そこから自分が望む人生を創造するために必要なものを選びとっていけばいい。

非常にクリエイティブな俳優であり、コメディアン、作家でもあるジョン・クリーズはこう言っている。「創造性とは才能ではない。使い方を知っているかどうかだ」。いままであなたが知らなかった創造性の使い方を伝えるために、アーティストとして、起業家として、友人として、夫として、人間として、ぼくがこれまでに創造性について学んできたことのすべてを、これから書こうと思う。やりがいがあって、生産的で、創造的な活動を読者のみなさんができるように。

創造するのが趣味のためであっても、副業であっても、本業であっても、たとえ自分がどんなものを創れるのかわからなくとも、この本があなたの人生を救うかもしれない。実際、ぼく自身も、遊び心にあふれているけれども神聖で、ばかげているけれども真剣な、人間に生来備わっているこの創造性がなければ、どんな人生を歩んでいたかわからない。

## 自分の心の声に従う

人生において、自分の心の声を聞くことが難しいのには理由がある。心の声とは、自分は何をするために生まれてきたのか、どのように生きればいいのか、と心の内側から自分に問いかける声だが、その声に従おうとすると未知の道を行くことになるからだ。ぼくは自分の心の声を聞けるようになってから、やっと新しい道を歩みはじめた。キャリア・カウンセラーに指導してもらった道ではないし、両親から勧められた道でもないし、社会から期待されている道でもない。ぼくなりの道だ。

自分だけの道を見つけるのは、わくわくする発見だ。だが、心の声を聞いて自分の道を見つけるのはまだ始まりにすぎない。そこから努力しなくてはならない。自分の道を進みながら、ぼくはとてつもない努力をした。結果が出て収入を得られるようになるまで、両親以外の観客を獲得するまで、孤独な努力を積み重ねる時期があった。

いつもお金に困っていた。最初の数年はウェイターの仕事もしていたし、食べるのはラーメンばかり。生活費とカメラのフィルム代をどうやりくりしようかと頭を悩ませていた。一方、撮影の腕を磨くのには、つねにやりがいを感じていた。まるで、かじかむ指で雪山の壁に必死にしがみついたまま何時間も過ごすような状況だったけれども。

どんなに疲れてフラストレーションがたまろうと、ぼくは自分がしっかりと自分の道を歩んでいると感じられたし、それが価値のあることに思えた。ずっと自分の直感に突き動かされてきた。ときどき、すべてが響き合ってつながり合っているのを聞いたり感じたりもした。なぜだかわからないまま。

ぼくはやっと、ふたつの耳でしっかりと心の声を聞き、二本の足でしっかりと自分の道を歩いていると感じられるようになった。生まれて初めて、ぼくは自分自身と調和していると感じ、努力することにもやりがいを感じた。けっしてまっすぐではない常識はずれな道だったけれども、いったんその道を歩みはじめたら、その道がぼくにとって大きな意味のある道になった。自分の内側にくすぶっていたものを解放する出口を、ぼくはやっと見つけたのだ。

そうこうするうちに、努力が実を結んだ。ブレイクスルーすることができたのだ。ぼくはアップル、ナイキ、レッドブルといったブランドのキャンペーンのために、世界じゅうを旅しながら写真を撮るようになった。これで、ぼくの創造欲、プロとしての目標、収入、そのすべてがかなえられることになった。うまく回り出したのだ。ぼくは満足感が得られるすばらしいキャリアを見つけ、アーティストとして大きく成長した。

だがここで、他のクリエイターたちとつながりたい、もっといろんな人とコラボをして人生の幅を広げたい、という新しい心の声が聞こえた。個人的にもプロとしてもつながりを持ちたいというぼくの思いは、それぞれ情熱的に自分の道を歩んでいる同志たちを結ぶエコシステムという形で実現した。

ぼくたちは日常の仕事と並行して、このグローバルなコミュニティを運営した。他の何よりも創造することに重きを置いているアーティスト、起業家、建築家をはじめとして、何かを創っている人たちがメンバーだ。独立して仕事をしている人が多いが、なかには大きな組織の中で自由に活動している人もいる。ぼくと同じように自分で運命を切り拓いた人がこんなにもいるというのは、おおいに刺激になった。

プロの写真家の世界では、自分のテクニックは秘密にし、他の写真家を同志ではなく競争相手とみなす人が多かった。テクニックを互いに共有し学び合うという考えはないようだった。他の世界でも同じようなことがあるという。ぼくはそれを変えたかった。ぼくたちの道は基本的には似ているのだから、それぞれの道を歩みながら互いにつながり合うことがなぜできないのか、ぼくは疑問だった。

何かを創造しつづける道というのは険しいものだ。お互いに助け合って、共に学び共に成長していけばいいのではないだろうか。そこで、ぼくはブログを始めて、自分のクリエイターとしての成功話も失敗談も書くことにした。テクノロジーが進化したこともあって、ぼくは自分の製作過程を録画して、自分のテクニックや苦労したことなども公開した。

そうやってクリエイターのエコシステムに貢献することで、ぼくは自分自身にも、他のクリエイターたちにも、力を与えられるようになっていった。そしてあっという間に、まだ創成期にあったソーシャル・プラットフォーム上で創造、実践、発見という好循環が生まれ、それがネットワークを通じてさらに大きくなっていった。

いまではクリエイターの間で情報を共有するのは当たり前のことになった。だが、2000年代の初頭は、それはまだ異端とみなされるようなことだった。昔かたぎの写真家には、ぼくが〝企業秘密〟をばらして〝写真業界を崩壊させようとしている〟と言われたものだ。

たしかに、苦労して得た知識を共有することで自分を不利に追いこんだのかもしれないが、学んだことを隠しておくのはぼくの性分ではない。周りからも影響を受け、コミュニティをつくり、ぼくのアイディアを大きくふくらませるのは、考えられうるマイナス面よりもはるかに意義があると思えたのだ。

いわゆる同業者からの怒りの声に落胆したものの（予期はしていた）、ぼくは寄せられる批判の声を尻目に、情報の共有をますます広げていった。心の中では、ぼくがやっていることを見て、他のプロの写真家も自分が学んだことを共有してくれないだろうか、と考えていた。

このころ、ぼくはまだインポスター症候群と闘っていて、**真の**写真家なら、こんなことはとうに知っているのではないか、写真のことを完璧に理解できるまで、自分は写真家とは呼べないんじゃないか、と悩んでいた。商業上の成功を収めていたにもかかわらず、どこか自分が新参者で、アウトサイダーで、偽物の写真家なんじゃないかと感じてしかたがなかった。

ぼくは自分の腕を磨きつつ、新しいソーシャル・プラットフォームやツールの構築に力を注ぎながら、世界的に広がったクリエイターのコミュニティに参加していた。ぼくの作品やアイディアには彼らの影響もおおいにある。彼らはぼくとよく似ている。知識に飢え、互いの話を聞きたがり、経験を求めている。作品を次々と生み出すにつれ、何と呼べばいいのかわからないけれども、この現象はとても大きな意味をもつものだと感じるようになった。自分の作品がたんなる写真ではなく、もっと大きな、アートという枠すら超えたものになったのではないかと思った。

当時は知る由もなかったが、知識を共有し、コミュニティをつくり、互いに刺激しあって、それぞれがクリエイターとしての夢の実現に邁進していこうという考え方が、2010年に共同設立者として〈クリエイティブ・ライブ〉という、オンライン学習を提供する会社を立ち上げることにつながった。それ以来、世界のあらゆる国で1000万人もの人々が、ぼくたちのプラットフォームでビデオを見て学習してくれたが、その累計学習時間は何十億分にもなる。創造教育や起業家教育に関する資料を有した世界でも有数の、1万時間分ものクオリティの高い学習教材を提供する企業を、ぼくたちは創りあげた。

講義をするのはピュリッツァー賞、グラミー賞、アカデミー賞の受賞者、ニューヨーク・

タイムズ・ベストセラー作家、ソートリーダー、革新的な起業家たちだ。ぼくたちが提供する講座やポッドキャストや記事では、自分の創造力にインスピレーションを与え、それを解き放ち、その道を進んでいく方法を教えている。

登録者数の多さにはいまだに驚かされる。いま、この原稿を書いている時点でこの活動は9年目に入ったが、ぼくらはまだ始まったばかりだと思っている。世界は変わった。ぼくらは転換点を過ぎた。いま、人間とこの地球は、創造性によってしか解決しえない、いくつもの新しい問題に直面している。

## 自分を知る

いまあなたは、これまで自分の創造力について周りの人から言われたことを思い出しているかもしれない。両親、友だち、先生、雇い主から言われた言葉は、自分がクリエイティブな人間だと思えるかどうかに、大きく影響する。褒められたことでクリエイターになった人もいるだろう。否定的なことを言われて違う道を選んだ人は、もっと多いかもしれない。

あなたは自分をどのように見ているだろうか。クリエイターとしての道を歩みはじめたばかりで、はたして自分に何かを創り出せるほどの力があるのかと、いまだに懐疑的になっているところだろうか。あるいは、クリエイティブな趣味を何年もやっていて、たとえばそれを本業にするなど、もっと作品づくりに没頭したいと思っているところだろうか。それとも、プロとしてクリエイティブな仕事をしてはいるが、生活費を稼ぐのに苦労しているところだろうか。あるいは制作に集中できなくて困っているところかもしれない。

いま、あなたが次のうちどの段階にいるにせよ、この本はあなたの参考になるだろう。

**・野心にあふれたプロフェッショナル**　たとえ創造的な活動以外の収入のほうが多かったとしても、創造することに真剣に向き合っているプロのクリエイター。自分の作品を世の中に認めてもらって、一段上のレベルにいきたいと願っている。

**・行きづまりを感じているクリエイター**　何かを創造したい気持ちはあるものの、周りとの関係、経済的な問題、あるいは怖れから、前に進めていない。クリエイティブなことに目を向ける開いた状態にあるけれども、どうやって自分の背中を押せばいいのかわからない。

**・向上心にあふれた趣味人**　本業で得た収入を、創造への欲求を満たすために使うことに満足を覚えている。けれども、自分のスキルをレベルアップさせて、もっと奥深く価値のある作品を創りたいと願っている。

**・創造的な活動に興味がある人**　自分のことをクリエイティブな人間だとは思っていないが、創造することは人間の幸福感に欠かせないものであるということを、自分でも実感してみたいと思っている。

アーティスト、起業家、趣味人、退職者、学生、企業で働くクリエイターなど、どんな立場の人にとっても、この本は思いも寄らない形で役に立つだろう。初めからすべての道を見通しておく必要はない。それが創造するということだ。次の一歩を踏み出すだけでいい。そしてまた次の一歩を。すべてのクリエイターが通る道には、予期せぬ紆余曲折がいくつもある。それが普通だ。クリエイターにとっての〝失敗〟は、歩みを止めてしまうことだけだ。

何かを創造するときは、どんな努力も無駄になることはない。けっして。未完成原稿も、うまくいかなかったビジネスも、しわくちゃになった木炭のデッサン画も、捨ててしまった楽器も、次のステップへと進んだことの証だ。愚かな間違いも、手ひどい失敗も、創造的な活動にはつきものだと知れば、どこへ向かう道かわからないけれども、次のステップへと進むことで失うものは何もないとわかるだろう。

## 創造のプロセス

本書では、何かを創造しようとするときに何度も繰り返し行うことができる、体系的なシステムを紹介する。各章はそれぞれ前の章を踏まえたうえで展開されるように構成してある。さらに全体を、次の4つのパートに分けておいた。

- 想像する（**I**magine）——創造したいものを好きなだけ想像しよう
- 設計する（**D**esign）——夢を実現するための戦略を設計しよう
- 実行する（**E**xecute）——計画を実行し障壁を乗り越えていこう
- ふくらませる（**A**mplify）——ビジョンをふくらませ、インパクトのあるものを創ろう

このＩＤＥＡサイクルは、プロジェクトを成功させるためのフレームワークにもなるし、

あなたが望むとおりの人生を創造するツールにもなる。また、大小にかかわらず、あなたの創造的なインスピレーションを表現することを可能にし、そのプロセスの中で新たな自分を発見することもできる。それぞれのステップは、それひとつだけをとっても価値のあるものだが、IDEAサイクルの真の力を利用し、この本の内容をさらに広げていくには、このプロセスを最後までやり抜くことが必要だ。

たとえば、最高の結果を想像し、そこへ至るまでのプランを計画したとしても、行動に移さなければ、一時はわくわくしても結局はただ夢見ているだけで終わってしまうことになる。同じように、誰か他の人の大きな夢を実行したりふくらませたりしても自分自身は満たされないままだし、おおいに後悔することにもなる。IDEAサイクルを最初から最後までまわしてすべてのプロセスがかみ合えば、あなたの力を引き出すことができ、あなたが望む結果を創造することができる。

たとえば、あるプロジェクト、あるいは人生全般において、つねに成功している人というのは、本人に自覚があるにせよないにせよ、このIDEAサイクルを何らかの形で使って自分のポテンシャルを引き出している。この勝利へのプロセスをきちんと言葉にして示すことによって、人生のあらゆる場面でそのプロセスをたどることができるようになる。

本書を最後まで読んで心に残ったアドバイスを実行してみたら、この本を信頼できる参考書としていつまでも頼りにしてほしい。遠慮している場合ではない。いろいろなことを書きこんで、何度も繰り返し読み、ページの端を折って、困ったときにはまず広げる一冊になることを願っている。アドバイスが書かれたページを読んだら、ぜひ実行してみてほしい。あなたの残りの人生をよりよいものにするプロセスとして、真剣に取り組んでみることだ。つねに創造することに真剣に取り組んでいれば、何度もその見返りを得ることができるだろう。

これまで創造への情熱を追い求める何百万という人にアドバイスをしてきたなかでわかったのは、誰にでも天賦の才能があるということだ。あなたの才能はあなたにしかない、あなた独自のものだ。

まずは、それが何か見つけること。次に、あなた独自の才能を開花させること。どうやって？ あなたなりの道を追求すればいい。それがどこへ向かう道であろうと。そして、その道で成功するためのスキルを開発すること。自信がなくなったときは、考え方をちょっと変えてみることも必要だ。やりたくないこともまずはやってみる。そして自分のやるべきことを追求する。最終的な目標は傑作を創ることではない。あなたの人生を傑作にすることだ。

テキサス州オースティンでサウス・バイ・サウスウェストというイベントが開かれ、長時間にわたる会議やアートフェスティバルが行われたのだが、そこでの基調講演を終えてぼくがステージを降りると、ぼくに質問があるという人が100人ほど待っていた。

列のいちばん前に並んでいた40代の女性は、自分の創造性をもう一度呼び覚ましたいのだと言った。彼女はずっとデザインをやりたいと思っていたが、大学を卒業してからフリーランスのデザイナーになることをすっかりあきらめてしまったのだという。**安全な**キャリアを選んだことで満たされない気持ちを抱えたうえに、表現活動をいっさいしなくなったそうだ。

なぜデザインをあきらめてしまったのかとぼくが訊ねると、彼女は泣き出した。仕事も家族の世話も忙しく、自分のための時間もエネルギーも残っていないのだという。家族の生活は彼女の収入にかかっているらしく、完全に八方ふさがりの状態だった。

ぼくたちの多くがそうであるように、気づかないうちに彼女も自分に大きな嘘をついていた。ぼくたちは、自分の心が求めているものはあまりにも危険だし、それを追求することを考えることさえ現実的ではないと思い込んでしまう。自分の欲求に従って行動することは身勝手なことで、まったく賢明なことではない、と。だが、心の底では、自分で自分のことを裏切ってしまったと知っている。だから、その後の人生で後悔が残ってしまうのだ。

こうした誤った信念は、そのうち教義のようにぼくたちの骨の髄まで染みこみ、時が経つにつれ、それを振り払うのがさらに難しくなっていく。この女性やあなたにとって唯一の解毒剤は、いますぐにその狂気じみた信念を捨て去ることだ。自分を愛し、自分に寄り添い、変化を起こす勇気を振り絞るべきだと、優しく自分に言い聞かせることだ。

ぼくが彼女に言った言葉はとてもシンプルなものだ。「とにかく始めてみること」。これから数カ月間、毎日、何かを創造してみること。いまは、その他のことは心配しなくていい。

ただ椅子に座って何かを創ってみる。

まず何かを創るという習慣を取り戻すことだ。その後、もっとそれを続けたいか、それを副業にして収入を得たいか、それともいっそ本業にしたいかどうかを考えればいい。あなたが作品づくりに情熱と愛情を注いでいる姿を目にすれば、家族や大切な人たちも話し合いに応じてくれやすくなるだろう。

このときのことは、ぼくがこうしたメッセージをみんなに伝えたいと思うきっかけとなった出来事のうちのひとつだ。ポッドキャスト『ザ・チェイス・ジャービス・ライブ・ショー』やSNSで、ぼくの考えを述べているのでぜひ参考にしてほしい。それから、この本だ。人間の本質と、人生においてクリエイティブであることの大切さについて長年考えてきたことを、この本にまとめてある。

もしあなたが、さきほどの話に出てきた女性と同じような境遇にあるなら、この本を読んだり、#creativecallingをつけて投稿をしている人たちの意見を読んだりして、次のステップを踏み出す勇気をもらうといい。

創造したいという衝動を何度も否定していると、その衝動はふたを閉め忘れた接着剤のように固まってしまう。ただ、ありがたいことに、固くなった接着剤は再び柔らかくすることができる。あなたの中にある創造力は不滅なのだ。

〈クリエイティブ・ライブ〉のスタジオに新しい人たちが講義を受けにくるたび、その後の彼らの変わりようには驚かされる。初日は自信がなさそうで閉じた状態だった人たちが、2日目以降になると、創造意欲をみなぎらせながら家路につくようになる。すばらしいことだ。

自分にも創造性がある、と知ることが最も大切だ。あなたは自分がクリエイティブな人間だと思っているだろうか。もし思っているなら、すばらしい。そこから話を始めよう。もしそう思っていないなら、あなたにも創造性が備わっているということ、それはあなただけのものだということを受け入れてみよう。自分で自分の人生の舵をきってみよう。

自分はクリエイターだと思えたら、可能性に満ちた世界へ足を踏み入れる準備をしよう。かつては、特定の仕事をするには決められた道を通らねばならなかった。だが、いまはそうではない。世の中に仕事は数多くあるが、この時代に最もやりがいのある仕事は、なんといってもクリエイティブな仕事だ。なかには、いまクリエイティブな仕事をしている人が学校に通っていたころには存在していなかったような仕事もある。

特定の仕事をするための決められた道など、いまはない。教科書も存在しない。自分なりの道を追求することがこれほど必要とされる時代（そしてそのリスクが低くなった時代）は、かつてなかっただろう。

世界はいま岐路に立っている。構造的な転換点にある。どんな人であれ、やりたいことが何であれ、ぼくたちは自分で自分のポテンシャルを発揮していかなければならない。**創造への欲求に耳を傾けることが、なにより大切だ。**

STEP 1
IMAGINE

# 想像する

創造したいものを
好きなだけ想像しよう

# 第1章 自分の心の声を聞く

Hear Your Call

**現実に耐えられるアーティストはいない。**

**――フリードリヒ・ニーチェ**

率直に言おう。一度きりの大切な人生だというのに、だれか他の人が立てた計画に沿って何年も何十年も生きている人の、なんと多いことか。ぼくたちはとらわれすぎている。かぎられた考え方に。他の人が踏みならした道を進むことに。この社会が求める〝すべきこと〟に。

だが、とらわれていると思うのは、たんなる幻想だ。社会はぼくらにこう信じ込ませる。創造的な活動などしょせん道楽だ、エネルギーの無駄遣いだ、そのエネルギーは何か他のもの、もっと価値のあるものに向けるべきだ、と。はたしてそれは株式相場を注視することなのか。科学的な実験をすることなのか。他に何をするのがいいことなのか誰もはっきりと言えもしないのに、創造性を追求するのは高慢で、身勝手で、単純だ、と言われる。

だが、真実はそれとは正反対だ。創造することは人間の生まれもった権利だ。創造的な活動をしていれば、きっとそこからあなたが求めているものが見つかる。創造性は寛容で、人生を変える力があり、考え方を改めてくれる、実用的なものだ。毎日、ほんのちょっとした創造を繰り返していれば、人生に変化がほしいと思ったとき、あるいは変化が必要だと思ったときに、自分で自分の人生に大きな変化をもたらすことができるとわかるようになる。創造力を養えば、ぼくたちはどんなものでも創造できるようになる。

## 創造力は誰にでもある

映画監督のジェームズ・キャメロンは『ターミネーター』『アバター』などの脚本、演出で知られるが、彼は10代のころに映画の仕事をしたいと思うようになったそうだ。クラスメートたちが州都を覚えたり生物学の勉強をしたりしているとき、彼はノートにエイリアンやロボットの絵を描いていた。それから何十年経ったいまも、彼は高校生のころのインスピレーションをもとに何本もの大ヒット作を生み出している。まさに、ポテンシャルの泉だ。その泉は彼の奥深くからあふれ出ている（映画監督になって、10代のころにもっていたアイディアをようやく形にできたわけだ）。

だが、ジェームズ・キャメロンだけに特別な才能と創造力があったわけではない。ぼくたちは生まれつき誰もがクリエイティブだ。子どもは何かを創ることに夢中になるし、アイディアにあふれていてそれを形にするのが大好きだ。幼稚園の教室に行って、あなたの絵を描いてくれる人は誰かいないかと聞いてみるといい。ひとり残らず手を挙げ、机に陣取って描きはじめるだろう。

残念ながら、大きくなると変わってしまう。同じリクエストを小学5年生の教室でしてみれば、手を挙げるのはおそらくクラスの半分くらいだろう。では、高校では？　自分から思い切って手を挙げてくれる子がふたりいればいいほうだろう。そういう風に教えられてきたからだ。昔ながらの学校教育は、将来、工場や狭い部屋で働けるように、ぼくたちの創造欲をアイロンで伸ばしたみたいにペタンコにしてしまう。この国の教育システムは、そうなるようにつくられていた。けれども、そんなやり方はもう古い。

2年生のころ、ぼくはクラスのみんなの前で何かをするのが好きで、絵を描いたり、手品をやったり、ジョークを言ったりしていた。そんなある日のこと、担任の先生がぼくの母さんに「息子さんは芸術よりもスポーツのほうが得意なようですね」と話しているのをたまたま聞いてしまった。内心、ぼくはショックだった。でも、案の定、それからのぼくはクラスのみんなを笑わせたりするのをやめて、スポーツに打ち込んだ。これと同じような話はよく聞くだろう。ぼくたちは、創造的なことをしようとするときに障壁となるものを乗り越えるのではなく、それを避けるように教え込まれてきた。

だが、それももうおしまいにしよう。人間に生来備わっている創造欲、あるいは人生に求めるものはずっと変わらないのだ。その気持ちをずっともちつづけてきた人であろうと、最近になって取り戻した人であろうと、いまから取り戻そうとしている人であろうと、創造力はいまだにあなたの中で燃えつづけている。

いまの自分となりたい自分はかけ離れているという人がほとんどだろう。いまこそそのギャップを見つめて、受け入れ、それをあなたの中にある創造力で埋めるときだ。誰かが書いた筋書きを演じるのをやめ、自分で筋書きを書こう。あなたは何をしたいのだろうか。なにより、どんな人になりたいだろうか。

序章を読んで、すでにあなたの中では何かが渦巻いていると思う（もし読み飛ばしてしまった人がいたら、ページを戻ってぜひ読んでほしい）。もしかすると、長い間忘れていた古い楽器をクローゼットの奥から引っぱり出してみようとか、工具のホコリをはらってみようなどと考えて、うずうずしているかもしれない。「いいじゃないか。やらなければならないことをちょっと忘れて、週末の午後にやってみるのも楽しいだろう」

いまのは心の声だろうか。そう、たぶん。あるいは、本当はこの声がずっと聞こえていたのだけれど、行動に移せずにいただけなのかもしれない。心の声を聞くのは簡単だ。ただし聞こうとしなければ聞こえない。それは周りの、たとえば両親、友だち、あるいは退屈な教養というやつのささやき声だろうか。いや、違う。あなたの中から聞こえる小さな声だ。あなたの直感、あなたの心の声だ。その違いはあなたにもわかるはずだ。

直感というのは人間がもつ最も強力なツールで、体で感じる真実だ。この人との付き合いを続けるべきだとか、この仕事は辞めたほうがいいとか、直感的に思ったときのことを思い出してみるといい。直感は正しいことを言っていたはずだ。もちろん、そのときは直感的に思ったことを無視したかもしれないし、何カ月も何年も経ってから直感が進むべき方向をわかっていたのだと思ったかもしれない。

根拠のない直感など無視したほうがいいとぼくたちは教わってきたが、じつは直感こそぼくたちに与えられた最も重要な才能だ。それはクリエイターだけでなく、すべての人間にとって言えること。これまで直感は無視しろと言われてきたのに、いまになって直感を信じて利用しろというのは難しいかもしれない。

ぼくはさんざん苦労したせいで、自分の直感をつねに気にするようになった。危ないから離れろとか、前のめりで行けとか直感が教えてくれるのは、きまって本当に大事な事柄についてだった。それが大事なことだったと気づくのは、しばらく経ってからだったけれども。

あなたも自分の内なる声に耳をすませてみよう。答えはいつもあなたの中にあるし、そのことは科学でも証明されている。西洋ではいわゆる合理的な考えのほうが重要であるとして、長らく直感は軽視されてきた。研究者たちがその考え方にはおおいに欠陥があると認めはじめたのは、ここ数十年のことだ。平常時の人間の認知能力はかぎられたもので、スピードも遅く、役に立たない偏見でゆがんでいる。

一方、直感は驚くほど速く、感覚に優れた認知ツールであることがどんどんわかってきていて、意識では感じ取ることができない微妙なものや一定のパターンを拾うことができる。


「創造性は無限のエネルギーの源である」ということここまでの話を理解してもらえたら、その創造性を抑えつけることは莫大なエネルギーを捨ててしまうことだとわかってもらえるだろう。創造されなかった作品や、表現されなかった自己は、あなたの内側に鉛のようにたまっていき、あなたを弱らせ、健康な人なら日常生活のなかで見出せる満足感すら奪ってしまう。

いまこれを読んでも何も感じない人は、相当強情な人かもしれない。「まあ、いいか」と思って肩をすくめている人は、じつは創造性を固く抑えつけている人だ。楽天的に考えれば、そんなあなたには、解き放たれるのを待っている大きな力があるということだろう。あなたに必要なのは、行動を起こすことだ。何かを創造することを始めてみよう。

つねに創造性を抑えつけていると心身ともに疲れる。病気にもなる。ストレスや不安は健康にも悪影響を与えるが、それ以上にあなたの魂を弱らせてしまう。自分の創造性を否定することは、好ましくない人間関係や先の見えない仕事を続けるのと同じで最悪だ。身に覚えがあるだろうか。

本書で紹介するプロセスや方法を信じれば、創造力を阻むものを取り除くことができるだろう。作品に没頭すればするほど、ドラマチックな結果が待っている。それは連鎖反応だ。与えれば与えるほど、受け取るものが多くなる。初めはうまくいかないかもしれないが、自分のアイディアを次々と形にしていけるようになれば、どれだけ心が軽くなるか想像してみるといい。

クリエイティブになるということは、仕事やその他のことをすべて投げ捨ててしまうことではない。それは有害な神話にすぎない。現実的に考慮しなければならない問題を水に流していいと言っているわけではない。ぼくたちは自分なりの、わくわくするような、生きがいを感じられるクリエイティブな人生をおくれるはずだと言っているのだ。

それがどんな人生であるかは、人によって違う。毎日をちょっと豊かにしたい人も、副業をジャンプスタートさせたい人も、フルタイムの仕事に就きたい人も、創造力を使うことで人生の幅を広げることができる。創造性は健康、栄養、マインドフルネスと同様に、幸福感を得るためには欠かせないものだ。何を求めるか、創造性をどう使うかにかかわらず、あなたはクリエイターであり、創造することは道楽でも贅沢でもない。生きていくために必要なものである。

## 言葉が思考をつくる

「できるようになるまで、できるふりをしろ」という言葉がある。だが、ぼくはこう言いたい。「創れるようになるまで、とにかく創れ」。クリエイターは創造する。どんなに知識があろうと、どんな学校を出ていようと、どんなパーティに呼ばれようと、どんなものを身につけていようと関係ない。

クリエイターは創造する。行動そのものがあなたのアイデンティティだ。自分の行動が自分という人間を形づくっていく。自分のことを何と名乗ろうが構わない。作家でも起業家でもミュージシャンでもいい。必要なのは、ただ作品を書くこと、事業を起こすこと、音楽をつくること。あなたがすることが、あなたの肩書になる。

創造性のチャンネルを再び開くために真っ先にやるべき最も効果的なことは、特定のスキルを学ぶことでも、眠っている才能を呼び覚ますことでもない。たったひとつ、大切なことを自覚すること、いや思い出すことだ。「自分はクリエイティブである」ということを。

言葉には力がある。自分のことをクリエイターだと言うのにためらいがあったり、そのことを他者に向かって宣言するのにためらいがあったりするかもしれないが、あなたに何ができきるか、あなたにどんな秘められた才能があるかはどうでもいいのだ。医者にはならないと自分でやっと決めたとき、ぼくの手元にはすでにこうプリントされた名刺があった。「フォトグラファー、チェイス・ジャービス」。そのときはまだ、プロ仕様のカメラさえ持っていなかった。それまでに撮ったことがあるのはスナップ写真だけだった。だが、この名刺をつくったのは将来の顧客を納得させるためではない。自分を納得させるために、この名刺が必要だったのだ。

ここアメリカでは、パーティで出会った人とする最初の会話は「どんな仕事をしているんですか？」だ。恥ずかしながら、ぼくはいつも訊かれるこの質問にこう答えていた。「フォトグラファーです」。人がこの質問で実際に意味していることは「本業で何をして収入を得ているんですか？」ということだ。

だが、ぼくはそんなことは気にしなかった。自分がなりたいものを答えるのは気持ちがいい。忘れてはいけない。「創れるようになるまで、とにかく創れ」の精神だ。写真を撮りはじめた瞬間から、あらゆる意味であなたはフォトグラファーだ。概念的にも、実用的な意味でも。座って絵を描いているなら、あなたは画家だ。とてもシンプルだ。

だが、簡単にそうなれると言っているわけではない。自分はクリエイターだと自覚するのをやめなければ、あるいは避けなければ、ぼくが若いときに経験したように、すべてが変わる。あれほど大きく見えた障壁も溶けてなくなっていく。障壁と見えるものも、じつは実体のない、ただの言葉にすぎなかったりする。才能、特権、機会、幸運。座って実体のあるものを創っていれば、そんな言葉に書き換えられていく。

言葉には力がある。自分自身に向かってどんな言葉をかけるのかは大切だ。自分でクリエイターと名乗っている人は、自分に創造性があるといまだに認められない人よりも、一歩も二歩も先を行っている。

それでもまだ少し怖いって？　それは、あなたが正しい方向に向かって動いていることの証だ。何か新しいものを取り入れるのは、考えるだけでも怖いものだ。

「うまくできなかったら、どうしよう？」
「このままこれをやりつづけてもいいのだろうか？」
「誰もぼくやぼくの作品を気に入ってくれなかったら？」
「生活費が稼げなかったらどうしよう？」

怖れることも一種の才能で、貴重な直感だ。原始的な〝爬虫類の脳〟があなたを守って生き延びさせようとしているのだ。怖れを感じることに理由はない。人間は行動から怖れを学ぶ。だが、怖れながらも行動をして生き延びることができれば、それもまた学習になる。そうやって行動することを続けていれば、否定的なことを言う声は小さくなっていく。その声はもしかすると、あなたの気持ちを理解してくれない両親や、批判的な教師、冷たい友人、これまでに出会ったイライラするようなクリエイターから言われたことと似ているかもしない。

だが、彼らはいま、あなたと同じ部屋にはいない。ということは、あなたに聞こえているのは、あなた自身の怖れの声だ。だが、あなたの脳はハッカーに書き換えられた古い脚本のセリフを読んでいるにすぎない。聞けば聞くほど、その声は大きくなる。そんな声は無視しよう。自分自身で脚本を書くのだ。

## 創造を妨げるものとあなたの隠れた強み

ぼくは最も尊敬するクリエイターたちの人生を分析するために、彼らの自伝を読んだりドキュメンタリーを見たりすることにしている。もちろん、多少の違いはあるけれども、彼らには大きな共通点がある。アーネスト・ヘミングウェイはタイプライターの〈ロイヤル・クワイエット・デラックス〉を本棚に置き、立ったままタイプライターを打っていた。

アメリカの女性作家、イーディス・ウォートンはベッドの中で万年筆を使って執筆していた。ふたりとも創作をするときの決まったやり方があり、それを崩すことはなかった。プロは気分が乗っているときもそうでないときも、とにかく作品と向かい合う。自分の作品が不完全でないことも受け入れる。始めたことは必ずやり遂げる。出来上がった作品は他の人に見せる。例外もあるが、それはすなわちルールがあるということだ。

一方、苦しんでいるクリエイターは、その苦しみ方もさまざまだ。面白いのは、明らかに弱点と思えるものも、じつは彼らの強みが間違った方向に発揮されたことで弱点に見えているだけ、ということだ。

あなたは、まだ何も完成していないのに次々とプロジェクトを立ち上げる人だろうか？　それなら、あなたは**スターター**かもしれない。

あなたは嫌になるほど同じ作品に何度も取り組む人だろうか？　それなら、あなたは**ヌードラー**かもしれない。

周りに振り回されたりすることがあるだろうか？　それなら、あなたは**プライオリタイザー**かもしれない。

アーティストであることを認めたくない？　それなら、あなたは**レジスター**だ。

活発に作品づくりをしているクリエイターだけれども、質、量、世間からの評価、収入とともに、自分の基準を満たしていないと思っている？　それなら、あなたは**ストライバー**だ。

ふたつ以上に当てはまる人もいるかもしれない。それは問題ない。どれが自分に当てはまるか、考えてみてほしい。

## スターター

スターターにとっては、クリエイティブなプロジェクトを始めるときこそ興奮する瞬間で、可能性に満ちた新しいロマンスの始まりにも似ている。それが何か重要なものをテーマにした写真展でも、偉大なアメリカの小説でも、自主制作のドキュメンタリーでも、何だって構わない。あなたは想像という翼を広げ、青空はどこまでも広がっている。予算も、タイムラインも、コラボレーションの相手も、ああ、観客がいるかどうかすら、あなたは気にしない。まだ何も完成していないというのに。純粋に想像する喜びを感じている。

どんなプロジェクトでも始めるときは興奮するものだ。きっと、ほとんどの人がそうだろう。材料を買ったり、本を何冊も注文したり、講座に申し込んだりする。ところが、急に気が変わって、いつか周りの状況がよくなったらやることにしよう、と自分に言い聞かせたりする。

初めて写真を撮ったり、最初の段落をタイプしたり、最初の小節を弾いてみたりしたときに最初の試練の波がやってくるものだが、その波をくぐり抜けてさらに前へ進める人はそういない。描いていたビジョンが、そこで現実に直面するというわけだ。実際にやってみると、頭の中で描いていた理想とは程遠いとすぐにわかる。いまの自分がなりたい自分になるまでの道筋を、はっきり思い描くことができなくなる。

結局、スターターの人はそこで立ち止まってしまう。恐る恐る筆で何回か色を塗っただけで。それはなぜか。新しいアイディアに気をとられてしまうからだ。

「たしかに、あまりいい風景写真は撮れなかったけれど、人物写真のほうがインスタグラム向きじゃないだろうか」

「たしかに、小説の初めの章は書いてみたけれども、短篇を書いたほうが出版される可能性が高いかもしれない」

「たしかに、ぼくが制作したドキュメンタリーについてインタビューをいくつか受けたが、フィルム・フェスティバルが行われる頃には、もうひとつの作品のトピックのほうが時流に合っているんじゃないだろうか」

「たしかに、ぼくたちのアプリを使ってくれている顧客もいるが、これではユニコーン（**評価額が10億ドル以上の非上場のスタートアップ企業**）にはなれない。それなら……」

スターターの人は、次のアイディアのことを考えて気持ちが高ぶってしまうため、結局いまのアイディアを捨てることになる、という現実が見えない。何年も何十年もクリエイティブなことに労力を費やしながら、結局何一つ具体的なものはできず、完成することもない。もっと悪いことに、未完成のプロジェクトのことがいつまでも頭から離れず、創造する能力の幅を狭めてしまう。そのうち〝新しい〟アイディアは古いアイディアを焼き直したものにすぎなくなり、その事実は苦しんでいる本人には見えないが、周りからは一目瞭然になる。スターターは車輪を発明しようとしているだけで、結局どこにも転がっていくことはできない。新しいものを永遠に追いつづけているうちに、すべてが古くなってしまう。

だが、この弱点も強みになる。スターターとは、情熱と新しいアイディアを持っているものの、その情熱をどうやってアイディアとつなげればいいかを知らない人だ。自分がスターターだと思うなら、壁にぶち当たってもあなたのビジョンに集中し、それを形にしていく方法を学べばいい。新しいアイディアを見つけて、それをうまく広げていく方法を学べばいい。そうやって、ひとつずつ、入念に取り組んでいけばいい。その結果生まれるものは、きっとあっと驚くようなものだろう。

## ヌードラー

新しいアイディアが次々と湧いてくるのがいいときもある。だが、あなたは目の前にあるプロジェクトに取り組むことで十分満足している。頭の中で材料の鉱脈を発見し、それを掘り起こそうとする。あなたにとって難しいのは、何かを始めることではない。やめることだ。

ひとりでクリエイティブなプロジェクトに取り組んでいると、いつそれをやめるべきか、助言してくれる人が周りにいない。クリエイターというのは、人の作品よりも自分の作品のアラが目についてしまうものだ。自分の作品が不完全だということを受け入れるのが難しい人もいる。「まだまだ未完成だ」と考える。「もう一度原稿を見直そう。あと1週間、色の修正をしてみよう。あと1シーン編集しよう……」

その根底にはたいてい、自分の作品を他人に見せることを怖れる気持ちがある。完璧主義者というよりも、いじくりまわすのが好きな人ともいえる。結局、なぜぼくたちが創造するのかといえば、多かれ少なかれ、創造するのが楽しいからだ。何かが完成するということは、もうその砂場で遊べないということなのだ。それが、完成させることへの怖れを生む。

ヌードラーは達人になれるポテンシャルを秘めているのに、あるスキルが欠けている人だ。偉大なクリエイターも、完成するまでずっと同じ作品に取り組みつづけるもの。彼らが最高の作品を完成することができるのは、完璧を目指していないからではなく、これ以上手を加えないほうがいいという瞬間を見極めることを学んできたからだ。

作品はそれを観る人がいてこそのものだ。あなたの作品を他の人に見せるのは、創造というプロセスのなかでも大切な部分だ。もちろん作品によってかかる時間は異なる。完成までに何年もかかるプロジェクトもあるだろう。だが、これ以上手を加えると作品の力がなくなってしまうというポイントが必ずある。ここまでだ、と悟るのを学ぶことが、創造するうえでは大切だ。あなたなら、それができる。

## プライオリタイザー

あなたはこう思っているかもしれない。「ちょっと待ってくれ。ぼくの悩みはそんなことじゃない。ぼくは本来、生産的な人間なんだ。落ち着いて作品に取り組めさえすればね。もし家族・治療・金銭問題などがなかったら、作品に打ちこむことができて、いまごろとっくにクリエイティブな目標を達成できていたはずなんだ」

たぶん、そのとおりなんだろう。持病がなかったり、子どもがお腹を痛がったりすることがなかったら、あなたは創造への情熱を持ちつづけてプロフェッショナルなクリエイターになれていたかもしれない。たしかに、生活が邪魔になることはある。ぼくたちは生活を優先せざるをえないので、このタイプの人はとくに苦しい。とにもかくにも生きていかなければならないからだ。

この世にいられる時間はかぎられているので、生活費を稼ぐことや、健康を維持したり家族と過ごしたりすることなど、さまざまなものに時間をうまく振り分けないと、いつまで経っても出発点で足踏みをしているだけになってしまう。

創造的な活動と、健康や家族といった大切なものの両方を優先することは可能だし、またそうしなければならない。100%打ちこめる状態になるまで創造的な活動を始めるのを先延ばしにしたり、周りの状況が完全に整うまで先延ばしにしたりする必要はない。そんな日は永遠にやってこないのだから。

生活には厄介なことがたくさんあるので、創造性がなければうまくまわっていかない。創造性はあるほうがいい、のではなく、なければならないのだ。それはたとえば、飛行機で同じ列に座っている人が酸素マスクをつけるのを手伝ってあげる前に、まず自分が酸素マスクをつけなければならないのと同じことだ。創造性をなくしてしまったら、優先順位をうまくつけることもできなくなってしまう。

そろそろ諦めたほうがいいとか、自分の意思を貫くべきだとか言ってくれるコーチが横にいる人など、そうそういないだろう。高い集中力や執念がなければ、家に生まれたばかりの赤ちゃんがいたり、急ぎの仕事があったり、ひどい風邪をひいたりしているのに、スタジオにこもって作品づくりに没頭している自分に罪悪感を覚えてしまうことだろう。問題は、いったん自分の創造欲よりも生活を優先させてしまったら、どんどんそうすることのほうが楽になっていってしまう、ということだ。

偉大なアーティストの人生をみてわかるのは、健康で、つねに支えてくれるパートナーがいて、豊富な資金源がある人がいる一方、それよりも多くの人が、あなたと同じように大きな障壁にぶつかっているということだ。あなたと違って、彼らは創造しつづけた。

なぜそれができたのか？　彼らにはやり抜く力や回復力があったからだ。たんに頑固なだけだったかもしれない。好きなことをするのは塩のようなものだと彼らは知っていた。塩を加えれば、何でも少しおいしくなる。彼らは自分の創造性を無理やり引き出したのではなく、楽し気に、喜々として、気の向くままに、この世にいる時間を創造することに注いだ。創造性を生活に持ち込み、生活を創造性の世界に持ち込んだのだ。

創造することを優先すれば、すべてのことがうまくいくようになる。創造性がもたらすものの価値を認めることができれば、最高のパフォーマンスをしたいという情熱と、愛する人たちをサポートしたいという情熱の両方が、あなたにとって最強の力となる。

## レジスター

比較神話学者のジョーゼフ・キャンベルは、著書『千の顔をもつ英雄』(早川書房)の中で、さまざまな宗教や神話に出てくる英雄が経験する典型的な旅について述べている。旅の道筋はどれも同じだ。大臣ハマンからユダヤ人を救ったエステルも、息子のアイネイアースを救い出すためにトロイア戦争に介入したアフロディーテも、『スター・ウォーズ』でデス・スターを破壊したルーク・スカイウォーカーも、同じような道筋をたどっている。キャンベルによれば、ぼくたちは自分の物語における英雄で、だからこそ、こうした神話はぼくたちの共感をよぶのだという。

英雄の旅は冒険への欲求から始まる。自分の中に何か表現されるのを待っているものがあると気づいたとき、彼らは冒険をしようと考える。だが、英雄はいったん冒険をあきらめる。たとえば、ルーク・スカイウォーカーはオビ＝ワンからレイア姫を一緒に助けにいってくれないかと頼まれたとき、それを断っている。冒険することをもう何年も夢見ていたにもかかわらず。ストームトルーパーに家を破壊されたときに初めて、ルークは自分の冒険への欲求に従おうと考える。

あなたが自分の欲求を抑えていることなど、誰も知りはしない。あなたを養うために両親は懸命に働いているかもしれない。だから自分の情熱のままに行動するなんて、ただのわがままだと感じているのかもしれない。あるいは、いわゆる〝クリエイター〟と呼ばれる人たちへの固定観念があって、そうはなりたくないと思っているのかもしれない。それとも、自分の作品はそんなに価値のあるものではないだろうとか、人様に見せるほどのものではないと思っているのだろうか。

理由はどうあれ、あなたは入口でためらっているだけなのだ。レジスターのあなたは、意地っ張りで、現実的で、理性でものを考える人。この特質はクリエイティブなことに挑戦するときには驚くような力を発揮する。自分の力を抑え込んでしまうような考えを捨てれば、あなたを止めるものはもう何もない。

## ストライバー

もしかしたら、あなたはしっかりと創造的な活動をしていて、クリエイターのコミュニティにも属しているかもしれない。クリエイティブな仕事のみで生活費をまかなえているかもしれない。それでもいまこの本を読んでいるということは、いまの自分が、**自分がこうあるべき**だと思っている姿ではないからだろう。あなたがそんな不満足感を抱えているのは、仲間のクリエイターに対する憤りがあるからかもしれない。

「なぜ、ぼくではなく、あいつがこの賞をとるんだ？　ぼくは11回申請してもだめだったのに、どうして彼女は補助金をもらえるんだ？」

もしかすると、容赦なく聞こえる自己批判の声かもしれない。「もっとうまく創れると思ったのに。どうしてぼくは、あの人たちのようにうまくできないんだろう？」これはまさしく、インポスター症候群だ。

才能、名声、収入、時間、フォロワー。理由はさまざまだろうが、すべてが手に入ることなどない。戦略を立てたり懸命に作業に取り組んだりして、不足しているものを補えることもあるだろう。それでも、あなたの心の中にはけっして埋まらない穴がある。考え方を変えないかぎり、自分の作品、あるいは自分の人生に満足することはない。

ストライバーとはどんな人だろう？　いまよりもっと上の自分になってやろう、自分のポテンシャルをフルに発揮してできるところまで成長し、変わり、いい作品を創ろう、という野心を燃やしている人だ。すばらしいことじゃないか。〝比べて落ち込む〟という罠から抜け出しさえすれば、進むべき道は目の前にある道だけだとわかれば、自分の果てしない野望に、いつの日か追いつけることだろう。

あなたの性質にあてはまるものがいくつかあっただろうか？　それならよかった。そのレンズを通してこの本を読んでもらえれば、あなたに必要な解決策がみつかるだろう。うまくみつけられない場合は、もしかすると、2つ以上あてはまるものがあるのかもしれない。それでも大丈夫だ。自分がどのカテゴリーに入るのかを知れば、あなたを阻んでいるものが何で、それがどんな隠れた強みなのか、その強みを発揮するためにはどんなスキルを学べばいいのか、わかってもらえると思う。

この本に書かれている戦略は、あなたの強みを抑えるのではなく、利用するのに役立つはずだ。最高のものを創るには、自分がもっているものをすべて使わなくてはならない。

## クリエイティブ革命

クリエイティブな人生をおくったりクリエイティブな仕事をしたりするには、**設計が必要**だ。どちらも意図して手に入れるものだ。奔放にクリエイティブな人生をおくっている人や、自分の好きなことをして収入を得ている人など、いわゆるラッキーな人たちも、じつは入念な計算に基づいてそういう人生を手に入れている。ビジコンを描き、それに向かって努力をしてきた人たちなのだ。彼らも、いまあなたがいる場所からスタートした。いや、もっと後ろからだったかもしれない。

いまこそ、作業用のブーツを履いてぶちかますときだ。いまあなたがどの地点にいようと、自分のためのクリエイティブな人生を設計することができる。プロのクリエイターであろうと、ただクリエイティブなことに興味がある人であろうと関係ない。

ゼロから始めよう。自分の創造性をどうやって表現したいのか、自分に問いかけてみよう。たとえば「小説を完成させる」といったような、死ぬまでにやりたいことのリストではなく、残りの人生の一日一日で、どんな表現をしたいのかを考えよう。

たとえば、フォトグラファーとして仕事をしている人なら、婚礼写真を撮る仕事をやめて、自分が本当に満足できるような芸術的な写真を撮りはじめる時期かもしれない。ある分野でプロとして活動しているからといって、それがあなたの唯一の表現方法である必要はない。請求書の支払いさえできれば、自分の心が躍るようなことが何もなくてもいいというのだろうか。

どれほどの収入が期待できるかという観点で判断しないほうがいい。たとえば、カリグラフィー（芸術としての書）には、クリエイティブな面もあれば、基本的な技術を深めるという面もある。スティーブ・ジョブズも大学でカリグラフィーの授業をとり、アップル社のデザイン面を強化するのに役立てた（グリーティングカードを買わなくても済むようになるので、カリグラフィーは経済的でもある)。

同じように、ガーデニングだってクリエイティブな表現だ。土地の広さ、住んでいる地域の気候、陽の当たり具合、土の状態など、さまざまな制限がある。そのなかでどううまくやっていくかはあなた次第だ。〝正しい〟庭など存在しない。あるのは自分で選んで、設計して、植物を植えて、育てる庭だ。それが芸術でないというなら、芸術とは何だろう。

世間がどう言おうと、あなたの年齢、性別、姿かたち、生い立ちなど、いっさい関係ない。あなたのすべてが、創造するための原動力となる。女優になりたいとしても、ハル・ベリーのようになる必要はない。ハル・ベリーはもういる。**あなたの**顔や声を必要とする映画や演劇が必ずあるはずだ。

同じように、洋服のデザイナーは黒い服だけを着なければならないということもないし、詩人だからといって森の中のキャビンに住む必要はない。あなたのアイディアを生かして、あなたらしいクリエイター、あなたらしい作品になればいい。

**あなた自身が作品ではない**ことも覚えておくべきだ。あなたの自我と作品の違いが大きければ大きいほど、あなたの幸福度も生産性も上がる。だから、自分の背景はいっさい忘れて、考えてみよう。自分はどんなものを創造するのを楽しいと思うのか、自分に問いかけてみることだ。このときはまだ、作品のことやその先のことは気にしなくていい。

ときどき、お客さまを呼んですてきなディィナーパーティを開くのが楽しいならば、それはあなたにとって大切な活動だ。どんな料理をつくりたいのか、どんな人を招きたいのか、それはいま考えなくてもいい。いま、それがうまくできなくても構わない。これから学べばいいのだから。実際、いまできないことが障壁になるとは思わずに、学ぶプロセス自体が楽しいと感じるようになるだろう。ここで大切なことはたったひとつ、それをやってみたいと思ってわくわくするかどうかだ。

さあ、いまこそギアを入れ替えて、あらゆる可能性を考えてみよう。いろいろな可能性があるはずだ。鉄製品、陶磁器、作曲、ダンス、ファイバークラフト、映画製作、フラワーアレンジメント、ガーデニング、ガラス製品、ジュエリー制作、ジョークのネタ作り、レザークラフト、プログラミング、絵画、ペーパークラフト、写真、楽器演奏、歌、ビジネスを起こすこと。大事なのは、それを習慣にすることだ。

いま挙げた例は、ほんの一握りだ。考えなければならないのは「この先どうなるか」ではなく「どこから始めるか」だ。自分の欲求を満たそうと思っても、決まった道が目の前に現れてインターンから始められるわけではない。自分の直感が示してくれるのは方向だけで、最終的な目的地ではない。心の声に耳をすませば自分の向かうべき方向がわかる。そこを歩いていくのは、あなただ。

# 第2章　自分だけの道を歩く

Walk Your Path

**その道はあなたの心に何かを訴えかける道だろうか？　もしそうなら、その道はいい道だ。そうでないなら、その道を歩くのは無駄だ……。前者なら、その道を歩みつづけるかぎり、その道程は喜びにあふれたものになる。あなたが進むべき道だ。後者なら、あなたの人生を苦しめるものになるだろう。前者はあなたを強くしてくれるが、後者はあなたを弱くする。**

**――カルロス・カスタネダ**

進む道がたったふたつしかない世界を想像してみよう。ひとつは道理にかなった確実な道。よく踏みならされ、測量された、平均的な道だ。平均的な楽しみ、平均的な痛み、平均的な喜び、平均的な悲しみ。そして何より平均的な結果が得られる道。その道であなたは、平均的なものを、ほどほどに経験することになるだろう。

もうひとつの道は**あなただけの道**だ。心の羅針盤を起点に、心の羅針盤が示すままに進む、あなた独自の道。その道には道理も確実性もないが、それらにとらわれることもない。けっして平均的な道ではない。なぜなら平均的だと判断するデータもないからだ。その道を行くのはあなただけ。交差点にさしかかるたび、理屈だけでなく、直感、本能、感情など、もてる能力のすべてを使って自分自身で向かう方向を選ぶ。

この道を行くのはリスクが高いように見えるかもしれないが、無難な道を行くほうがはるかにリスクが高い。そもそも、自分の心に従うときに安全な道などない。この道は安全だよ、というのは、小さな子を守るためにつく嘘のようなものだ。あなただけの道では、何をどれだけやっても完璧ということはないが、それでいいのだ。本当にあなたらしいことを、持てるものすべてを使って全力で行うのみ。だから、無駄になるものはひとつもない。すべての経験があなたの旅路を豊かにする。

世間はひとつ目の道を選ばせたがる。誰にとっても最もわかりやすい道だからだ。誰が歩こうとも、継続して平均的な結果を出せるようにつくられた道だ。一方、ふたつ目の道は、歩きながら道筋を決め、自分だけの人生を創っていく道。この道の先には、より幅広く大きな可能性が広がっている。この道を行くには、自分の心の声を聞いて歩きはじめるだけでいい。

いま、あなたが自分だけの道を歩いていないとしても、過去にそうしたいと思ったことはあるはずだ。振り返ってみるといい。自分が生産的で、満たされていて、生き生きしていたころのことをよく思い出してみよう。どんなに短い期間であったとしても、自分の心の声に耳をすませていたころがあっただろう。たとえわずかでも、そのときあなたは自分だけの道を歩んでいたはずだ。

第1章で、あなたは自分もクリエイターだとわかったはずだ。クリエイターだと思うことで、可能性という扉が開く。この章では、あなたが心の奥底で自分の人生をどう創造したいと思っているのか、それを見つけるための実験や取り組みをしてもらいたい。

自分の欲求に従って独自の道を歩みはじめたら、驚くようなことが起こりはじめる。まず、新しい力がみなぎってくるのを感じる。流れに逆らって泳ぐのではなく、流れにのって泳いでいるような気分になる。次に、あなたの心の声を聞けるのはあなただけ、ということを実感できるようになる。そして、いままでとは違った形で、自分を信じられるようになる。感化され、好奇心を刺激され、興味を引かれるものについていけば、必ず自分が求めていたような進化と成長をとげることができるとわかるはずだ。

## 歩きはじめよう

いまあなたは、興奮と怖れが入り混じった複雑な気持ちを抱いているかもしれない。自分もクリエイティブに生きられるという新しい可能性が地平線の向こうに見えてきて、わくわくしているかもしれない。あるいは「本当に自分にもできるだろうか？　うまくできる？

人生を変えてしまうくらいに？」と怖れを抱いているかもしれない。

きっとふたつの怖れがあるだろう。夢を追いかけるためには、今の仕事を辞めて貧しい暮らしをしなければいけないのだろうか、という怖れ。あるいは、夢は何かひとつに絞らなければいけないのではないか、という怖れ。もしかすると、そのどちらもあるかもしれない。

ひとまず落ち着いて深呼吸でもしてみよう。創造性を追求するのに、いまの生活の質を落とす必要はない。けれども、いままでと違ったものに価値を見出すようになるかもしれないし、あなたの創造性が覚醒すれば、どんな生活をいい生活と呼ぶのか、あなたのとらえ方も大きく変わってくるかもしれない。

それに、創造的な活動を何かひとつに絞る必要はない。たとえば、デヴィッド・リンチは映画監督として知られているが、映画を撮っていないときは、絵を描いたり、彫刻を彫ったり、写真を撮ったりしているという。隔週で発刊される新聞に10年ほど漫画を描いていたこともある。

クリエイターとして成功している人には、いくつもの媒体を通じて自己表現をしている人が驚くほど多い。たいていの場合、彼らは収入と名声を得ることができる主な活動をより充実したものにするために、ふたつ目の表現活動をしている。グウィネス・パルトロウは女優を続けながら彼女のブランド企業〈ｇｏｏｐ〉の経営をしたり、料理本を出版したりしているが、いくつかの活動を並行してやることで、彼女の創造への情熱は燃えつづけている。

人生には選択がつきものだ。興味のある創造的な活動をすべてやろうとしてしまうと、結局すべてうまくいかなくなる。誰にでも覚えがあるだろう。ハウツー本や用具を山ほど注文したのに、それが届くころにはやる気も失せてしまい、結局クローゼットの中に押しこんで、**いつか**やろうと思いながらまたテレビを見る……。

そうではなく、まず取りかかる表現活動をひとつかふたつ選び、その他のものは暫く棚上げにしておくことだ。選んだ道をある程度進んでからなら、他に興味のある分野のことをやってみるのは最高の気分転換になる。結局、一定期間ひとつの分野に集中して取り組むことが、後々役に立つ。

もちろん、最初に選んだものが自分に最も合っているものではないかもしれない。それはそれで構わない。もし本当に自分に合わないと思ったら、後戻りして別のものを始めればいい。だが、きちんと最後まで仕上げてから次のことに移ること。その過程で学べるものもある。クリエイティブな道では、どんな一歩も前へ向かう一歩になる。アーティストにとっては、間違った方向転換というものはない。自分の考えを表現することを学びながら進化していく道がいくつもあるだけだ。

あなたにとって大事なことから始めること。やると決めたらやること。自分にいまあるものを使って、できることをやること。始めるのにいい時期などない。いつまで経っても、そんなときはやってこない。だから、準備に時間をかけすぎないことだ。準備ができていなくてもいいから、とにかく始めること。恐る恐る始めるのでいい。不安を抱えながらでもいい。それが最もクリエイティブで、幸せで、成功する人の最大の秘訣だ。とにかく始めること。

## ぼくの曲がりくねった道

ぼくはシアトルで一人っ子として育った。家ではテレビゲームが禁止されていたので、ぼくはいつも想像の世界で遊んでいた。その世界でいつも何かを生み出そうとしていた。7歳のとき、それは映画みたいなものだと気づいた。

そこで、ぼくは近所の友だちと一緒に映画の脚本を書いた。幸運にも、スーパー8㎜フィルムが家にあるという友だちが、道を下っていったところに住んでいた。もちろん、フィルムはとても高かったので、ぼくたちはお金を貯めるために車を洗うお手伝いをしたりした。それから、衣装や小道具を集め、最初のシーンの構想を練り、わくわくするような6分間の映像を撮った。頭から順番に撮っていき、カットはほんの数回だけ、編集もなしの映像だ。『怪傑ゾロの息子たち』というぼくたちの作品の上映会をしようということになり、ぼくたちは近所にチラシを貼った。地下室での上映会では、入場料金として、観にきてくれた親や友だちにキャンディーバーを売った。そうすれば、映画館のように利益を出せる。

学校の成績はどれもパッとしないぼくらだったけれど、15ドルかけてつくった映画で30ドルも売り上げがあった。利益率は50%。初めて創った映画がこううまくいく人はそうはいない！　だが、それ以上に大切なのは、子どものころのこの経験が、クリエイティブに生きることを考えるきっかけとなり、それがいまのぼくにつながっているということだ。当時、こう思ったことを覚えている。「ずっとこんなことをして生きていけないかなあ」

でもじつは、ぼくもそこで立ち止まっていた。自分の作品を創って人に見せるというのは自分をさらけ出すことであって、ぼくは別にそれを望んでいたわけではなかったからだ。ぼくたちは住み心地のいい、郊外の普通の街に暮らしていて、そこではスポーツができることのほうが大事だった。学校や町が創造的な活動を褒めてくれるようなところだったら違ったのかもしれないが、創造的なものといえば、美術の時間にアイスキャンデーの棒やモールやのりを使って何かを創ることでしかなかった。

だから、スーパー8カメラをケースに戻して、ぼくはサッカーチームに入った。スポーツが苦手でその道が断たれればよかったのかもしれないが、なんとぼくはサッカーがうまかった。だから、そこから何年もスポーツがぼくのアイデンティティになった。『怪傑ゾロの息子たち』を撮ってから、ぼくが父と父の古いキヤノンのカメラに刺激されて写真を撮りはじめるまで、ゆうに10年以上はあった。

10代のころ、スケートカルチャーというものに出会った。競技性と芸術性を兼ね備えた世界だ。スケートカルチャーは自己表現にあふれている。スケートボードの板にスプレーでペイントしたり、自分らしいライフスタイルをつくりあげたり。その出会いは一本の道を暗示してくれる、まさに神様からの贈り物だった。だが、当時のぼくはそんなことを知る由もなく、サッカーで奨学金をもらって大学に進学した。

いまならわかるが、その後にぼくが医学校に進んだのは生半可な気持ちからだった。家族を喜ばせたかっただけだ。社会的な観点からも、家族のことを考えても、プロのサッカー選手になるか、医者になるか、そのどちらかを選ばなければならないと思っていた。ぼくの意向で左右できるものではないと感じていた。

ところが、大学の卒業を1週間後に控えたある日のこと、大好きな祖父が心臓発作で亡くなった。突然の祖父の死にぼくは打ちのめされたが、生前熱心なアマチュアのフォトグラファーだった祖父が、集めていたカメラをぼくに残してくれていたことがわかって驚いた。ぼくの悲しみは新しい道をみつけた。どんな職業を選ぼうか――どんな人生を歩もうか――と迷っているときに祖父を亡くしたことで、はじめて自分の人生を自由に生きてみようと思ったのだ。祖父や父と同じように、写真を撮るべきだと言われているような気がした。

いったいどこからそんな考えが浮かんだのかはわからない。高校のときに受けた写真の授業以来、もう何年もカメラには触れていなかったわけだし。けれども、その考えがぼくの心を奥まで貫き、まったく新しい気持ちでそれをやってみようと思ったのだ。

突然ひらめいたからといってそこがゴールではないし、戦略があるわけでもない。インスピレーションは一時のものだ。自分は本当にXになりたい、Yになりたい、いやZになりたいんだと思うきっかけになる大きな出来事が、人生にはときとして起こる。けれども、せっかく直感を得ても**行動**につなげなければ、その感情はあっという間にどこかへ消えてしまい、元の状態に戻ってしまう。

そう、行動だ。ぼくは、祖父のカメラをカバンにつめて、当時付き合っていたガールフレンド、そしていまはぼくの妻であるケイトと、なけなしの貯金をおろしてヨーロッパに向かった。写真の撮り方を独学で学びながら、ぼくたちはバックパックを背負って旅をした。スイスはアルプスからギリシャの砂浜まで、さまざまなものを背景に写真を撮った。被写体はケイトだ。ぼくの周りは美しいものばかりだった。

1本10ドルのフィルムで20枚の写真を撮りながら、野宿をして、豆やツナの缶詰を食べ、写真のでき具合を確かめていった。うまく撮れるようになるまでは時間がかかる。そこで、ぼくは1枚撮るたびに覚書として撮影方法を細かくメモしていった。「サン・ピエトロ寺院2枚目、絞り値8、シャッタースピード1／250、曇天」といった具合だ。6週間経ってブダペストにいるころに、やっぱりローマにいたときの撮り方がよかったと再確認したりしながら。

そうやって何カ月も過ごしているうちに、少しずつ写真というものがわかってきた。ぼくの人生のなかでこの6カ月間の自由と冒険、新たに抱いた愛着、そして祖父のカメラは、まるで魔法のように、ぼくの創造力の成長を大きく促してくれた。ぼくは自分だけの道を歩みはじめた。ついにわかったのだ。これこそ『怪傑ゾロの息子たち』以来、ぼくがずっと求めていたものだったのだ、と。

ヨーロッパから帰ったぼくは、アクション・スポーツ・フォトグラファーへの道を進もうと決めた。スポーツとカルチャーと自由を重んじるライフスタイルをミックスさせたようなこの道はとても魅力的で、スケートパークをぶらぶらしていた若いころのことを思い出させてくれた。どうやったら生活費が稼げるのかまったくわからなかったけれども、〝現実的な生活〟をするのは少し先延ばしにすることに決めた。写真の世界に挑戦してみもせずに、そう急いで堅気の仕事につく必要もないだろう。

そこで、ぼくらはアクション・スポーツのメッカである、コロラド州のスティームボート・スプリングスに向かって車を走らせた。国内トップのスキー選手やスノーボード選手が集まるところだ。アクション・スポーツの世界でフォトグラファーになろうと思ったら、これ以上の場所はないだろう。

着いて早々、ぼくたちは仕事を見つけた。ケイトはレストランでの仕事、ぼくはスキーショップでの仕事だ。ふたりとも一生懸命に働いたけれども、お金より時間のほうがある状況に変わりはなかった。でも、ふたりともそんなことは一向に気にならなかった。

毎晩、ケイトはもらったチップを、部屋代を貯めておく瓶に入れてくれた。そして部屋代が貯まったら、残りはフィルム代にまわした。そんな状況だから、ぼくは何を撮るかよく考えて撮らなければならなかった。稼いだお金は、写真かラーメン以外の食べ物に消えていった。楽しいことばかりではなかったし、苦しいこともあったけれど、これでいいんだと感じていた。少しずつ、何かに焦点が定まっていくようだった。

あれほど美しい景色はなかったと思う。そびえ立つ雪山、全方向を見わたせる眺望。ぼくはスキーショップで仕事をしながらスキーヤーやスノーボーダーたちと友だちになり、昼間はスキー板やスノーボードのチューンアップをして、夜は彼らと遊びに出かけた。

ぼくはアマチュアのフォトグラファーだったけれども、ぼくに撮られることを嫌がる人は誰もいなかった。ただ漫然と撮っていたわけではなく、どんな写真なら雑誌に載せてもらえそうか、考えながら撮っていた。ゲレンデで彼らの瞬間をとらえた写真を数えきれないほど撮っては、家に帰って暗室にした風呂場で写真を現像した。

あるとき、風呂場でこれ以上のことはできない、と気づいた。ちょうどそのとき、偶然にも、地元のコミュニティ・カレッジに通っていた友だちが、設備の整った大学の暗室を見に来ないか、と誘ってくれたのだった。一緒に授業を受けないかと誘われたが、ぼくにそんなお金はない。けれども、暗室にはとても興味があった。

とても自慢できた話じゃないが、暗室を見せてもらった帰り、ぼくは窓のロックをこじ開けておいた。そして次の日の夜、ぼくは暗室に忍び込み、それから数時間わくわくしながら自分の写真を現像した。夜が明ける前にはその場を片づけ、ドアの鍵が開いたままになるように粘着テープを掛け金のところに貼って、こっそりその場を抜け出した。それがうまくいったものだから、ぼくはそれからもちょくちょく暗室にお邪魔することになった。

いつものルーティンはこうだ。午前1時に窓から入り、4時間ほど無我夢中で写真の現像をし、片づけ、午前5時ごろにはその場を出る。創造することへの情熱があったのは確かだけれども、当時のぼくは写真のためならどんなことでもやってやるという気持ちだった。

あまり品行方正とはいえない行いについてはさておき、この懸命な努力が実り、あるときプロとして初めて写真が売れた。あるスキーブランドのマーケティングチームが、プロモーションのための写真を撮りに町に来ていたときのことだ。これはチャンスだと思ったぼくは、自分のポートフォリオを彼らに見せた。

驚いたことに、ぼくの写真を見て彼らは驚いた。そして、その場で500ドルを支払ってくれたうえ、ぼくの写真をキャンペーンに使うつもりだという新しいモデルのスキーをくれたのだ。そのとき初めて、自分の好きな仕事で食べていけるという天からの啓示を、ぼくは受け取ったのだった。

それからぼくは次々と写真を売るようになった。その勢いに乗ってフォトグラファーとしてのキャリアを積みはじめた、と言いたいところなのだが、じつはそうではない。ぼくはまた、方向転換したのだ。

ぼくはいまだに、世間でよくいわれるような〝貧しいアーティスト〟だった。どうしたら稼げるアーティストになって、自分の創造への欲求を満たしつつ、家族にそれを誇ってもらえるのか考えた末、ぼくはワシントン大学で芸術哲学の博士号を取得しようと思って出願した。自分の夢を追いかける喜びを味わっていたし、それで収入を得る方法もわかっていたのに、その道を自ら離れることにしたのだ。

哲学を学んだからといって生活が保障されることなどないことはわかっていた。けれども、学校に行くのは少なくとも安全な道だ。小学校から高等教育へ、そして9時5時で帰れる仕事に就くまでの、まっすぐな、社会からも容認されている道。学校にいれば、自分がいまどこにいて、これからどこへ向かうのかわかる。〝成功〟するために何をしなければならないのかがわかる。それをひとつずつやっていけばいい。

もちろん、完全に軸足を移したわけではない。ぼくが芸術哲学を選んだのは偶然ではないが、まだフォトグラファーとしてやっていくのをあきらめたわけではない。請求書の支払いをするために、ぼくは学校に通いながらシアトルに新しくオープンしたアウトドア用品店REIの旗艦店で仕事をしていた。学術分野でもキャリアを築けるように準備をしつつ、アクション・スポーツ業界にも身を置いていた。安っぽくて、古くさくて、おざなりな店の装飾には我慢ならなかった。

そこで、思い切って商品企画部の部長にアプローチして、ぼくのポートフォリオを見てもらった。そうしていけないことはないだろう？　ぼくは哲学を勉強している学生で、ヘーゲルやフッサールやハイデッガーについて日々議論を交わしている身だ。ぼくのポートフォリオを見て一笑に付されたところで、何も困ることはない（と自分に言い聞かせた）。だが、嬉しいことに、部長はぼくの写真を使用するのに1万ドル払うと言ってくれた。

1万ドル！　これまでにぼくが稼いだ金額と同じじゃないか。しかも、好きなことをして1万ドルとは！

これでわかった。博士号を持っていようといなかろうと、いまこそフォトグラファーとして真剣勝負をするときだ。そこで、1万ドルはもっといい機材を買うために使った。自由時間は自分のスキルを磨くために使った。独学でやっているので、プロの技術を身につけるまでには長い時間がかかる。

ヨーロッパで始めた写真の勉強を続けながら、ぼくはアクション・スポーツの分野で活躍しているフォトグラファーの作品の分析を始めた。写真を撮り、仕事をし、授業に出席し、レポートを書く合間に、雑誌に掲載されている写真を研究した（雑誌を買うお金もなかったので、ノートパッドを片手に何時間も立ち読みしたものだ）。都合のよいことに、写真には撮影したフォトグラファーの名前が書かれていたので、写真と名前を結びつけて覚えることができた。

写真を眺めるたびに、ぼくはこんなことを考えた。この写真がよく見えるのはどんな要素があるからだろう。他に何百枚とある中で、この写真が選ばれた理由は何だろう。技術が重要なのは明らかだが、このレベルになると技術はみな持っている。それでもこの写真がよく見えるのはなぜだろう。

まず目につく明らかな要素はロケーションだ。ほとんどが有名な場所や誰もが憧れるような場所で撮られている。背景を見た人はこう思うはずだ。いつかここに行ってみたい、と。それだけでも多くの人を引きつける。だが、アクション・スポーツ・フォトグラファー志望の人は時間もお金もないし、自分のポートフォリオに加える写真を撮るために海外など遠いところへ行くほどの余裕はない。

選ばれている写真の2番目の要素は、被写体だ。有名なアスリートが写っている雑誌や広告はよくある。だが、フォトグラファーを目指している多くの人は、どうやってそんな有名人を探してきて撮ればいいのかわからないし、見当もつかない。だから、ほとんどの人はそんなことは無理だと考えて、友人や適当に選んだ他人を被写体にする。そして思う。こんなにすばらしい写真なのになぜ売れないのか、と。答えはシンプルだ。誰も知らないようなスノーボーダーの写真を欲しがる雑誌はない。

最後の要素は写真に写っている瞬間の動きだ。印象深くて、はっとするようなものでなくてはならない。最近注目の選手が初心者用のゲレンデを滑っている写真など、誰が欲しがるだろう。

　勝つための要素を手に入れるには、プロの舞台に立たなければならないことは明らかだ。誰もが憧れるロケーションに行けたら、一流のアスリートを見つけることもできるだろう。一流のアスリートを見つけることができたら、なんとかしてコネをつくって彼らが躍動しているところを撮らせてもらうしかない。

　そうやってどんな構成要素があるのかを分析することが、ぼくがクリエイター、起業家として成功するための鍵だった。そういう要素をできるだけうまく取り入れて、何が起こるか見てみることだ。うまくいくものだけを取り入れて、その他のものは忘れること。勝つための方程式がわかるまでそれを続けることだ。方程式がわかったら、それを継続的に使えばいい。シンプルに聞こえるが、驚くほど効果がある。

分析（**D**econstruct）
模倣（**E**mulate）
検討（**A**nalyze）
繰り返し（**R**epeat）

略してDEARと覚えるといい。

ぼくは現場にでかけるようになった。レッドブルのイベントやスポーツ競技会のエックスゲームズなど、一流のアスリートたちが競技をする場所ならどこへでも、何が起ころうとも出かけていった。夜中に起きて何時間も車を運転していったり、いちばん安いけれども、いちばん時間のかかるフライトをとったりして、ひどいスケジュールでもなんとか現地に駆けつけた。そして夜明け前に山に登り、プロのフォトグラファーのための場所に潜り込んだりもした。ぼくを近づけないために立てられたフェンスのすき間からカメラを突き出して、プロのフォトグラファーがカメラを構えている場所と同じところから撮ったように見える写真を撮ったりもした。

そういう場所にいると、もうひとついいことがあった。コミュニティだ。イベントがあるたびに、ぼくはアスリート、他のフォトグラファー、ブランドの代表者、雑誌の編集者などに自己紹介してまわった。家に帰って写真を現像したら、いちばん出来のいい写真をどこに送るべきかもわかった。

驚いたことに、ぼくの写真は売れはじめた。ぼくは何年も自分の夢を追いかけたり少し休んでみたりしてきたけれども、アクション・スポーツの世界ではまったく無名の新人だ。「おい、君」と、彼らからよく言われたものだ。「名前は聞いたこともないけど、この写真はいかしてるよ。いままでどこで何をしていたんだい?」と。

「まあ、あちこちを転々と……」とぼくは答えたものだ。「REIの宣伝用の写真を撮ったり……普通の仕事をしたり……。雑誌の仕事は初めてですが」。ぼくにはまだかぎられた経験しかなかったけれど、それが実を結びはじめた。

ぼくの写真が勝利の方程式にはまってしまえば、ぼくがどんな人間かは関係ない。ぼくの写真は売れに売れた。普通なら、有名なフォトグラファーの下に何年もついて、コツを覚えてからこの世界に入るものだ。まず〝フレッドのアシスタント〟として顔を覚えてもらってから、自分の名前で写真を撮らせてもらえるようになるのが一般的だ。

だが、ぼくはそのステップを飛び越して、無名のまま、誰のアシスタントにもならないまま、見開き記事の写真を任せてもらった。この業界ではありえないことだったけれど、かまうものか、と思った。

頭の中では、自分は下積みをしてきたわけではない、それを恥じるべきだ、と自分自身のネガティブな声が聞こえていた。けれども、そんな声は振り払って、結果よりもここまで来た道のりを誇りに思おうと考えた。ぼくが自分の夢の目的地をみつけられたのは地図があったからではなく、心の羅針盤に従ったからだ。

心の羅針盤がぼくだけの道を示してくれた。そう、その道はやっかいなことだらけで、とんだ回り道だったけれども、結局は昔ながらのやり方をするより何年も早くここまで来ることができた。何度も迂回をしたり痛い思いをしたりしたけれども、そんな変な道を通ってきたからこそ、ぼくは自分がクリエイティブな人間であるとわかったし、自分で脚本を書いて自分で進んでいくしかないとわかったのだ。

クリエイティブな道をまっすぐに突き進んで、自分という人間や自分が人生に求めるものがわかったらよかったのだろうが、実際はそう簡単ではなかったし、いまも簡単ではない。ぼくは曲がりくねった道を歩いているし、これからもずっとそうだろう。つらいことも、ややこしいこともある。さまざまな経験を経て自分というものがみえてきたけれども、それでもまだすべてはわからない。ぼくはまだそれを探している。あなたと同じように。けれども、ぼくの経験が、他のクリエイターが自分の創造への欲求に気づく手助けにいくらかでもなるのなら、嬉しい。

突きつめれば、すべては価値観の問題だ。あなたが人生で最も大切だと思うものは何だろう。クリエイティブな作品には、自分の価値観、あるいは逆に価値観の欠如、それから自分が大切だと思うものが表れる。壁にぶち当たったとき、うまくいくまでやりつづけるか、やめてしまうか。それはあなた次第だ。

人間の他の行動と違って、クリエイティブな表現には成功を測る客観的な指標はないし、決まった正しいやり方があるわけでもない。だから、ぼくたちはより安易で、安全な道に流されてしまう。それが直感に反する道だとしても。けれども創造性よりも収入や快適さや便利さを重視したところで、結局どれも得られないだろう。

ヨーロッパやスティームボート・スプリングスへの旅、それからプロとしてキャリアを積みはじめたころの経験を通して、ぼくは自分のコアとなる価値観を見出した。あなたにとって本当に大切なものは何だろう？　何に価値を見出すにせよ、創造的な活動をすることは、一番とはいわないまでも、きっとリストの上位に上がるだろう。創造性はあなたの健康と幸せには欠かせない。自分でこれだと思った仕事をして創造欲が満たされていれば、あなたはよきパートナー、よき親、よき兄弟、よき従業員になれる。すべてにつながる。創造性を大切する人は、人生のあらゆる場面において、つねに見返りを得ている。ぼくの人生も創造性によって変わった。

## 本当にやりたいことなら苦もなく努力できる

数十年前は、大学を卒業して**いい**職に就き、週に40時間働いて40年勤め上げ、金の時計をもらうのが正しい道だとされていた。だがいまは、想像もできなかったさまざまな目的地につながる道がたくさんあり、しかもその目的地はつねに変化しつつある。

この時代の面白いところは、その道の入口にある門の鍵を持っているのは、もはや門番ではないということだ。いまや仕事は、就職フェアに行ってどの企業がいいのか探すようなものではなくなり、眠れなくて天井をみつめているときに聞こえてきた自分の欲求を追求するためのものになった。

心の声を聞き、その道を進み、夢見ていた目的地に着きさえすれば、どうやってそこまでたどり着いたのかはどうでもいい。あなたの家系を気にする人はいないし、いい学校に行こうが、どんな人と知り合いだろうが関係ない。大事なのは、あなたが何をしてきたかだ。自分なりの、独自の方法でやってきたかどうかだ。

自分だけの道を進むのは、映画の脚本を書くのに似ている。インディーズ映画の脚本を書くのか、夏の大ヒット作の脚本を書くのかは自分次第だ。控えめな目標を設定するのか、高い目標を設定するのか、それを決めるのはあなただ。あなたが舞台設定を決め、キャラクターを考え、プロットを考える。

そう考えたとき、ぼくはこう問いたい。すばらしいサラウンドサウンドの作品にしたいとは思わないか、と。ぼくは、写真を100ドルで売るのに必要な努力と、1万ドルで売るのに必要な努力とは同じだということを学んだ。大事なのは、誰に売るかだ。足りなかったのはぼくのビジョンと野望であって、ぼくの周りには無限の可能性が広がっていたのだ。

マクラメ・アーティストになったり、ネットで漫画を描いて豊かな生活をおくったりしたいと思っている人はいるだろうか？　そんなことは無理だと誰かに言われても気にする必要はない。否定的なことを言うその人たちは、自分で何かを成し遂げてきた人たちなのだろうか。どんな目標だって、それを達成するには努力と根気が必要だ。だったら、自分のやりたいことを目指してもいいのでは？　中国の古い格言にこんなものがある。

「やるのは無理だと言う人は、それをやっている人の邪魔をしてはいけない」

ためらわずに、本当に自分がやりたいことに向かって進むことで、ふたつのことが起きる。

**・周りの人が力を貸してくれる**　あなたが懸命に取り組んでいる姿を目にすれば、周りの人も力を貸してくれるようになる。そうやって仲間ができていく。望むような作品や人生を創るには、周りの人やコミュニティの助けが必要だ。

**・道に導かれる**　自分の選んだ道を進んでいれば、自分で自分を鼓舞する必要はないと気づくはずだ。目標に引き寄せられていくのを感じ、喜びと興奮を覚えることだろう。

目標に引き寄せられる感覚を経験したことがない人は、そんなことはありえない、と思うかもしれない。だが、そういうことは本当にある。自分が心から願っている夢を追いかけること自体が、大きな原動力になる。似たような夢で満足するのではなく、たとえば編集者ではなくライターになるとか、エージェントではなく俳優になるとか、雇ってもらうのではなく自分で会社を起こすとかいったように、心からやりたいと思っていることを追求していくのは、とびきりわくわくすることだ。

もし本当に編集者になったりエージェントになったり会社で部長になったりしたいと思っているなら、それはそれでいい。自分で本当にそうしたいのかどうか考えてみよう。本当にやりたいことではないけれども、そこに落ち着くのが賢い選択だなどと、くれぐれも自分自身に言い聞かせないこと。それは愚か者のやることだ。可能か不可能かなど、やってみなければわからない。

自分の心の声を聞き、それに従って歩んでいこうと決めれば、どんなことでもできる気がするものだ。引き寄せられるのを感じたら、自分をせきたてなくとも進んでいけるだろう。

ぼくはコロラド州の山間に引っ越し、大学院は少し休むことにした。自分が本当に望んでいるのかどうかわからない生活から離れてみることにしたのだ。そうやって自分の気持ちをみつめ直していたとき、心境の変化があった。〝学校から逃げた〟のではなく〝好きなことに向かって進んでいる〟と思えるようになったのだ。

それまでは誰か他の人の靴を履いて歩いているような感じで、それが原因でまめができたかのような生活だったことに気づいた。それに対してフォトグラファーの仕事は、自分の足にぴったり合うようにオーダーしたチャックテイラーのスニーカーのように感じられた。履きなれた履き心地のいい靴だ。そう感じたのはカメラを買ったり、本を読んだり、フォトグラファーの生活がどんなものか考えたりしたからではない。楽しそうに見えること、自分の心が求めているものを**実際にやってみた**からだ。

心の声は山の上から聞こえてくる、大きなトランペットの音ではない。シャッターのスイッチを押すときのような小さな音だ。好奇心が赴くままに歩んでいたら、引き寄せられるのを感じた。気づいたら夢中になっていた。歩みつづけるのに必要なのはそれだけだ。

もちろん、怖れはある。何か新しいことをするときに怖れはつきものだ。成長過程では不安を感じたり不快に思ったりするのは当たり前のこと。作品を創造したり自分自身を創造したりするときも同じだ。自分の怖れを信じ、その道を行くことだ。怖れを感じたページにマークをつけ、不安を感じながらも進みつづけ、いつか真実を書きこめるようになればいい。自分の心の声が聞こえないふりをして、その道からそれてしまうことがあったとしても大丈夫。後でその道に戻ればいいだけのことだ。

瞑想をよくする人なら、それは瞑想と同じプロセスだと気づくだろう。古くから行われてきた瞑想では、自分の意識を、たとえば呼吸や呪文などに向ける。意識が他のもの、たとえば今日買わなければならないものや、ラジオで聞いた曲のことなどにそれるたび、自分の意識がいまどこにあるのかを認識し、その意識をまたもとに戻す。

自分が本当に求めているものを追求するときもこれと同じだ。つねに夢に向かって努力をしていても、自分の意識がそこからそれてしまうときもある。そんなときは自分の夢にもう一度意識を向けるようにすればいい。創造への欲求は、それがどんなにかすかなものであろうと、その道からどんなにあなたが離れようとも、必ずそこにある。

ときには失敗もあるだろう。それがどうしたというのだ。社会が立ててくれたプランのほうが安全だというのは、たんなる幻想だ。いまは、安全にやり過ごそうとすることのほうがリスキーな時代だ。「大学に行けばいい職に就けるし、この先、お金の心配をしなくてすむ」だって？　アクション映画に出てくるスーパーヒーローやモンスターじゃあるまいし、そんな馬鹿げたファンタジーが実際に起こるとは誰も思っていない。

経済的に困ることは絶対にないというのは、これまでもたんなる神話だったけれども、あなたの嫌いな、魂を削られるようなフルタイムの仕事につけば安定した生活がおくれるというのも、いまや真実からは程遠い。問題なのは、人間の脳はぼくたちを幸せにするためではなく、ぼくたちの身の安全を守るために進化してきたということだ。

創造性は安定した生活を脅かすものであるから、ぼくたちの脳は、ぼくたちが自分なりの道を歩むのを阻止しようとする。そして、昔ながらの道を行けば安定した暮らしができるという幻想を信じて安心しようとする。クリエイティブな人生にはリスクがつきものだとどうしても考えてしまい、あなたが行く道は、新しい未知の道に見えてしまうのだ。

だが、本来クリエイティブな道のほうが、神経をすり減らす仕事よりもはるかに融通がき、結局は安全な道だ。クリエイターはリスクを減らす方法を学び、力を入れるべきところを見極め、つねに最悪な状態に備えておくことを学ぶ。作品に取り組むときは柔軟に、人生に対しては積極的になる。独創的な考えと意欲にあふれた彼らを、抑えつけておくことはできない。

## クリエイターが直面する3つの問題

自分で選んだ道を歩んでいると、たいした努力もしていないのに成功したと感じるときがあるだろう。創造的なアイディアが次々とあふれ出てきて、喜びと安堵を感じる瞬間が。だが、苦しい時期も必ずある。どんなことで苦しむかはそれぞれの道によるが、基本的な問題はみな同じだ。だから、ぼくが「ビッグ3」と呼んでいる問題についてここで述べておこう。

この3つの問題は、ほとんどすべてのクリエイターが直面する問題だ。それは、お金、クリエイティブ・コントロール、それから周りの人の反応だ。

### お金

お金と創造性を並べて語ると、必ずといっていいほど怒る人がいる。クリエイターたるもの、自分の作品がお金にならなくても気にしてはいけないとか、この本はプロからアマチュアまで、志の高いクリエイターのために書いているのだとか、作品の商品価値についてぼくが言ったことはすべて無視してもいいとか、くどくどと書くことはできるだろう。けれども、どんなことを言ったって、創造力を解き放つことを書いている本でお金のことを書くのは間違っている、という批判的なツイートや書評はなくならないだろう。

率直な話をしよう。どこかの時点で、お金の問題は必ず出てくる。趣味のための道具を買うときだってそうだ。お金の話をしてなぜいけないのだろう。お金は汚いものではない。クリエイターとして生活費を稼ぐことを選んだ人もそうでない人も、お金に対する考え方を見直したほうがいい。世間で言われているような歪んだ見方は、クリエイターが自分のポテンシャルを最大限に発揮する妨げとなる。

あの人は身なりこそみすぼらしいがすばらしい詩人だとか、つねにインクと食べ物のどちらしか買えない生活をしているといったような「アーティストは貧しいもの」という固定観念は間違いだ。有害ですらある。こうした考えはあなたのエネルギーをそいでしまうばかりか、やみくもにお金を稼ぐことを考えたり、自分の作品を安売りしてしまったりすることにもつながりかねない。

教科書やハリウッドの伝記映画では、偉大なアーティストたちの日々の金銭問題があからさまに描かれることはない。ミケランジェロがシスティーナ礼拝堂の天井画を描くにあたって、高価な瑠璃色の顔料の使用をめぐりヴァチカンと値段の交渉をした話など、子どものときに聞いたことはないだろう。

最近では、映画監督のキャスリン・ビグローが予算の上限をめぐって争っていた。写真家のアンセル・アダムスは、メニューに彼の写真を使いたいというレストランから、ためらわずに25セントを受け取った。そうしたからといって、彼のキャリアに傷がつくことはなかった。

お金とアートを絡めて語ることに複雑な気持ちになるのはわからないでもない。あなたが人生においてクリエイティブな力を発揮したいだけなのか、好きなことをフルタイムの仕事にしてお金を稼ぎたいのか、それはどちらでも構わない。

ただ、お金とアートについてのあなたの考え方が現実に則したものなのか、それともたんに世間で言われているように考えているだけなのか、もう一度自分に問いかけてみてほしい。もし後者だとしたら、その固定観念のせいで、あなたが夢見ている豊かで生産的なクリエイターへの道が阻害されてはいないだろうか。あるいは、趣味でお小遣いを稼ぐのをためらったりしていないだろうか。もし、そういうことがあるなら、そんな考え方に固執する必要はないと言っておこう。

未来のミケランジェロやビグローたちには作品を創りつづけてもらわなければ困るので、創作した彫刻や映画に対して、しかるべき報酬を受け取ってもらいたい。アンセル・アダムスが25セント硬貨を受け取ったのは正しい判断だっただろう。

いろいろな意見があるが、クリエイターの活動に相応の評価がなされないと、彼らは経済的に立ち行かなくなってしまう。アーティストが請求書の支払いすらできなくなったら世も末だ。お金がなかったら、クリエイターたちが創造の神と対話して偉業を達成しようにも、どうやって食いつないでいけばいいというのだろうか。

貧しいアーティストであることは、けっして気高いことでも、先端をいくことでも、格好いいことでもない。貧しいのは最悪だ。これ以上シンプルでわかりやすいことはない。アーティストとは貧しいものという思い込みは自分を満足させるためだけの言葉だ。

たとえ志の高いアーティストだったとしても、そんな歪んだ思い込みをもっていたら、作品を創っても微々たる金額しかもらえなかったり、あるいはまったく報酬を得られなかったりするだろう。そうなれば、クリエイティブな作品の価値が下がり、他のアーティストが相応の金額を得ようとしても難しくなってしまう。

アートが仕事になってしまうのが嫌だという人は、援助してくれる人を見つけることだ。金銭面にはなんとか目処をつけて、できるだけ多くの時間を作品にあてたいと思っている人であっても、アートにかける時間とストレスを減らし、請求書の支払いをうまくまわしていこうと思っている人であっても、とにかく作品を創ること。それがいちばん大事なことだ。

実際のところ、クリエイターはお金に対する考え方が普通の人とは大きく違う。自分の考え方を検証してみるところから始めてみてほしい。いまの考え方に固執してはいけない。お金と創造性について考えるときは偏見にとらわれないこと。そして自分が望んでいることをかなえるために必要なことや、そこまでの道のりに必要なことをすることだ。

## クリエイティブ・コントロール

創造的な活動が自分を表現するためであっても、プロとして成功したり名声を得たりするためであっても、あるいは、他の人に喜びやインスピレーションを与えるためであっても、自分の作品やビジョンを守るために行動しなくてはならないときが、いずれ必ずくる。他の人と仕事をするときには必ず、クリエイティブ・コントロールが問題になってくる。あなたがどれほど成功していようがいまいが関係ない。映画を最終的に編集する権利があるのは映画監督だ。スターですら役を下ろされてしまうこともある。スタートアップ企業の経営権を持っているのは創始者だ。

自分の作品のために主張することとは、健全な境界線を引くということだ。配偶者やパートナーと交渉してバンドの練習をする時間を確保したり、自分の意向と異なることをクライアントが要求してきたときに譲れない点を主張したりすることもそうだ。あなたが考えなければならないのは、自分の作品で大切だと思うことは何か。それはどれほど大切なものか。それはなぜなのか、ということだ。

芸能人ではないのだから、自分の作品がどのように評価されているのかをすべて知っておく必要も、自分の言ったことを覚えておく必要も、作品をすぐに擁護できるように準備しておく必要もない。自分の価値観が時とともに成長し変化していくのも構わない。あなたが聖職者なら話は別だが、どこかの時点で他人と交渉したり、あなたのビジョンを主張したりしなければならないときがくる、ということを知っておくこと。作品のために命を投げ出す必要はないが、あなたが譲れない点はどこで、それはなぜなのかを考えておこう。

## 周りの人の反応

創造性を大切にする生活をしはじめたら、あなたの最愛の人たちからは思いもかけないさまざまなリアクションがあることだろう。友人や家族は真っ先に、そっちの道ではなく、もっと明確な目標をたてられる道に戻って**安定した**暮らしをするべきだ、と言うだろう。そんなときは『セサミストリート』に出てくるカエルのカーミットのアドバイスが参考になる。「大きな夢ができたら、君は嬉しくなってみんなにそれを言いたくなるだろう。ほとんどの人は『そうか、それはすてきだ。ところでケチャップとってくれない？』っていうくらいの反応だろうね。小ばかにする人もいるかもしれない。君の大きな夢が何だったとしても、そいつは君には大きすぎる夢だな、とか言って。そっと励ましてくれる人はほんの一握りさ。その励ましの言葉をよく覚えておくことだ。だって、その人だけが君にとって大切な人だからさ」

相手の気持ちになって考えてみるとわかるだろう。自分の大切な人が進む道をガラッと変えてしまうのを見るのは怖いものだ。かつて自分が怖くて進めなかった道へ、自分の愛する人が進もうとしているのを見るのはもっと嫌だろう。あなたには安全な道を歩んでほしいと周りの人が思うのも理解できるけれど、だからといって、周りの人が言うままに自分の夢を追いかけるのをやめたほうがいいということではない。

家族を愛するのはいい。友人を信じるのもいい。周りからの励ましの言葉を聞くのもいい。彼らの心配事を聞くのもいい。けれども、何が自分にとっていちばんいいかは、自分で決めなければならない。あなたの人生は、多数決で決めるものではないのだから。

結局、3つの問題はあなたの価値観にかかわるものといえる。あなただけの道を歩いていれば、どこかの時点で必ずこれらの問題にぶちあたるだろう。

これまでこの世界で生きてきて、お金や権力に翻弄

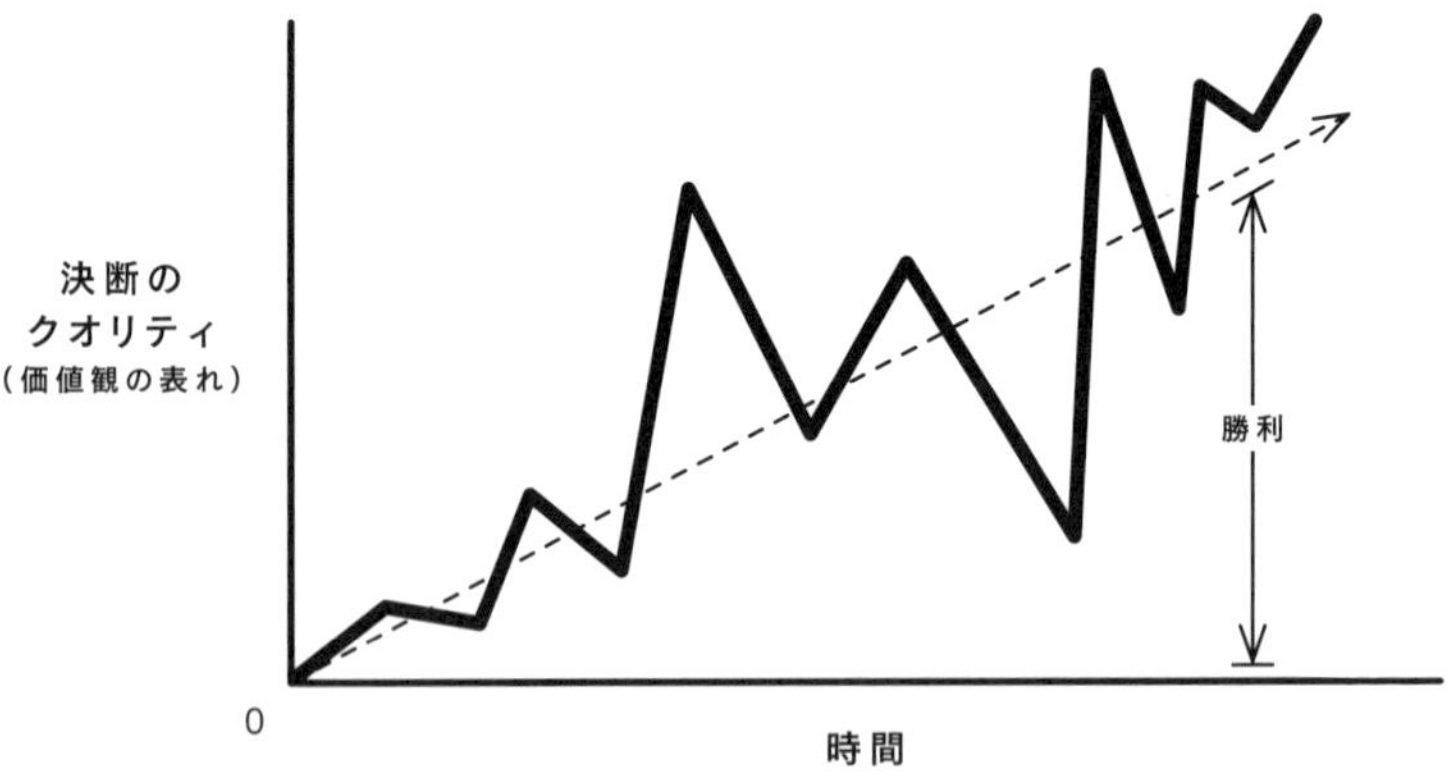

される人もたくさん目にしてきた。ぼく自身は本当に自由に作品を撮らせてもらってきたので（契約でもその自由を保証してもらっていた）、そういうことも自分でコントロールできた。それでも、ぼくのアイディアが難しかったり、変だったり、コストがかかりすぎるものだったりしたときは、部屋から出ていけと言われたこともある。家族だって最初は、ぼくが血迷ったと思ってがっかりしていた。自分の意志を貫こうと決めてお金を稼ぐのを諦めたこともある。食べていくために妥協したことだってある。それでもこの道を歩むのはやめなかった。そうやって歩いているうちに、自分の価値観がはっきりしていくものだ。

もちろん、間違った決断をしてしまったり、負けて傷ついたりすることもあるかもしれないが、その争いには勝たなくてはならない。長い目で見たときに右肩上がりの人生になっていれば、それが〝勝利〟だ。汝自身を知れ。そうすれば大丈夫。

## 自分の人生のヒーローになれ

ジョーゼフ・キャンベルはこう言っている。自分の人生のヒーローとして旅を始めるときには、「無上の喜びを追求せよ」と。自分の内なる声を聞いて新しい方向に一歩踏み出したとき、ぼくらはすでにその道を歩きはじめている。だが、ヒーローになるには、最初の関門を突破しなければならない。ほとんどの神話や物語では、その門には屈強な門番が立っている。

ぼくらの場合、そこに立っている門番は怪物のスフィンクスではない。あなたがその道を歩むのを阻もうとするのは、あなた自身の怖れであったり、いまの仕事であったり、他に優先しなければならないものであったり、最愛の人であったりする。

キャンベルによれば、門番は必ずしも敵ではないという。実際、門番が味方になってくれることも多い。だが、門番はまず、あなたの覚悟を試す。あなたが怖れを脇へ押しやって成長と変化の道へと突き進めば、恐ろしく見えていた門番も、気づけば信頼に足るサポーターになっている。

自分の人生のヒーローになれ。自分だけの道を歩むのだ。障壁があったら、乗り越えても、くぐっても、迂回してもいい。道に迷ったら、自分の心の声を聞くことだ。あなたの心が、いつでもあなたを導いてくれるはずだ。

# 第3章 オンリーワンになる

You Stand Out

**子どものころに変わったことばかりしていた人は将来大物になる。**

**——ジェームズ・ビクトル**

好きなだけ想像力の翼を広げ、夢のような人生を思い描いてみたらどうなるだろう。そして、それを大きくふくらませてみたら。

もちろん、想像は幻想とは違う。問題なのは、その線引きが難しいことだ。ぼくたちは失敗したり拒絶されたりすることを怖れるあまり、大きな野望を捨ててしまったり自分で否定してしまったりする。もし思い切ってやっていたら情熱やバイタリティがあふれてきたかもしれないのに、それさえも自ら消し去ってしまう。

夢が大きかろうが小さかろうが、ぼくたちの人生に失敗はつきものだ。それならば、たいして望んでもいないことをやって失敗するほうがいいと思う人がいるだろうか。どうせ失敗するなら、自分が人生で本当にやりたいと思っていることをやって失敗するほうがいいのではないだろうか。

この章ではもっとクリエイティブに生きるにはどうすればいいかをお伝えしようと思う。現実を直視し、その現実を自分の意思に合うように変えるにはどうすればいいかについても書こうと思う。あなたが本当に実現できる夢は何だろう。そう訊かれたらあなたは何と答えるだろうか。あなたが成功させたい、達成したい、実現させたいと思い描いていることは、手の届くところにあるかもしれない。けれども、ちょっと立ち止まって、その夢は小さすぎないだろうか、と考えてみてほしい。誰でもまずは小さな夢を思い描くものだ。小さな夢なら楽だし、できそうな気がする。安心感もある。が、けっしてそんなことはない。

大きく飛躍するためには、オンリーワンの存在にならなければならない。堂々と胸を張って。ただ目立てばいいということではない。真に、完全に、自分らしくあるということだ。あなたらしさを生かして何をどう取り組むかを考えていけば、必ず他とは一線を画した存在になれる。あなたという人間はたったひとり。あなたの存在価値を高められるのはあなただけだ。

突出した存在になるのは気分がいいものだが、そのぶん無防備で傷つきやすくもなる。それは自分の考え方次第だ。この章でぼくが伝えたいのは、クリエイターとしての心のあり方だ。自分らしくあることが心地よく感じられるようになればなるほど、あなたは周りから突出した存在になっていくはずだ。

面白いことに、目立とうとすると人は反抗的な態度をとることがある。革ジャンを着てバイクを乗り回して反抗していた世代もあった。誰もかれもが革ジャンでバイクに乗っていたものだ。すると、人と同じスタイルを嫌って、タイダイ（絞り染め）のTシャツにビルケンシュトックの靴を履きはじめた世代があった。するとこ今度はビルケンシュトックが流行ったり、コンサートに行けばサイケデリックなTシャツを着た人ばかりになったりした。

こうしたサイクルはいつまでも続く。反抗とは、つねに何かに対する反応として起こる。それはつまり、自分がコントロールされていることのひとつの証だ。自分が反抗しているものによってコントロールされているということ。自ら進んでそうすることを選んでいるわけではない。罠にかかったようなものだ。

反抗したり、人と同じであろうとしたりするのではなく、自分で選ぶこと。自分がありたい姿を**自分で選ぶ**ことが大切だ。

ただし、自分に嘘をついてはいけない。本当の自分になるのは難しいことだ。クリエイターとして何年やっていても、本当に自分らしくあるのは難しいだろう。周りから突出して、成功も失敗もありうる不安な世界に身を置くには、底なしの勇気と自信が必要だ。周りから何度叩かれても平気でいられるようにならなければならない。

だが、見方を変えると、オンリーワンであることは最も楽なことでもある。自分らしくないことはやらなくてもいいのだから。複雑な戦略など立てなくてもすむ。ただ、あなたらしいことを、あなたらしくやればいい。そうするのは怖いかもしれないが、難しいことではない。

なぜそうすることが怖いのだろう。人とちょっと違った変わり者と見られるのは――変わっていない人など、実際にはいないのだが――リスクがあるからだ。気に入らない奴だ、と思われるかもしれない。だから、自分らしさを隠しているほうが安心だと思うのだろう。けれども、周りに合わせようとして自分を隠すことは、最も危険なことだ。これからの時代は、クリエイティブな思考こそが最も大切な時代になるだろうし、それこそ誰もが磨くことのできる価値のあるスキルだ。周りに合わせていては、クリエイティブな思考はもてない。

自分らしく、そして周りとは一線を画した存在でいることのリスクは、小さくすることができる。周りから叩かれただけで落ち込んで弱気になってしまうようなアーティストにならないための心構えを紹介しよう。

リスクに対処するための方法は後で述べるので、まずは、本当の自分をみつめてみよう。それは、あなたの心の奥底に押し込められているかもしれない。

## 自分の怖れと向き合ってみる

クリエイティブな思考をするのは難しい。まず、エネルギーが必要だし（3ポンドの脳みそが消費するエネルギーは全消費カロリーの20％を占める）、自分が考え出した新しいアイディアは周りの人にとっては迷惑なことかもしれない。とにかく仕事をこなしさえすればいいと思っている人がほとんどだからだ。実際、産業化時代には、ほとんどの人がクリエイティブなことを考えている余裕はなかった。そんなことを考えていたら、工場の効率が悪くなるだけだ。

すべての学校は、ある意味で予備校のようなもので、産業化時代に仕事をしていくための教育をするところだ。教師や親はよかれと思ってやっているのだろうが、この国の教育システムは20世紀の工場をモデルにしてつくられていて、効率ばかりが重視され、創造性や多様性などは考慮されていない。じっと座っていなさい、意見があるときは手をあげなさい、HBの鉛筆を使いなさい、と何度も何度も言われ、ぼくたちにはすっかりそれがすりこまれてしまっている。

小さなころから、ぼくたちは一日7時間、年間180日間を教室の中で過ごしてきた。大学へ進学すれば、1万5000時間を超える時間を机に向かって過ごすことになる。ある教科をマスターするのに1万時間かかるとして、その時間でいったいどんなスキルが身につくというのだろう。行儀よくして、いい成績をとることだろうか。そうやって訓練されても、ひとりくらいは強情な人がいて、活力と斬新さとオリジナリティを失わずに卒業していくかもしれない。けれども、残りの人は自分でそれを発掘していかなければならない。社会に迎合せずに、自分がどんなことに喜びを見出す人間であるのかを知り、創造性を自由に発揮する術を学び直さなければならない。

自分の中にねむっている活力をみつける秘訣は、自分が怖れていることに向き合ってみることだ。自分にこう問いかけてみよう。人から変だと思われるのは自分のどんなところだろう。他の人に知られたくない自分の一面とは何だろう。見苦しいな、嫌だな、怖いな、気に入らないな、と思うのは自分のどんなところだろう。

いつも両親の注目を集めている姉のことを恨む気持ちかもしれない。姉はいつも自分に優しくしてくれるのに。あるいは、配偶者をいまでも愛しているかどうかわからない、という気持ちだろうか。それとも、内面の美しさが大事だと常々言っていながら、あと10歳若かったらとか、整形手術を考えたりしている自分かもしれない。

どんなことでもいいので、まずはそれを吐き出してみよう。自分の痛い所をついてみよう。そこにこそ不思議な力がねむっている。最もクリエイティブな作品を創るための燃料となるのは、そこにねむっている、本当の、傷つきやすいあなた自身だ。

たとえば、スティーヴン・スピルバーグをみてみよう。彼はずっと独創的な天才と言われ、『ジョーズ』『E.T.』『ジュラシック・パーク』などの映画を大ヒットさせてきた。だが、彼があの名作『シンドラーのリスト』を撮ることができたのは、自分自身の文化的背景、アイデンティティ、信仰に向き合ったからだ。彼はこの作品で名声を高め、アカデミー監督賞も受賞している。

大切なのはスキルではない。『シンドラーのリスト』以前もスピルバーグはすばらしい監督だったし、『インディ・ジョーンズ／クリスタル・スカルの王国』などのエンターテインメント映画も撮っているが、相変わらずすばらしい監督だ。大切なのは、本当の自分らしさを表現することだ。エイリアンの映画でも、恐竜の映画でも、冒険に出る考古学者の映画でも、観客がクリエイターに求めているものは真実だ。クリエイターが自分の内面に深く向き合えば向き合うほど、観客もついてくる。

ジェイムズ・ジョイスはかつてこう言った。「個々の中に普遍的なものがある」。あなたの物語はあなた独自のもので、奇妙で、特殊なもの。けれども、あなたの中にある真実を他の人と共有してみたら、彼らもまた、彼ら自身の中にある普遍的な真実とつながることができる。そうやって人は共鳴していくのだ。

## 焦点を絞る

創造的な活動をするときは、何かに焦点を絞れば絞るほど、そのことについて早く学べるようになるし、作業も効率よくできるようになる。あなたが好きなアーティストや起業家のことを考えてみるといい。いまでこそ、その人たちはさまざまなことをする自由もあるだろうが、最初はどのように頭角を現したのだったろう。何かに焦点を絞ったアプローチをしていたのか、それとも手当たり次第にやっていたのか、どちらだろう。

大切なのは焦点を絞ることだ。仮に、誰かがあなたに何か新しいことを学ぶための資金をあげると言ったら、受け取るといい。ただし、犬のフォトグラファーになりたいのでなければ、自分のウェブサイトを犬の写真でいっぱいにしないこと。もし、犬のフォトグラファーになりたいのなら、犬の写真だけを載せることだ。写真家のウィリアム・ウェグマンは、ある犬種だけを撮りつづけてキャリアを築いた。

できないことはできないのだ。どれほどの創造欲を持っていようとも、幅広いことに手を出してみるのが役に立つのは、何に焦点をあてるべきかを探っているときだけだ。おそらく、うまくできるのはそのうちのひとつ、他の3つはまあまあ、その他の5つはお粗末な出来になるだろう。すばらしい写真3枚と、よくも悪くもない写真3枚と、出来の悪い写真1枚を合わせたものよりも、いい写真4枚のほうがいいのと同じだ。観る人にとっては、いい面よりも悪い面のほうが目立って見える。うまくできるものに焦点を当てたほうがいい。

ぼくは自分の道を歩きはじめてから、そして自分の創造性を生かせる場所を見つけてから、ぼくの写真（そして人生）の焦点が定まった。その前と後では大違いだ。森をさまよっていたぼくが、とつぜん、陸上選手のように全力疾走を始めたようなものだった。大学院を中退して、地元のわずかなクライアントを相手に仕事をしていたのが、一気に世界でも有数のスポーツブランド数社と仕事をするようになったのだから。気づけば、遠方にある景色のすばらしいロケーションで、有名なセレブやアスリートの写真を撮るようになっていた。焦点を絞ったからこそ、それが可能になったのだ。

あなたも何に焦点を絞ればいいかわかっているはずだ、と言っているわけではない。それは作品を創っていくうちに、少しずつわかってくるものだ。自分は正しい方向に向かっていると直感で思ったら、徹底してそれに焦点をあてること。

## ウェイク・アップ・コール

これまでさまざまな撮影をしてきたし、バックカントリーで撮影するときの注意点や、雪崩が起きたときの対処法を学んではいたものの、ぼくは不安だった。アラスカでは、もう何日も吹雪が続いていた。雪の深さは何フィートにも達している。何インチの世界ではない。ところが、とつぜん吹雪がやみ、ぼくたちは撮影に出ることになった。天気はもってくれるだろうか。

ヘリスキーを手がけているトップ企業のオーナーにガイドになってもらい、ぼくは世界でも有数のスキーヤーたちと、大がかりな写真撮影に出かけた。その日に撮影する写真は、ナイキの広告、人気アクション・スポーツ雑誌の表紙、それから見開きの記事にも使われることになっていた。

撮影を始めると不安はどこかへ消えてしまった。コンディションは完璧だ。スキーヤーたちはまだ誰も滑っていない山肌を滑り下りていく。崖や雪庇《せっぴ》や山の尾根から勢いよく飛び出し、優雅でありながら力強く滑降していく。雪の上を滑るスキーのように、撮影は順調に進んでいった。

山頂からの景色は忘れられない。ヘリコプターがナイフのように鋭くとがった尾根に着陸すると、ガイドがヘリコプターから飛び降り、3人のスキーヤーとぼくが降りられるように雪かきをして、わずかながら平らな場所をつくってくれた。バラバラバラ……。ヘリコプターが去ると、ぼくらはしんとした雪山の頂に残された。眼下には垂直な真新しい雪原が2000フィートも続いている。

雪崩情報もチェックし、滑降ルートの許可もとりつけてある。最初のスキーヤーが山肌を滑りはじめた。1回、2回と彼女がターンを決めるたび、ぼくはカメラのシャッターを切った。そして3回目のターンを決めたあと、彼女の姿は雪の尾根の向こう側に消え、谷間に降りていった。次のスキーヤーが同じルートを滑ってくるときは、ぼくはポジションを変え、その次のスキーヤーのときにも、また違うポジションで撮影をした。

山頂に残っていたぼくとガイドは、スキーヤーたちに無線で連絡を入れた。この業界ではレジェンドと呼ばれているガイドのイメージどおりの写真を撮るために、これからぼくが新しいポジションに移動して、次の滑降ルート近くの〝安全な場所〟で準備をする、と伝えた。撮影機材を丁寧にしまい、ぼくは次の撮影場所までゆっくりとターンをしながら急勾配の斜面を降りていった。そのときだった。雪崩が起きたのは。

ズシンと腹に響くようなあの大きな音を、ぼくは一生忘れないだろう。一瞬、時が止まったかのようだった。実際は、すごい速さで流されていたのだけれど。気づくとぼくは、雪崩から生還した人がよく言うホワイト・ルームの中にいた。雪の色からそう名づけられたのだが、雪崩に巻き込まれた人間からすれば、まったく白くない。雪の下に埋まっているので漆黒の世界だ。倒れて、何も見えないまま、何百万トンという雪とフォルクスワーゲンほどの大きさの氷の塊とともに、ぼくは流された。最初はゆっくり、そのあとは時速20マイル、30マイル、40マイルと加速していった。

映像で見る雪崩は実際とは違って、雪の波が上から優しく山を掃くように、ゆっくりと落ちていくように見える。とんでもない。雪崩に巻き込まれると、すべてが一瞬で消し去られる。訓練を受けたり準備をしておいたりすることはできても、雪崩の力の前に、人間はなす術もない。

雪崩に巻き込まれながら、ぼくはさまざまなことを考えていた。山頂の高さ、雪崩の深さ、ここ数日降った雪の量、そして耳について離れないズシンという音。山肌の雪のほとんどが滑り落ちたに違いない。すぐに、自分はきっと死ぬんだろうと思った。もし死を免れられるとしたら、あと5秒が勝負だ、と思った。

さいわい、ぼくは死を免れた。スキーのテクニックと、雪崩から生還するための手順を学んでおいたことと、幸運と、それから、自分でもよく説明できないのだが、アドレナリンがどっと出て信じられないくらいの力を出すことができたおかげで命は助かった。

幸運にも、他に雪崩に巻き込まれた人はいなかったし、ぼくのケガも軽いものですんだ。その日、雪崩が消し去ったものは、ぼくの自己満足だけだった。人生のターニングポイントで、新しい心の声が聞こえてくることはよくある。こういうとき人は、瞑想したり、新しい日記帳を持って一人旅に出かけたり、一杯の美味しいコーヒーを飲みながら何が自分にとって大切かもう一度よく考えたりして、新しいことに挑戦してみようなどと思いながら自分を振り返り、ぬるま湯のように心地よい、いまの状況から脱却してみようと思うものなのだろう。普段の生活の中でそういう決断をすることができないなら、山を転げ落ちて九死に一生を得るような体験でもするしかないのかもしれない。それもいいだろう。

その夜、ぼくは何時間も眠れなかった。わずか5年前、ぼくはまだフォトグラファーにもなっていなかった。いままでは、ぼくのキャリアもピークに達しているように思えたが、そのすべてを失いそうになったとき、ぼくは自分がひどく小さく自己中心的な人間であると感じたのだった。自分の夢を追って生きているぼくの人生は、他の人から見れば成功しているように見えたかもしれないが、これからまた新しいことに挑戦すれば、いまの何倍も人にインパクトを与えられるものを創れるだろうとわかっていた。写真の技術を学び、1万時間を超えるトレーニングを積んで、ぼくはフォトグラファーとしての地位を築いた。それでもぼくは無難に仕事をこなすことばかり考えていて、自分の心の声を聞いていなかった。自己満足にひたっていたのだ。

もちろん、ぼくは命をかけて仕事をしていた。アラスカの雪山に出向いたくらいなのだから。けれども、すばらしい写真を撮ろうとして死にかけたことで、ぼくは自分が広告写真で成功すること以上のものを求めていることに気づいた。ぼくはもっとインパクトのあるものを創りたかった。次に挑戦する道は、不完全ながら、好奇心旺盛で冒険好きなぼくらしいものであるとともに、他の人が大きな夢をかなえる手助けをできるようなものにしたい、と思った。

それまでの人生でぼくの創造力が成長したのは、リスクを負ったときだった。医学校という安全な場所を捨てたとき、祖父のカメラを持ってヨーロッパに行ったとき、アクション・スポーツ・フォトグラファーになろうと思ってスティームボート・スプリングスに引っ越したとき。だが、成功すると、ぼくはリスクを負うのを避けるようになった。それまでも生活が危うくなることはあったが、そもそもそれは自分が望んでいたような生活ではなかった。だがいま、ぼくには失うものがある。安全、キャリア、そしてコミュニティ。さらに飛躍したければ、これまで手にしてきた以上のものを手放さなければならない。

クリエイターになるということは、自分の作品を気に入ってくれる人が誰もいないかもしれないという不安や、聞きたくないようなことも耳にしなければならないときもあるということを受け入れる、ということだ。歳をとってカメラをしっかりと構えられなくなるまで、あるいは運がつきるまで、いまのままおとなしく、クライアントが喜ぶようなものを撮って、収入を得ている方がはるかに楽には違いない。

その夜、その日の背筋が凍るような出来事を思い出していたときのこと。大きな雪の壁に直面するという経験をしたいま、リスクをとってでも純粋に創造的な活動をするということが、前ほど怖く感じなくなっていることに気づいた。

人生にはふたつの大きな山がある。ひとつは「獲得」にかかわるもの。自分自身や世界についての知識の獲得。つまり自分のニーズをどうやって満たすかを知ること。何をして生活費を稼ごうか。結婚はするのか。家を買うのか。子どもをもつのか。そしてもうひとつは「貢献」にかかわるものだ。ぼくたちはどうやったら人の役に立てるのか、世界に印象を与えつづけるにはどうしたらいいのか、と考えはじめる。ぼくたちはまず自分が何かを獲得し、それから他に貢献する。

雪崩はぼくに大きな転機をもたらしてくれた。ぼくの意識は、たんに自分のニーズを満たしたいというものから、世界に貢献したいというものに変わった。ぼくは自分の才能、つまりクリエイティブな表現ができるという才能を、世界のために役立てる方法を考えはじめた。誰もが自分の創造力を発揮できるように励ましたり力を貸したりするには、どんなことができるのか考えはじめたのだ。

そんな気持ちの変化からぼくはブログを書くようになり、ネット上で撮影の舞台裏を公開したり、クリエイターたちの世界的なコミュニティをつくったり、〈ベストカメラ〉というアプリを開発したり、〈クリエイティブ・ライブ〉を立ち上げたりした。すべて、あのアラスカの雪山から始まったのだ。

生きていくなかで起きる大きな出来事——たとえば、子どもの誕生、病気、失業、死——によって、ぼくたちがどんな風に自分をみつめ直し、気づきを得たのかを語るのは簡単だ。だが、ぼくたちに気づきを与えてくれるウェイク・アップ・コールは、もっとよく耳をすましさえすれば、つねにぼくたちのそばで鳴っている。

## ルールは破るためにある

学校では、人生とは仲間に勝つためのゲームである、と教えられる。それぞれがどんな家庭に育ち、どんな長所と短所をもち、どんな将来の目標をもっているかにかかわらず、全員が同じ基準で評価される。仲間と比べられて相対評価されることもある。この無意味で馬鹿げた競争システムが20世紀の教育モデルだ。人生とは椅子とりゲームのようなもので、頑張らなければ座りそこねてしまう、とぼくたちは教えられてきた。

勝つためにはまず競争に参加しなければならない、というこのメンタリティは、豊かで、柔軟で、ポテンシャルに富んだクリエイティブな考え方とは正反対のものだ。人より優れることだけを目指す道を歩んでも、どこへもたどり着けはしない。なぜなら、誰かの足跡をたどって、追いつくことだけを目指しているにすぎないからだ。

自分だけの勝負をすると決めれば、生きるのはもっと簡単になる。人より優れようとするのはやめよう。人とは違う自分を目指そう。

動画をネットで公開するという試みをするようになって、ぼくはさらに仕事に打ちこむようになった。一見すると、写真というぼくの本業からははずれているように見えたかもしれないが、それはぼくのキャリアに化学変化をもたらすものになった。

最初のころに公開した短い動画は、ぼくがさまざまな撮影方法を試している姿を撮ったものや、世界じゅうをまわりながら、自分のスタイルを模索しているようすを撮ったものだった。そんな動画を撮って公開していると、いくつかのことが起きた。

まず、ぼくは話が上手になった。動画と写真には相乗効果が見られ、互いにいい影響を与えることができた。そのおかげで、ぼくは速く多くのことを学ぶことができた。次に、ぼく自身が創造的な活動をしているところをオープンにすることで、本だけでは学ぶのが難しいさまざまなテクニック、たとえば、照明のコツ、ビジネスとしての戦略、そして最高の写真を撮るための方法などを、みんなと共有することができた。撮影の舞台裏を撮った動画を公開するのは一般的ではなかったので、市場でぼくの作品の認知度も上がった。

いままでのフォトグラファーでこんなことをした人はいなかった。実際、撮影方法を共有するなんて冒瀆的だ、とも言われた。〝ルール違反だ〟と。プロの撮影方法を教えてしまったら、競争相手となるプロのフォトグラファーが世界じゅうで増えてしまうだろう、と。だが、ぼく自身はそんなことを心配したことはない。スキルは周りから抜きんでるためのひとつの方法にすぎない。純粋な好奇心から動画や解説を公開し、技術をオープンにしていくなかで、ぼくは同業者から抜きんでる他の方法を見つけた。当時は目から鱗が落ちるような思いだったが、いまならよくわかる。自分の心の声に従って自分の道を歩めるのは自分しかいない。そう、あの時、ぼくは自分だけの勝負を始めたのだ。それが違いを生み出した。

「人とは違う考えをもて」とは、ただのスローガンではない。アップルはこれを信条として、史上最高の利益を達成した。スティーブ・ジョブズは〝現実歪曲空間〟を創造したとして非難されたが、彼に言わせれば「現実はすでに歪曲している」のだろう。大型コンピュータの改良をしているだけだったら、アップルがこれほど成功することはなかっただろう。それではIBMと同じだ。そうではなく、アップルはパーソナルコンピュータを生み出した。そんな未来を思い描いていたからだ。ブルーのスーツに身を包んだIBMの社員たちは、そんな小さくてかわいい箱が、部屋ほどの大きさもあるビジネス用のコンピュータに勝てるものか、と笑っていた。だが、ジョブズは彼らとは違う土俵で勝負をしていた。自分だけの勝負をしていたのだ。ジョブズが最初から自分だけの勝負をしていたことが功を奏し、いまやアップルはIBMの巨大コンピュータにも負けないような携帯電話を何百万台も販売している。

この例からもわかるのは、〝ルール〟と呼ばれるものは——たとえば、出世するためには一段一段はしごを登っていかなければならない、など——あなたが独自の道を歩むのを阻止して、すでにある道を歩ませるために誰かが定めたものにすぎない、ということだ。それでもルールに従うというのなら、あとは自分の責任だ。

クリエイティブなことをしたいんだ、と親や仲間に話すと、たいてい、現実をよく見なさいと言われる。「あなたがXやYやZのようになれるわけがない。そんなのはただの空想だ」と。だが、よく聞いてほしい。あなたが見なければならない**本当の**現実なんてものはない。「現実とはそういうものだ」と人が言うとき、人は自分がやりたくてもできないことの言い訳を大げさに語っているだけなのだ。スティーブ・ジョブズのように考えよう。自分なりの現実を創り出そう。他の人にできて、あなたにできないわけはない。

「自分には無理」と思い込んでしまったり、「できるわけがない」と感じてしまったりするのは、たとえそれがどんなことであっても、誰かの背中を追いかけているだけだからだ。自分ではそんなつもりはないとしても。自分の胸に手を当てて考えてみるといい。そのプロジェクトは誰かにハッパをかけられたからやっているのではないのか。誰かに気に入ってもらおうと思って作品を創っているのではないのか、と。このアルバム聞きたい？　このウェブサイト使ってみたい？　この話、聞きたい？

自分にとって意味のあるものを創ろう。お金を稼ぐためではなく。自分の価値観に沿ったものを創ろう。人とちょっと違う自分らしさをそのまま表現して、周りの人に見せよう。どこかのブロガーが書いた、商用化されるための3つの基準なんて忘れてしまっていい。あなたが時代を追いかけるのではなく、あなたが時代をつくるのだ。

強い女性を主人公にした狼人間の映画がいま流行っているようだが、映画というのは構想からヒットさせるまでには何年もかかる。流行りに乗って狼人間の映画を撮ろうと決めるころには、ゾンビ愛にあふれた人が脚本を書いたゾンビの映画が制作されたりして、狼人間は時代遅れ、なんてことになるかもしれない。

流行を追わないこと。自分の道を切り拓いて自分の足跡を残せば、探求と発見の喜びを感じながら、はるかにいいものが簡単に創れるはずだ。自分の創っているものに愛情を感じることができれば、ぼくたちはそれにのめりこむ。そして、どんどん上達する。

人が自分の作品に愛情を感じるのは、それがいつもどおり完璧に創れたからではなく、たとえ不格好でも、新しい風を吹きこんでくれるものに感じられるからだ。たとえ、あなたの渾身の作品が主流派に何の影響も与えなかったとしても、あなたのビジョンが商業的な成功を収められなかったとしても――それがあなたの望みだった場合の話だ――自分が心をこめて創った作品以上に価値のあるものがあるだろうか。ないに決まっている。

世間から認知されることをひたすら目指してきた人はたくさんいる。だが皮肉にも、ぼくたちがヒーローとして称えるのは、少し風変わりな、曲がりくねった道を自分で切り拓いていく人だ。

## レッテルの力

孫武の伝説的な兵法書『孫子』には、敵を倒すための戦略が書かれている。その敵とは戦場にいる相手方の大将でもいいし、あなたのビジネスモデルに割りこんできたライバルのスタートアップ企業と考えてもいい。ぼくがこの本で提案したい戦略は、あなたの頭の中で起こる戦争に勝つための戦略だ。こと創造性においては、自分こそが最大の敵だからだ。

ひるまずに自分の人生の最高傑作に挑むための最もシンプルで効果の高い方法は、これまで自分で自分に貼ってきたネガティブなレッテルをはがすことだ。「私はアーティストではない。私はただの外科医だ、ただの母親だ、実用的な人間だ……」

ぼくたちの脳はレッテルをとても気にする。自分はこんな人間だ、と思うと、あなたの頭は一生懸命、心身共にそういう人間になろうとしてしまう。

たとえば「変わり者」という言葉を考えてみよう。クリエイティブな人間はよくそう呼ばれる。「変わり者」という言葉はネガティブな意味を含んでいるが、これと反対の意味の言葉は何だろう。「普通」だろうか。「つまらない」ではないだろうか。いってみれば、他の人の映画にエキストラで出演するような「つまらなさ」なのではないだろうか。

そうはいっても、ぼくもこの落とし穴にはまったことがある。ぼくは変わった子どもだった。クラスのみんなの前で手品を披露したり、ブレイクダンスを踊ったり、スタンドアップ・コメディーをやったりするのが好きだった。ぼくの住んでいた町では、こんなことをやるのは**普通**じゃなかった。大きくなって、自分の興味の方向が人とはちょっと違うと自覚したぼくは、それとは反対方向にできるだけ遠ざかろうとした。ぼくはこれまでの人生で後悔していることはあまりないのだが、そのときのことは後悔している。

レッテルは思いもかけないところから、とつぜん貼られてしまうものだ。だから、それに備えておくことも難しい。

ある日、ぼくはジョギングに行こうと思って朝早く起きた。だが、ベッドから出て2歩歩いたところで床に倒れてしまった。吐き気とめまいで、真っ直ぐに歩くこともできない。ウイルス性内耳炎にかかっていたのだ。これはそれほど珍しい病気ではないのだが、ぼくの症状は深刻で、めまいはこれからも消えないだろうと医者に言われた。これからの人生、ずっとこんな状態ということだ。なんてことだ。そう、まさにレッテルだ。残りの人生、ずっと病気を抱えたままなのか？　そんな思いが頭から離れなかった。

実際は数カ月もすると症状がおさまったのだが、症状がまた現れるんじゃないかと思って何年もずっと怖かった。体からウイルスが消えた後も、長い間ぼくはＰＴＳＤ（心的外傷後ストレス障害）の状態にあった。頭を素早く動かしたり、一瞬でもバランスを崩したりすると、またウイルスにやられたのではないかと思ってパニックに襲われた。

セラピーを受けてわかったのは、ぼくの具合が悪くなったのはウイルスに感染したからではなく、医者の貼ったレッテルを受け入れてしまっていたからだとわかった。〝病気の人〟というレッテルをはがして自分自身を取り戻すには、多くの努力が必要だった。これが、ぼくらに道を誤らせるレッテルの力だ。あなた自身のレッテルを考えてみてほしい。自分で自分に貼ったレッテル、あるいは他の人から貼られたレッテルのことを。自分のことをクリエイティブな人間だと思っているか、そうではないと思っているかによって、現実も変わってくる。間違ったレッテルを受け入れてしまうと弱くなってしまう。果敢に、ネガティブなレッテルと先入観を根こそぎはがなければならない。

「自分はクリエイティブな人間だ」。大きな声でそう言ってみよう。100回そう書いてみよう。新しいプログラムを脳に組み込むのは大変かもしれないが、やってみよう。それほどレッテルの影響は大きい。

## 人から好かれようと思うと嫌われる

人は大人になると、傷つかなくて済むように何重にも予防線を張ってしまうものだ。クラスで何か変なことを言って友だちに笑われたとか、メンバーに選ばれるのがいちばん最後だったとか、傷ついたり面目を失ったりすることがあるたびに新しい傷ができる。そうしているうちに、本当の自分や自分らしさを外に見せなくなっていく。

著名な心理学者ジーン・ベイカー・ミラーが提唱した「中心的関係性のパラドックス」は、シンプルだが示唆に富んでいる。これは、人間は誰もが親密な関係を求めている、という説だ。人間は他者から好かれたいと思っている。けれども、自分のすべてが好かれることはないのではないかと心配になるあまり、自分で自分のよくないと思っている面や、人と違った面を隠してしまうようになる。

本当の自分を隠してしまうと、この人とは関係を築くのが難しいと相手は感じてしまう。こちらが心を開いていないと感じると、相手も自分をさらけ出さなくなる。すると、結果的にぼくたちは親しい関係を築くことができなくなってしまう。こうしてパラドックスが生まれる。何が問題かわかっただろうか。

このパラドックスは芸術に最もよく現れる。他の人を喜ばせようと思って創った作品かどうかは、見ればすぐにわかる。自分のイメージ——たとえば冷静で鋭くて粋な人——を裏切らないような作品を創り、自分を悪く見せたりイメージとは違った作品を創ったりしないようにしているのだとわかる。

アーティストが本当の姿を見せてくれたり弱い面をさらけ出したりしてくれると、昔からそのアーティストを知っていたかのように、それが本当の彼女らしさだと感じたりするものだ。たとえそのアーティストが、500年前に地球の裏側で生まれた人であったとしても。

人に気に入ってもらおうとして自分らしさを抑えてしまうと、作品は無味乾燥なものになる。自分を隠してまで人に気に入られたいという欲求は、創造性の妨げになるだけでは済まない。あらゆるものを隠してしまうようになる。知らない人から冷たい視線を浴びるくらいなら、友人に対しても自分を隠しておくほうがいいと考えてしまったりする。拒絶されることに対するアレルギー反応だ。他の例もあげてみよう。

何年も小説の執筆に取り組んでいた友人が、あまりにも断りの手紙ばかりもらうので、もう小説を出版するのはあきらめた、と言ったとしよう。これもアレルギー反応だ。これまで何年、あるいは何カ月、あるいは何日かかけて作品を創ってきたのに、それと同じだけの時間、自分の作品を評価してくれる人が現れるのを待つことができないのはなぜだろう。人から好かれたいと思う気持ちが強いと、それが仇となって**あなたらしい**作品を喜んでくれるはずの人とも関係を結べなくなってしまう。

ぼくだって出来の悪い写真を撮ってしまうことはあるけれども、それはぼく自身が悪いフォトグラファーや悪い人間だからではない（非論理的なようだけれども、実際、そう感じるときがある）。写真にも出来不出来があって、それは自分でもわかる（そうやって上達していく）。たった1枚の写真がぼく、チェイスというひとりの人間のすべてを表すものだとは思っていない。チェイスは無条件に愛するに値する人間だが、撮った写真のなかには、それほど出来のよくないものだってある。

人はさまざまな場面で、自分を守るために自分を隠そうとする。一度にいろいろな物に手を出すこともその表れだ。自分のエネルギーを分散させてどれも完成させないでいれば、作品を誰かに見せなくてもすむし、拒絶されるリスクも負わなくてすむ。あるいは、10枚の写真を10個の違ったコンテストに出せば、ひとつひとつの落選によって傷つく度合も少なくなるだろう。たくさん作品を創ってたくさん応募することはいいことだ。だが、傷つくことを怖れるあまりただの好事家になってはいけない。何かひとつ、次にやりたいと思っていることだけに焦点を絞るべきだ。焦点を絞り、前に進み、そこから自分らしさをみつけよう。あなたらしさを隠すのはやめよう。

## 成長にはリスクも必要

周りから抜きん出た存在になることと、周りに馴染むこととは両立しない。シンプルな真実だ。何も創らなかったり、自分が気持ちよく創れるものだけを創ったり、作品を誰にも見せなかったりするのは、あなたが自分を隠している証拠だ。自分を隠すようになってしまうと、それ以上に成長ができなくなる。あなたの中のある部分がスリープ状態になるからだ。ぼくは最高の写真が撮れるようになったと思っていたけれども、雪崩にあったことがきっかけで、真の自分らしさが何なのかわかった。自分でも気づかないうちに、自分らしさを探して行きづまっている人を、ぼくはこれまでに多く見てきた。

リスクを怖れずクリエイティブなことに何度も何度も挑戦するには、頭で考えずに心と直感を信じることが必要だ。人間の生存本能は、刀のような牙をもつ剣歯虎から身を守るために進化してきた(いいニュースをお伝えしよう。そのトラは絶滅している!)。いまでは日々、命が危険にさらされることもない。だから、人間の脳は、たとえば人前で話すときや、誰かをデートに誘うときなど、まるで命を脅かされるように**感じる**ものに対して注意を向けるようになった。こうして脳は見当違いのものから自分を守ろうとするようになり、その場に馴染め、友だちをつくれ、〝いいね〟をもらえ、などとぼくたちにささやく。アーティストになるということは、周りとは少し違う存在になり、自分をさらけ出し、周りから非難されやすくなるということだ。アートは真実を映し出す。そして真実にはいい面も悪い面もある。

ここまでこの本を読んでくれた方は、創造性は人間が本来もっている力で、健康と幸福には欠かせないものであるということを、すでにわかってくれていると思う。だが、創造的な活動をするためのエンジンを定期的にかけなかったら、ぼくたちの中にある何かが枯れてしまうだろう。これは隠喩的な意味でも、実際的な意味でも真実だ。「使わなければなくなる」というのは、創造の女神たちにも神経回路にも言えることだ。

クリエイティブになるには、傷つくかもしれないというリスクを承知でやってみることも必要だ。それには、どんなことに取り組むかも大切だ。失敗して傷つく経験もしなくてはいけない。お尻にあざをつくって、ひざにすり傷をつくりながら、ぼくがスケートボードの乗り方を覚えたのと同じこと。やる前から結果がわかっていたら、あるいは結果などどうでもいいと思っていたら、学べることは何もないだろう。成長など期待できない。難しいことに挑戦するからこそ、アーティストとして成長できるのだ。失敗することがなければ、学びも成長もない。失敗するのは、意義のある挑戦をして、自分を限界まで追いつめていることの証だ。

ぼくらは家でも学校でも失敗は〝悪いこと〟だと教えられ、〝よくできる人〟は失敗をしないものだと教えられてきた。だが、真実は違う。それぞれの分野のトップにいる人というのは、つねに成長し突出した存在でいるために、日常的にリスクをとり、拒絶されることも怖れず、お金と名声を賭している。

リスクをとらない人生ではたいしたことは成し遂げられない、という考え方を理解することはできても、ほとんどの人がこう考えることだろう。リスクをとるのは後にしよう、いつかとろう、いつか十分なお金を手に入れたら、いつか成功したら、いつか有名になったら……。これでは、リスクをとるのが安全になったら、と言っているようなものだ。

ぼく自身の経験からも言えるが、そんな日はけっしてやってこない。リスクをとらないほうが危険だと気づくまで、リスクをとろうとはしないだろう。成功するとますますリスクは高く、とりづらくなる。人気もお金も手に入れると、創造的な活動に欠かせない必要なリスクさえとるのが怖くなる。最悪なのは、この罠に陥ると、金の鳥かごに入れられているかのように、見た目はよくても不自由になってしまうということだ。周りも、あなた自身も、望んだものすべてを手にいれたかのように錯覚してしまう。

ぼくは、あのとき雪崩に遭ってよかったと思っている。いま振り返るとよくわかるのだが、当時のぼくがあのまま、新しく手にいれた成功を守ろうとして次々と安全な選択肢ばかりを選んで道を進んでいたら、ぼくの創造性はだんだん失速してついには立ち止まってしまい、そもそも自分が何に突き動かされてこの道を歩んでいたのかもわからなくなっていたと思う。自分が手に入れたものをリスクにさらさないと、それを失うリスクに直面してしまうのだ。

いまこそ覚悟を決めるときだ。ベストな人生を歩むために、あなたはどんな代価を払う用意があるだろうか。

## 起業家のようにリスクをマネジメントする

世界でも有数のベンチャーキャピタル数社と仕事をする機会があった。いいベンチャー企業はリスクをよく理解している。ほとんどのスタートアップ企業は失敗するが、成功した企業は失敗した企業すべてを足してもあり余るくらいの成功を収めている。ゲームとはそんなものだ。お金があれば誰でもベンチャー企業を起こせる。では、生き残っていくには何が必要か。つねに自社の居場所を確保できるように、リスクを適切に評価していくことだ。ラスベガスの掟と同じ。賭け金がなくなれば家に帰るしかない。

　クリエイターはベンチャーキャピタルから多くのことを学ぶことができる。ぼくたちクリエイターは、キャピタル（資本）とベンチャー（冒険）でできているようなものだからだ。ぼくらは何度も何度もチップ——時間、注意力、名声——をテーブルの真ん中に置いて賭ける。クリエイターとしてゲームを続けるために、リスクが少ないときに多く賭けたいと考える。だが、リスクを見誤ることが多い。自分の名声が実際より高いと勘違いしたり、クリエイターとしての自分の力を過小評価してしまったりする。創造的な活動をするうえでの失敗にはたいした犠牲もともなわないし、少し恥ずかしい思いをするくらいのものだ。一方、自分の作品を安売りすると、すべてを犠牲にすることになる。

　以前〈クリエイティブ・ライブ〉で、著作家のセス・ゴーディンが、子どものころに友だちとボーリングに行ったときの話をしてくれたことがある。母親は数ゲームできるくらいのお金をくれたという。ボーリングは1ゲームで何回かボールを投げることができる。一投一投が大事になってくるので、どれもおろそかにはできない。シンプルに、できるだけ真っ直ぐに投げる。変わった投げ方をしたり、遊びで投げたり、いろいろな投げ方を試してみたり、おかしなことはしない。

　ゴーディンは当時のそんなボーリングを、いまの〝投げ放題のボーリング〟と比べて話をしてくれた。たとえば、インターネットでは、何かを何度でも試したり、創ったり、共有したりできるし、リスクを何度とったって後悔することもない。ぼくはそのコンセプトが気に入っている。デジタルカメラには、フィルムを使って撮るカメラにはない自由さがあるのと同じだ。ぼくはカメラで、好きなだけリスクをとることができる。フィルムが無限にあるようなものだ。

リスクを怖れて隠れる必要はない。大胆になれ。正しいリスクをとることだ。失敗なんて古くからの友人とでも思えばいい。信念もないまま正しい行いをする人より、大胆にやって失敗する人のほうがずっとすてきだ。もしあなたがブログを書いていたり、即興で舞台をやっていたり、新しくて珍しいサービスをビジネスに取り入れようとしたりしているなら、目の前にあるリスクをとても高く感じるかもしれないが、そんなことはない。そのリスクはとるべきだ。もし失敗してしまったら、そこから学びを得て、前に進めばいい。

ところで「リスクが高い」とはどういうことだろうか。やらないほうがいいということだろうか。リスクを目の前にすると、人はふたつの選択肢のどちらをとればいいかわからなくなってしまうものだ。そのリスクをとるべきか、安全路線を行くべきか。成功した人たちも、これまでにさまざまな紆余曲折を経てきている。スタートアップ企業を立ち上げるために、家を担保に入れて借金を増やしたくないなら、スタートアップはあきらめたほうがいいのかもしれない、とあなたは思うかもしれない。だが、ふたつにひとつという、その考え方は間違いだ！　大きな成功を収めている人たちは、リスクをとる前にすべてのリスクのメリットを検証して、さらに最悪なケースに備えた防御策を人知れずはっているものだ。

たとえば、ラスベガスでルーレットをしているとしよう。もしあなたが賢い人ならば、あなたの目的はできるだけゲームを楽しむことだ。カジノではつねに店側が勝つことを知っているからだ。いくら賭けるか決めたら、あとはできるだけ長くゲームを楽しむのがコツだ。全額を赤に欠けて大物ぶりたいかもしれないが、それだと50%の確率で部屋に帰って一晩じゅうテレビを見て過ごすことになる。うまく分散して賭ければ、長くゲームを楽しむことができる。

いくつものベンチャー企業を次々と立ち上げる起業家は、これと同じことをしている。雑誌の表紙を飾るような人物は、あなたが思うよりずっと多くのリスクをとると同時に、リスクを回避してもいる。大きな賭けをすると一度や二度は勝てることもあるかもしれないが、そんな幸運がいつまでも続くことはない。ゲームを続けたいなら、リスクと予期できる問題を評価する方法を身につけるべきだ。

ヴァージン・アトランティック航空を設立した際、創設者のリチャード・ブランソンは中古のボーイング747型機を買った。何がリスクかといえば、航空会社を設立すること自体がそもそもリスクだ。新しいビジネスに億単位の投資をすることもそうだ。だが、ブランソンは長年、成功してきた。それは、リスクヘッジの方法を知っていたからに他ならない。彼は最初の機体を買ったとき、もし航空会社がうまくいかなかったら機体をメーカーに買い戻してもらえるよう、事前に交渉していたのだ。そんな話は、普通は雑誌には書かれていない。大胆に考え、損失を少なくするために備えることが大切だ。くれぐれも忘れてはいけない。赤に有り金すべてを賭けて負ければ、すごすご部屋に戻るしかないのだということを。

自分が負っているリスクをきちんと見極めよう。続けるかやめるかの決断をするまでに、どれぐらいのコストなら許容できるか、どれくらいの期間ならかけられるかを、きちんと考えておくこと。何か新しいプロジェクトに取り組むときは、次の質問の答えをノートに書き出してみるといい。


「このプロジェクトの目的は?」

「なぜ自分はこのプロジェクトをやるのか? 自分はこのプロジェクトから何を得たいのか?」

「失敗したときに起こる最悪のことは何か?」

「リスクを軽減して失敗を小さくするためにやっておけることは何か?」

「このプロジェクトはやる価値があるか?」


クリエイティブなビッグ・プロジェクトをやりたいと思ったら、必ずリスク評価をしなければならない。真に周りから抜きん出た存在になるには、ある程度のリスクはつきものだ。

まずは落ち着いて最悪のシナリオを描いてみること。そうすれば、頭から離れないリスクへの怖れが、じつは具体的なものではなかったり、たいしたものではなかったりすることもある。十分にリスク管理できるくらいの障壁だったりする。

たとえば、ストリーミング・ビデオ・チャンネルを始めるための機材を買おうと思って貯金をおろしたばかりなのに、自分も配偶者も失業してしまったら、そのうちお金に困ってしまうだろう。だが、そのチャンネルを始めることは、あなたの好奇心と夢を満たすような大きな目標だとする。それなら、コストを削減するために何かできることはないか考えてみることだ。

物々交換をしたり、他の映像作家と機材を共有したり、高い機材は買うのではなくて借りることにしたりなど、いろいろな方法が考えられるだろう。リスクを軽減するためにできることはあるだろうか。もしそのチャンネルがうまくいかなかったら、違うコンセプトのチャンネルを考えてみることもできる。副業として、ビデオ撮影の技術や機材を地元の企業に提供することもできるかもしれない。あるいは、ネットオークションで機材を売って、投資費用をある程度回収することができるかもしれない。他にもいろいろ考えられるだろう。リスクを見極めてそれへの対処法を考えれば、展望が開けてくるはずだ。不可能だと思っていたことができそうな気がして、わくわくして、希望が湧いてくるだろう。

今日の社会では、クリエイティブなアイディアを形にするには、お金よりも時間が問題になることが多い。技術の進歩のおかげでビデオカメラは持ち運べるようになったし、ラップトップで録音もできるようになった。クリックひとつで本を出すこともできるし、信じられないくらい安いデジタルツールで、収益性の高い安定したオンラインビジネスを始めることもできる。何より、そのノウハウを無料で学ぶことができる。だが、それには多くの時間がかかる。自分にとって大切なものを創りあげるのに、どれくらいの時間なら投資できるだろうか。

時間は貴重だ。よく考えて使うべきだ。時間の使い方にもリスク評価が必要だ。たとえば、本を執筆したいと思っているとしよう。だが、仕事と家庭の用事をすます合間でしか執筆できないし、日中は執筆できない。ひとつのリスキーな方法としては、誰にも見つからないことを願って、オフィスで働いているふりをしながら執筆するという方法だ。だが、この方法は生活費をリスクにさらすことになる。相当なリスクだ。

もうひとつ考えられる方法は、朝4時に起きるというもの。4時起きはつらいが、永遠に続くわけではない。あなたのクリエイティブな目的を達成するまでのことだ。毎朝早く起きて執筆するという生活を2年も続ければ、ベストセラーを出版できるだろう。成功だ。そうなればいまの仕事をやめて、執筆に専念すればいい。では、本が売れなくて、いまの仕事をやめられない場合の最悪のシナリオは何だろう。睡眠時間と、夜にカウチでゆっくりする時間がなくなるということだろう。ただ、家族との大切な時間や仕事は犠牲にしなくてすむ。

自分にはクリエイティブな目標を設定してそれを達成できる力があると言える日が、いつかくるだろう。その価値ははかりしれない。きっといい作家になっていることだろう。創造性には反復練習が必要だ。創造するための筋肉を鍛えなければならない。頂点に行くために、あなたは自分を磨いてきた。楽しんでできるのなら早起きを続ければいいし、そうでないなら、次は何に賭けるのかを考えるのもいい。

## より小さなリスク＝より大きな可能性

賭け金のリスクヘッジさえしておけば、ゲームを楽しむことができる。たとえば、ぼくは商業用の写真を撮るとき、プロのスタッフにアシスタントをしてもらい、何万ドルもする機材を使うことにしている。これほどのコストをかけるのは、撮影に携わるすべての人にとって大きな賭けとなるので、撮影中は本当にクリエイティブなリスクをとるのは難しくなる。意外に思うかもしれないが、大きな撮影というのは、事前に考えられたアイディアを実行に移すだけのものなのだ。そこに創造性が入りこむ余地はほとんどない。想定したとおりの写真を撮らなくてはならない。決められたとおりに撮るのはたいして楽しくないものだ。打ち合わせどおりにやるだけだ。

2007年には、そのプロセスの柔軟性のなさが嫌になりはじめた。ぼくは写真を撮る仕事が好きだったが、なんの束縛もなく、シンプルに、オープンに、自由に創造性を発揮できる人生を望んでいた。ちょうどそのころだ。ぼくが新しいiPhoneを手に入れたのは。iPhoneについていたカメラはぼくが仕事で使っていたカメラとは比べ物にならなかったが、いつでも持ち歩くことができた。だから、撮影の合間にクリエイティブな息抜きをするのにはもってこいだった。休憩時間になると、ぼくは歩き回って、興味を引かれたものの写真を撮ったものだ。古いデザインのマンホール、雪に残った足跡など。そのおかげで、ぼくはまた写真を撮るのが楽しくなった。ただ、撮るのを楽しむだけ。プロのスタッフを連れて10万ドルもする機材で雪の上の足跡を撮りにいくなんて無理だろう。そこへいくと、ほんの数分ではあるけれど、iPhoneでは気ままにいろいろな写真を試してみることができた。ただ純粋に楽しみのために撮る写真だ。

皮肉なことに、こうした新しい楽しみ方が、ぼくのプロとしての最も大きな成功に結びつくことになった。カメラをポケットに入れて持ち歩くようになって、ぼくは世の中が変わりつつあることに気づいた。誰もがいつでもカメラを持ち歩ける時代になったのだ。生まれて初めて子どもがホームランを打ったところも、初めてのリサイタルも、撮り損ねることはない。まあまあのカメラがついたスマートフォンを誰もが持つようになれば、好きなものを写真に撮ってそれを他の人に見せることもできる。そこで、ぼくは〈ベストカメラ〉という写真共有アプリを創り、携帯で撮る写真に夢中になった。ほんのささいなシンプルなことが、ぼくのキャリアの中で画期的な出来事となった。

〈ユーストリーム〉という動画共有サービスを知ったときも、同じようなことが起こった。これは、起業家のブラッド・ハンスタブルと才能あふれる彼のチームスタッフが、海外に駐留している軍人が母国にいる家族と顔を見ながら話せるように、ウェブ上でライブ動画を発信できるように開発したものだ。これはすごい、とぼくは思った。これを使って、プロの撮影現場をフォトグラファー志望の人に見せてあげればいいんじゃないだろうか。ちょっとした手間でいっさいのリスクなく、ぼくがパンクバンドのアルバムのジャケット撮影をしているところを、2万5000人にリアルタイムで公開できると考えた。

元手がいっさいかかっていないこの実験の成功が、ポッドキャスト〈チェイス・ジャービス・ライブ〉に結びつき、最終的にはそれが〈クリエイティブ・ライブ〉になった。〈ユーストリーム〉を使って何か大きなことをしたり、ベンチャー企業を立ち上げたりしたわけではない。ただ、そこに技術があって、やってみる価値があると思ったからやってみただけのことだ。まったく。誰がこうなることを予測できただろう。思いつきでやってみたことが、ぼくのキャリアの中で最も成功したもののひとつになるなんて。

ぼくの経験から言うと、大きな成功を期待して賭け金を増やしたり家を抵当に入れて投資をしたりするよりも、クリエイティブな思いつきでほんの少しのリスクをとったほうが、成功につながる場合が多い気がする。もし、いまあなたが大きなプロジェクトを立ち上げるのに苦労しているなら、とにかく落ち着いて、ちょっと小さなことから始めてみるのがいいのではないだろうか。

## あなたらしいスタイルを

クリエイターとしてひとつ上のレベルに行きたければ、自分のスタイルというものを確立することだ。自分らしさを見つけてそれを高い忠実性をもって表現することこそ最も価値のあることだし、それこそがクリエイターとして目指すべき頂点だ。そうすれば、うまく作品が創れるようになる。

だが、うまく作品が創れても、クリエイターとして自分が何を表現したいのかがわかっていなければならない。ミュージシャンなら曲をつくり、歌詞を考え、ライブ演奏をすることはできても、自分らしい曲にする方法がわからなければ、ヒット曲を生み出すことはできないだろう。映画の脚本家も、主人公とわかりやすい悪役が出てくる3幕構成の脚本は書けるかもしれないが、自分がどんなものを書きたいかがわからなければ、退屈な脚本しか書けないだろう。

いってみれば、指紋のようなものだ。アデルの歌には一曲のなかにふたつも3つもアデルらしさが含まれていて、新しい曲だったとしても、聞いただけで歌っているのがアデルだとわかる。あなたの作品や創造プロセスに含まれるあなたらしさこそ、ブランド以上に大切なものだ。

では、あなたらしさとは何だろう。あなただけがもっていて、作品にこめることのできるものとは。

「ちょっと待ってくれ」と思っただろうか。「多様性についてはどうなんだ？　ぼくは飽きっぽいから、いろいろなものを次々と創ったり、いろいろなスタイルでやってみたりしたいんだが……」と。

もし、あなたの貴重な時間を他の人のスタイルを真似することに費やしてしまったら、惨めな思いをするばかりか、あっという間に疲れきってしまうことだろう。この世にアデルは1人でいい。もちろん、最初は真似するところから始まるのだろうし、そうやってぼくらは学んでいくものだ。けれども、他のアーティストのスタイルを真似てみるのは、あくまでいろいろなものを試してみるためであって、そこから少しずつ自分のやり方を創っていかなくてはならない。こうあるべきと思うスタイルではなく、よりあなたらしいスタイルにしていくこと。アーティストとしての巧みさというのは、つまるところ、どう見ても、聞いても、感じても、あなたにしか創れない作品を創る技術を高めることにある。

作品を創りつづけていれば、そのうち自分のスタイルというものが出来上がっていく。それは結局、本当の自分の姿が表れたものであって、他の人とはちょっと違ったあなたらしさだ。あなたの人生を生きてきたのは、あなたしかいない。あなたのようなものの見方をするのも、あなただけだ。それをどうやって他人に見せるかを考えればいい。あなたのものの見方はあなたの価値観を映したもの。はっきりと、あなた独自のものであるといえるスタイルで何度も何度も作品を創っていれば、世界はその扉を開いてくれる。たとえ作品が世間に認められなくても、あなたの中では何か大切なものが見えてくるはずだ。

少しずつ成長しつづけることは大切だが、オンリーワンの存在になろうと思ったら、自分に賭けてみることも必要だ。つねに、作品に自分を投影させるもっといい方法はないか考えないといけない。残念ながら、それを見つける近道はない。時間がかかる。あなたらしいスタイルを見つけたり開拓したりするには、同じような作品をいくつも創ることだ。自分のスタイルは無理にひねり出すこともできないが、かと言って、外から拝借してくることもできない。作品に無理にスタイルを付け加えようとすると、嘘っぽくなってしまう。それはただ、自分のスタイルはこう**あるべき**だと、あなたが考えているものにすぎないからだ。

スタイルはあなたの内側から出てくるもの、作品からにじみ出てくるもの、そして創造プロセスへの取り組み方から現れてくるものでなくてはならない。創って創って創りつづけていれば、あなたのスタイルは自然と、有機的に出てくる。スタイルができるまで創ること。

何でも試してみたほうがいい、という声は無視しよう。焦点を絞ることだ。すべての人に気に入られるのは不可能だ。一度に10ものスタイルを試していたら、どれも中途半端になってしまう。それなら、同じジャンルのものを10個創造してみよう。10個創り終えたら、次は100個創ってみること。100個創ったら、見返してみよう。するとほら、あなたらしさがどこにあるのか、少し見えてくるはずだ。それを頑張って続けることだ。そうすれば、数ある作品の中からあなたの作品が選ばれるようになる。

なかには、トラウマにこそ真の自分が隠れているという人もいるだろう。だが、もしあなたがそういうタイプでないのなら、無理にトラウマを探そうとしなくていい。ささいなことに、すべてが表れる。生活や仕事の中で日々起きる面倒なことをどうとらえるかにもあなたの特徴が表れるし、見た目は凡庸だけれども、じつはよく見るととても深い意味があるようなことにも、あなたの特徴が表れる。だから、何度も繰り返して作品を創ることが大切だ。

いろいろなスタイルを試してみるのではなく、ただ自分の作品を創ること。すると、そこからあなたの心を動かし、刺激し、エネルギーを与えてくれるものが自然と現れてくる。あなたはどんなことに好奇心をくすぐられるだろうか。子どものころ、どんなことをして、変わった子だ、と言われただろうか。

あなた自身をみつけよう。あなたらしいスタイルをじっくりと見つけ出すことが、クリエイティブな道を歩むうえで、まずやらなくてはいけないことだ。それが見つかるまではひとつのことに焦点を絞ること。そうすれば、そのプロセスの中で高い技術を身につけることができる。ひとつのことに熟達すれば、他の技術も獲得することができる。

## 新しいことをやるときには戦いも必要

結局、あなたはあなたでしかない。あなたという人間はひとりしかいない。やりたいことをいまやらずして、いつやるのか。

オンリーワンになるのは容易なことではない。人間が新しいものや異なるものに抵抗を覚えるのには理由がある。新しいものは難しく、リスキーで、不安定だからだ。たとえば、スティーブ・ジョブズはとても気難しい人物で、一緒に仕事をしたり彼の元で働いたりするのは大変だったという。何かを改良するだけではけっして認めてもらえず、いままでとは違ったものを生み出さなければならなかったそうだ。

ぼくは何も、クリエイティブなビジョンを達成するためには無神経な人になれ、と言っているわけではない。強い精神力をもてと言っているのだ。自分自身を押し出すくらいでないといけない。あなたのアイディアを広められるのは、あなたしかいないのだから。

10年ほど前になるが、アマゾンの共同創業者ジェフ・ベゾスはこう言っている。「長い間、自分たちの真意がわかってもらえなくても構わない」と。アマゾンは本やブラシといった日用品の販売から〝クラウドサービス〟へと事業を展開してきた。当時は雲をつかむような話だと思われたことだろう。アマゾンは〝ビッグデータ〟の何を知っていたというのだろう。総じてこんな反応だったろう。「あまり手を広げないほうがいいぞ、ベゾス。ややこしいデジタルの話はグーグルやマイクロソフトに任せておいて、いままでどおり芝刈り機を売ろうじゃないか」

同じように、サラ・ブレイクリーが補正下着のブランド〈スパンクス〉を立ち上げようとしたときは、投資する価値がないと周りからさんざん言われた。だが、周りから何と言われようと、彼女は骨身を惜しまず、自分のビジョンに向かって会社を率いていった。縫い目のない下着の製作を工場から断られたときは、彼女が自分で試作品を作った。スパンクスもアマゾンも何十億ドルという売上を誇る企業となったが、いまとなってみれば、どちらの企業も創業者の揺るぎないビジョンがあったからこそ成功したのだと、ぼくらにもはっきりわかる。

つまり、現状を打破しようとする者は――大企業の一部署であれ、スタートアップ企業であれ、個人が行うアートプロジェクトであれ――苦戦を強いられる、ということだ。だが、これは**戦う価値のある**戦だ。あなたが何か提案しても何の反対もされないのなら、それはあなたが思うほど重大で価値のあるものではないということだ。周りから何か反応があれば、あなたはいいところに目をつけたということ。周りの反対があるときこそ、その小さなひらめきが仕事に結びついていったりする。反対者の存在そのものが、あなたの行く先を示してくれるものになる。

ぼくの友人のアレックス・カルダーウッドはエースホテルチェーンを立ち上げたのだが、このホテルチェーンはホテルの新しい可能性を引き出し、ホスピタリティ産業に一石を投じるものとなった。ある日、ぼくらはロンドンで会い、コーヒーを飲みながらブランディングについての話をした。彼はブランディングのプロだ。ぼくは自分の哲学を彼に語った。ぼくはつねに自分にとって本当に意味のある作品を創ることと、安い素材をそのまま使った武骨な作品と、細部にまでこだわった洗練された作品の両方を創ることを大切にしている。その中間にあるもの――〝最善策〟や〝業界標準〟や〝競争相手がやっていること〟――は人の記憶に残らない作品だと思っている。

アレックスの話は洞察に満ちたものだったし、彼がホテルチェーンを〝エース〟と名づけたのには感心した。トランプの〝エース〟はいちばん数の小さいカードでありながら、いちばん強いカードにもなるからだそうだ。うまいネーミングだ。

ハートの9やクラブの6になりたい人が誰かいるだろうか。あなたもエースだ。あなたらしく勝負しよう。

# STEP 2
# DESIGN

# 設計する

夢を実現するための
戦略を設計しよう

# 第４章　自分に合ったシステムを創る

Develop Your Systems

**計画という乗り物に乗らなければ、ぼくたちは目的地にたどり着けない。計画を一心に信じ、力強く進んでいくこと。成功に至る道はそれしかない。**

**――パブロ・ピカソ**

意外な組み合わせのアイディアをまったく新しいやり方で結びつけるのが創造性だとしたら、体系的なアプローチでやるのはまったく見当違いだし、逆効果にもなりかねないと感じるだろう。自然に湧きあがってくるものが創造性なのだから！　クリエイティブになるための計画を立てるなんて、ちょっとおかしいと思うかもしれない。

けれども、あなたのアウトプットをサポートするための基本的な戦略やシステム、枠組みを創っておけば、ひらめきがなかなか訪れない苦しみから解放されるはずだ。それさえ創っておけば、もっとうまく活動できる。本当だ。ぼく自身、そのことをもっと早く知っていればよかった、と思っている。

子どものころは自分でも把握しきれないほど多くのガイドラインがあって、やらなければならないことや、そのやり方などが決められていた。ひとつひとつはとくに理不尽なものではないけれど、門限が決められていたり、たくさんのお手伝いをしなければならなかったり、家のルールを定めた長いリストがあったりした。たとえば、真冬でも室温は17度にしなければならないとか、食器洗い機に入れるお皿の並べ方だとか、テーブルのセッティングはこうしなければならないとか……あとは、だいたい想像がつくだろう。ぼくの両親はいい人なのだけれど、とにかく気難しい。

ぼくがやっていたチームスポーツでも同じだ。アメフトにもサッカーにもルールがたくさんある。もちろん、学校にも。大学院に至るまで、ずっとルールだらけだった。ルールが定める境界線に一貫性があるのはいいのだが、ほとんどのルールは勝手に決められた不必要なもので、誰かの都合のいいように定められただけのものであることが、とても嫌だった。

ぼくにとって意味のあるルールはほとんどなかった。そのうち、こうしたルールや儀式やシステムは、じつはぼくたちをコントロールしたり抑圧したりするためのメカニズムなのではないかと、ぼくは思いはじめた。

そして数年後のこと。ぼくはクリエイターとして活動を始めたが、こうした構造や枠組みへの嫌悪感は消えなかった。創造性をプログラムすることなんてできっこない、と思っていた。自然に湧いて出てくるものなのだから、と。そこで、ぼくは魔法のようにひらめきが降りてきたときにだけ何かを創り、その他の時間は他のことをして過ごしていた。創造性は規律とは無縁のものだろう？　自由なものだろう？　そう思っていた。

いま、自分の未熟な創造性論を振り返ってみてはっきりとわかるのは、当時のぼくは、アーティストというのは奔放で神秘的で、森の中やアーティストの聖地であるソーホーあたりのロフトにでもこもって作品に取りかかり、傑作を仕上げて帰ってくるという、世間のイメージをそのまま信じていたということだ。だが、実際は、そんなロマンチックな神話などどんな分野の仕事でもありえないし、何かを創るときにもまずありえない。

でもいまは、どうすれば結果が出るのかを知っている。創造的な活動をする習慣をつくり、それを続けることだ。作品を創るときの基本的な枠組みを定めておけば、失望することも少ないし、あなたが望むような成功へ早くたどり着くことができる。

## 継続は力なり

ブランドン・スタントンはジョージア州にある大学を中退したあと、シカゴに引っ越した。金融業界に勤める友人が彼に債券トレーダーの仕事を紹介してくれたのだ。金融業界はスタントンの情熱をかきたてるものではなかったが、きちんとした仕事で収入を得られることには、わくわくした。自活している姿を友だちや家族に見てもらえるのは気分がいいものだ。そうして、彼はその仕事に夢中になった。債券トレーダーというアイデンティティと、その仕事をしていることで得られるライフスタイルに、すっかりはまっていた。休みなく働き、起きている間はつねにマーケットの動向を気にしていた。

スタントンの時間と意識のほとんどは仕事に費やされていたけれども、それでも時折、ほんの数分だが、都会の風景の写真を撮ったり、シカゴの鉄道に乗っているときは通りすがりの人達のポートレートを撮ったりしていた。写真を撮るのは彼にとって息抜きの時間で、お金のことを考えずに過ごせる時間だった。

だが、いい写真を撮ろうと入れ込みすぎてはいけない、と自分に言い聞かせていた。債券よりも写真のほうに興味があったが、安定した収入を得ることのほうが大切だ。計画どおりにいけば、債券取引で一財産築けるはずだ。この業界で成功し経済的な不安がなくなれば、そのときは自分が本当にやりたいと思っていることをやる自由も得られるだろう。

そんな思いから彼はその仕事を2年間続けたが、その後クビになった。その日、オフィスのビルを出てシカゴの通りを家に向かって歩いているとき、彼は突然こう思った。2年間お金にまつわる仕事をしてきたが、そもそも個人的にお金には興味がない。心にぽっかりと穴が開いたが、何でも好きなことをやってその穴を埋めればいいのではないか、と。時間もできたことだし、どこでも好きな所へ行って好きなことをすればいい。心に芽生えた自由の感覚に彼は夢中になった。その自由を失いたくなかった。

そのときスタントンは大胆な決断をし、その決断によって、のちに世界じゅうの何百万という人を楽しませるものを生み出すことになる。その瞬間から、彼は自分が楽しいと思うことに時間を費やすことを目標にした。**いつか**自分はクリエイティブな人間になって望んでいたような暮らしをおくるのだ、と考えるのはもうやめようと思った。いますぐに、ずっと夢見ていた暮らしを始めようと思ったのだ。仕事をやめたばかりで貯金もないけれども。

彼は写真のプロジェクトをぜひともやりたいと考えた。街角で1万人のニューヨーカーのポートレートを撮るのだ。旅費を稼ぐために、彼は自分が撮った風景写真を友人たちに買ってもらった。そうしてたどりついたニューヨークでは、ブルックリンのベッドフォード＝スタイベサント地区にある、また借りしたアパートの一室で、床にマットを敷いて眠った。快適で安全な暮らしは二の次だ。ともかく、彼にはやることがあった。

〈ヒューマンズ・オブ・ニューヨーク〉というフォトブログをご存知の方が開設当初のブログを見たら、いまとはずいぶん違うと感じることだろう。写真には「いいね」やコメントがないし、キャプションもついていない。何カ月ものあいだ、1000人にも満たないフォロワーに向けて毎日写真を投稿していたある日のこと、彼にとって大きなきっかけとなる出来事があった。その日に撮った写真のうち、どうもパッとしない一枚をどうしたものかと考えていたときのこと。その写真に写っている緑色の洋服を着た女性が言ったことを思い出したのだ。

「これまでの人生、いろいろなことがあったけど、やっぱり若《グリーン》いころが、いちばん幸せだった。だからここ15年、ずっと緑色《グリーン》の服を着ているの」

そこで、彼は彼女の写真にこの言葉をキャプションとしてつけることにした。その写真は、それまででいちばん思い入れのある写真となった。こうして自分の直感に従ったことで、スタントンは自分の写真に欠けているものを見つけた。ストーリーだ。何カ月も毎日のように写真を撮っていたので、見ず知らずの人に声をかけるのには慣れている。そこで彼は、モデルになってくれた人たちの人生についていろいろ聞かせてもらうことにし、聞いたことを短くまとめて写真の下にキャプションをつけることにした。

SNSから人気に火がついた彼のプロジェクトは、著作権代理人を通して出版契約にまでこぎつけた。いまでは、スタントンのフォロワーは2000万人以上いるし、ベストセラーも何冊も出版しているし、〈フェイスブック・ウォッチ〉で動画も投稿している。債券トレーダーをしていたらけっして得られなかったほどの富も手に入れ、何百万ドルという資金を世界じゅうに寄付してきた。毎日のように写真を撮り、努力を惜しまず、リスクもとり、さらに直感にもためらわずに従ったことで、彼は現役のフォトグラファーのなかでも最も有名で、最も精力的に撮影をするひとりとなった。

始まりはどうだったか思い出してみよう。まず彼は、創造性で自分の置かれた状況を変えてやろうと考えた。次に、フォトグラファー、クリエイターと自ら名乗った。そして、目標に向かってつねに、継続して活動した。朝、カメラを抱えて街に出るというシンプルだが意図をもった行動をとることが、驚くほどの勢いをもたらした。日々の小さな行動が、大きな結果につながるということだ。

## 3つの真実を受け入れること

この章は「設計する」セクションの始まりの章だ。このセクションの3つの章では、クリエイティブな思考をするにはどうしたらいいのか、そして、自分の作品と人生を形づくっていくための習慣をどうやって確立していけばいいのかを書こうと思う。けれども、具体的な戦略に移る前に、まずは次の3つの基本原則について考えてみてほしい。

### 考え方が何より大切

哲学者でもあったローマ皇帝マルクス・アウレリウスはこう言っている。「幸せな人生をおくれるかどうかは、思考の質次第」。ローマ時代だけでなく、現代でもこれは真実だ。いまのあなたの心、体、魂は、これまであなたが選び取ってきたものの結果だ。体の健康、認知能力、幸せ、心の健康はほとんどすべて、自分の考えや行動によって決まってくる。毎日のように運動をするのか、それともネットフリックスを見て過ごすのか。徹夜をするのか、睡眠をとるのか。自然に近い食品を食べるのか、ミント入りのチョコチップアイスを食べるのか。

こうした決断のひとつひとつがぼくたちの毎日をつくり、そんな日々が積み重なって人生が出来上がっていく。体や心の問題は人それぞれ違うが、周りからどんな助けを得るにせよ、あなたの考え方ひとつで物事は大きく変わる。

新しい考え方を身につけて人生を形づくっていくには、ふたつのことを信じることが大切だ。まず「どんな状況であっても状況はいい方向に変えることができる」ということ。そして「あなたにはその変化を起こす力がある」ということだ。

変化を起こすには何が必要だろうか。あなたにとってベストな人生をどうやって設計すればいいだろうか。その答えを探すために、ぼくからいくつかの大切なアイディアと、実証済みの方法をお教えしよう。どんな方法があなたにいちばん合っているか試してみるといい。その後は自分が理想とするあり方、やり方に沿った方法を考えていくといいだろう。

## いさぎよく手放すことも必要

好きなことをしていると気分が高揚して楽しくなり、新たな活力を得ることができる。逆に、自分らしくないことをしていると、クリエイティブな作品を創って周りに見せるための活力が失われてしまう。

かつて、ぼくは何か大きなことをしたいと思いながらも、たいした努力はしていなかった。大学院でぼくが専攻していた哲学の教授には〝評論家気取りの社会学者〟と呼ばれたこともある（こんな侮辱的な言葉は大学院でしか聞けないだろう）。ぼくは一日じゅうアリストテレスやプラトーの研究をしているよりも、実際の社会と関わりをもちたいと思っていた。

教授にそう呼ばれても、ぼくは少しも傷つかなかった。教授が言ったことは、ぼく自身もすでにわかっていたことだからだ。ぼくが大学院に入ったのは、ただ自分の夢を追いかけるのが怖かったから。大学院の勉強も通り一遍のことしかしていなかった。

それから間もなく、ぼくは大学院を辞めた。当時はまったくわからなかったが、そのとき、ぼくはすばらしく強力なツールを身につけた。自分の意図に合わなかったものは手放す、というツールだ。自分の望む人生を創造するためには、このツールを使わなければならない。

大学院を辞めるというのは難しい選択だったけれど、辞めたことで気分はすっきりした。それでも、大学院ではヨーロッパで学んだことにも劣らないほど価値のあることを学べたと思った。それからいくつかの経験をするなかで、ぼくは自分にとって必要なものが何かわかるようになった。それからは、自分の人生を設計するのがずっと楽になった。

自分がした失敗を分析して、自分がやる気を失ったり後ろ向きになったりするのはどんなことかを突きとめたおかげで、それをうまく避けて前に進んでいくための選択ができるようになったのだ。

## 自分が楽しいと感じるものを

きっとあなたはこう思っていることだろう。

「ありがとうチェイス、いい話だった。だけど、ぼくには大学院をやめてスキーの町へ行くことなんてできないよ。ましてや、独学で写真を学ぶためにヨーロッパへ行くなんて」

あなたにそう思わせるのは、ぼくの本意ではない。自分をみつめるために旅に出る必要もない。ぼくがこんな話をするのは、自分の心の声に耳を傾けることが大切だと伝えたいからで、自分の直感に従わないとどうなるか知ってほしいからだ。もちろん、道のりは人によって違うだろう。大切なのは、自分にとってうまくいく方法とうまくいかない方法を見分けることだ。いい方法はもっと取り入れ、うまくいかない方法はやらなければいい。ずいぶん無責任なことを言うじゃないか、と思ったかもしれない。けれど考えてみてほしい。したかった仕事をしないで後悔しながら死んでいく人のなんと多いことか。夢を実現できなかったと悔やみながら死んでいく人も。あなたには、そんな思いをしてほしくない。

パリに飛んで行かなければ好きなことができないわけではない。地元の美術館で素敵なひとときを過ごすこともできるし、インスピレーションを得ようと思って買ったアートブックをコーヒーテーブルで眺めながら、落ち着いたひとときを過ごすこともできるだろう。心が落ち着くような平和で静かな時間を過ごすことで活力がみなぎってくるタイプの人なら、通勤途中に近くの公園を散歩してみるなど、ひとりで楽しむ時間を一日の中でつくってみよう。

要は、あなたの心に響き、喜びを与えてくれる活動が何かを知ることだ。たとえば、子どものころから大好きだったもの創りに取り組んでみるとか、家族のみんなが起きてくる前に日記をつけるとか、何か自分が元気になることをしてみれば、自分の人生や活動をまた違った角度からとらえることができるようになるだろう。

あなたがやるべきことは、自分の魂を満たすものは何なのか、意欲がわかないものは何なのかを知ることだ。この章を読み終わるころには、きっとあなたも、次々とクリエイティブなひらめきを得るための、そしてクリエイターあるいは自分がなりたい自分への道を突き進むための、習慣やルーティンを身につけていることだろう。

## クリエイティブな思考を身につける

以前の章で、リスクとうまく付き合っていくことが大切だという話をした。それには**現実的なリスク**（計画もせずに仕事を辞めたら住むところを失うことになる、など）と**知覚リスク**（インスタグラムに作品をアップロードしたら周りからどんな反応があるか、など）をきちんと見分けられるようにならなければならない。あなたの自尊心を傷つけるような不条理なリスクに打ち勝つ方法を学ばないかぎり、本当に自分らしくあることはできないし、クリエイターとして成功することはないだろう。

クリエイティブな思考は、リスクに対処するときだけでなく、積極的に何かに取り組むときにも必要になってくる。どうすれば自分の心をオープンで、ハッピーで、ポジティブな状態にしておけるだろうか。その方法を知っておかなければならない。なぜなら、どんな人生になるかは、どう考え、どう感じるかで決まってくるからだ。

科学によれば、ポジティブ思考は健康にいいという。健康であれば気分もよくなるし、何より健康は集中力やパフォーマンスの高さとも関係が深いという。自分が創りたいものを創るとき、それがきれいなイラストを描くことでも、ソナタの演奏でも、繁盛する商売でも、あるいは心に思い描いている人生であっても、心のありようが大きく関わってくることは確かだ。

思考とはビルの1階、あるいは岩盤のようなものだと、ぼくは思っている。誤った基盤の上に難題を積み上げていったら、基盤はあっという間に崩れてしまい、ぼくたちはトラブルに陥ることになる。けれども、正しい基盤であれば、ロケットを打ち上げることだって可能だ。クリエイティブな思考を身につけたいなら、まずはこう信じることだ。

自分はクリエイティブな人間である
世界は可能性に満ちている
状況はいつだって変えられる
創造性を使えば、いつでも望むような変化をもたらすことができる
創造性は自分にもともと備わっている健全なものであるけれども、その力を発揮するには訓練が必要だ
創造性は個人のもつ最大の力である

残念ながら、この本を読んだだけではクリエイティブな思考は身につかない。それを身につけるには、創造的な行動を**繰り返し**とることだ。あなたの思考を変えるには、右に挙げた信念をつねに形にしていく努力が必要だ。あなたは自分がクリエイティブな人間だと思っているだろうか。もしそうなら、すばらしい。では、実際に何かを創造してそれを証明しよう。今日も、明日も、明後日も。

自分の創造性を発展させようと懸命に取り組んでいれば、自分には才能がないとか、自分はそんな運命にないなどといった考えは、どこかへ消え去ってしまうだろう。創造するための筋肉が強くなればなるほど、あなたの作品は深みが増してすばらしいものになる。人生についても同じ。それがクリエイティブの効用だ。クリエイティブな思考は好循環を生み出し

てくれる。

## 目標の立て方

あなたが立てる目標は、自分がいまどの辺りを走っているのかを知らせてくれる道路標識のようなものだ。だから、目標を立てるときは、自分が人生で本当にやりたいと思っていることと方向性が同じものにすることが大切だ。やる**べき**だと思うことを目標にしないこと。目標を達成する意義があればこそ、やる気は湧いてくるものだ。

あなたの目標がアプリを開発することでも、外科医になることでも、ダンスを覚えることでも、フリーランスの仕事で収入を得ることでも、必要なのは創造力だ。日常生活のどんなに些細なことにおいても、あなたはつねに自分のために何かしらの結果を創造し、ひいては**人生を創造している**。だから、その結果がどんなものであることを自分が望んでいるのか、はっきりと知っておかなければならない。

本書の全体を通して目標の立て方を書いたつもりだが、まずは、次に挙げる基本的なことに取り組んでみてほしい。

1　目標は紙に書き、定期的に口に出して言ってみること。毎日やるといい。

2　目標の数は3つか4つ以内に絞ること。そうすればそれに集中できる。

3　ひとつひとつの目標には適切な期限を設けること。目標が具体的であればあるほど、達成しやすくなる。

たとえば、「ダンスを覚える」を目標にするのではなく、「結婚式でマカレナダンスを踊る」を目標として掲げるといい。もっと高い目標を設定したければ、たとえば「ダンスオーディション番組の『アメリカン・ダンスアイドル』に出る」とするのはどうだろう。ぼくが昔食べたフォーチュンクッキーに書かれていた言葉を借りるなら「目的地がわからなければ、目的地にたどり着くことはできない」のだから。

## 創造することを習慣にする

ある行動をとるたびに何か見返りを得ていると、そのうち、その行動を無意識に行うようになる。それが習慣だ。人間としてのあなたの価値にはいっさい関係がないし、生来備わっている才能というわけでもない。習慣は行動によって得られる刺激で強化されていく。シンプルだ。大切なことは、自己否定や自己虐待からくるものを習慣にするのではなく、もっと健全な、セルフケアや愛情からくるものを習慣にしなければならないということだ。

〝こうしなければならない〟〝こうすべき〟と思って努力を重ねていると、習慣は不健全なものになってしまうことがある。ほんの少しの努力でも、つねに努力していれば、誰でも新しい習慣を身につけることができる。すると、しかるべき時に、たいして意識をしていなくても、その行動をとるようになる。たとえば、朝起きていちばんに無意識に日記をつけるようになったり、無意識にソーダではなく水を飲むようになったりする。

創造することも習慣だ。他の行動と同じように強化することもできるし、無意識に行うこともできるようになる。何の苦もなく、毎日、集中して創造的な活動に取り組むことを楽しめている人なら、いまごろこの本を読んでなどいないだろう。何かすばらしいものを創り上げたところかもしれないし、その達成感を味わいながら、その他の生活を楽しんでいるところかもしれない。だが、あなたはそうではない。それはそれでいい。どうすればいいか、一緒に考えていこう。

たとえば、あなたのところに友だちが相談しにきたとする。パイプをふたつに曲げたいのに曲げられないし、大きなバーベルを持ち上げるウェイトトレーニングもうまくいかないのだが、どうしたらいいだろう、と言う（あくまで、たとえばの話だ）。そう言われたら思わず、君にバーベルを持ち上げるほどの力があるはずがないだろう、と言いたくなるかもしれない。なにしろ彼はとてもいい人だが、これまでジムに通ったこともないし、朝食にも昼食にも夕食にも甘いポップターツを食べるような人なのだ。腕はホットドッグのように細長く、固く締められた瓶のふたを開けただけでめまいを起こしたこともある。バーベルを持ち上げるのは無理というものだ。

いまのは極端な話だけれども、人はどうすればクリエイティブになれるのか、よくわかっていないものだ。レディー・ガガは創造するための筋肉がしっかりついている人で、ものを書いたり、プラチナアルバムを何枚も出したりしてきた。彼女は何度も自分を創り変えている。ファッションや音楽の女王かと思えば、こんどは映画女優といった具合に。

たんに才能があるからだけではない。何年も努力を重ねて、創造するための筋肉を鍛えてきたからだ。それなのにミュージシャンの卵たちは、レディー・ガガと同じようにサッと曲を書けば、最初から彼女と同じような成功を手にできるとでも思っている。うまくいかなければいかないで、自分には才能もないし個性もないからだと考え、自分が創造力を鍛えなかったせいだとは思いもしないだろう。

あなたはどうやって習慣を身につけているだろうか。それをつねに強化しているだろうか。習慣はあなたの目標に続く道だ。それがどんな目標であれ。

## クリエイティブ・ピラミッド

思考と習慣と目標の関係についてきちんと理解するために、こんなシンプルな図を描いてみた。ぼくはこれを、クリエイティブ・ピラミッドと呼んでいる。

目標を達成するのに正しい思考も必要な習慣もいらない、というのはただの幻想だ。それでは、けっして目標を達成できないだろう。

エジプト人は、土台がなければピラミッドを築けないと知っていた。あなたの目標がベストセラー小説を出版することでも、ユニコーンとなるスタートアップ企業を立ち上げることでも、シンプルに自分の人生を豊かにする創造的な習慣を身につけることであっても何でもいいのだが、とにかく明確な目標と、正しい習慣と、クリエイティブな思考が必要だ。

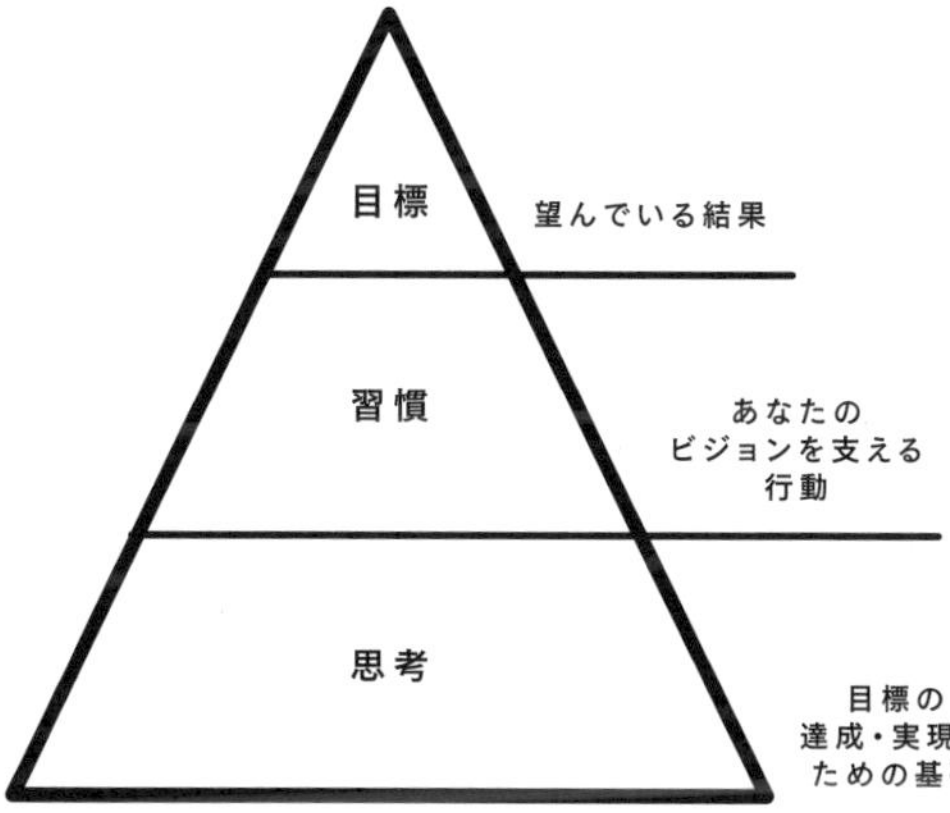

## 創造性を高めてくれるもの、妨げるもの

はっきりさせておこう。ソーシャルフィードで毎日のように目にする〝生産性〟についての御託のほとんどは、読むだけ時間の無駄だ。表に現れた結果だけを見て、それをなんとかしようと個人を啓発しているだけのもので、本当の原因について教えてくれるものではない。あなたは日々、忙しいだろうか。忙しい状態は好ましくない。忙しいということは、優先順位をうまくつけられていないということだ。5分ほどの会議をもっとスケジュールに組み込む方法とか、次々とやってくるメールをもっと早くさばくための方法を考えるのではなく、自分の創造力を解き放つための行動や心構えをどうやったらもてるかを考えたほうがいい。

創造性とはあなたのアイディアを形にする力であり、それについて考えることはけっして時間の無駄にはならない。創造性は、最も重要な操縦桿だ。

創造性を高めてくれるものは、創造力を育み大きく広げてくれるような習慣だ。逆に妨げになるものは、ぼくたちを消耗させ目標を手の届かないものにしてしまうような習慣だ。習慣が、長い間をかけて少しずつぼくたちを変えていく。創造性を高めてくれる習慣をたくさん取り入れ、妨げとなるものをいくつか手放せば、いまの自分から、なりたい自分に近づく

ことができる。行いを変えることでうまくいったら、このリストを振り返って、自分のツールをさらに改良していくといい。

創造性を高めてくれるものと妨げるもののリストをこれから挙げるが、これはぼく自身の経験と、ぼくのポッドキャストにお迎えした世界トップクラスのクリエイター、ベストセラー作家、パラダイムシフトに成功した起業家の経験から導き出したものだ。

あなたが自分の道を進んでいくのを鼓舞する道しるべとして、ここに書き記しておく。まずは、創造性の妨げとなるものから述べようと思う。成功へ近づくために、いますぐにあなたがやめられそうなものが、きっといくつかあるはずだ。

## 創造性の妨げとなるもの

アーティストとして最前線でやっているぼくから言えるのは、「生活難に苦しむアーティスト」というイメージはほとんど神話のようなもの、ということだ。どんなにロマンチックに見えようとも、作品の役に立つものと立たないものとがある。どんなものが役に立ってどんなものが役に立たないのかがわかったら、直感で見分けられないものはほとんどない。

体に無理をしてまで働いたり、馬鹿騒ぎしたり、自分の心の状態を無視したりすることは、いい数学者、いい配管工、いい株のブローカーになるのには役立たない。そうすればグラフィックデザインのスキルやビジネスを起こす能力が高まるとでも？　一時的に抑圧されたものを解放して気分が上向いたとしても、その後はアウトプットができなくなったり、パフォーマンスが悪くなったりするものだ。それこそが大切だというのに。

作品のインスピレーションを得るためだと言って、偉大なアーティストたちが堕落していくようすを、これまでぼくらは何度目にしたことだろう。けれどもよく見てみると、アルコール依存症や薬の濫用、その他の自滅的な行為は過去のトラウマが引き金になっていることが多く、そのアーティストが成功をつかんだ生産的な時期に、そういった行為をしていることはまずない。間違った選択や役に立たない行いを正当化するために使われてきた古い考えは、もう手放そう。

不幸になったり、恍惚と苦悩の間を行ったり来たりしなければ、すばらしい作品が創れないなんてことはない。けっして逃げずに、腕を磨きつづけること。

最後に、行動科学によると、いくら役に立たない習慣でも、やめるとなるととても難しいものだが、何か新しい習慣を身につければ古い習慣を簡単に忘れることができるという。このことを頭に入れながら、これから挙げる悪影響を及ぼす可能性のある習慣と、そのうまい対処法のリストを読んでほしい。

## 口から摂るもの

なんとか毎日を乗り切るために飲んだり食べたりしているもののことを、よく考えてみよう。自分に問いかけてみてほしい。これは本当に効果があるのだろうか、と。あなたは何かしらの効果を期待して余分なものを食べたり、砂糖やカフェインを多く摂ったり、あるいは中毒性のある薬を飲んだりしていないだろうか。

ぼくは何もケールやレンズマメを食べて暮らせと言っているわけではないし、あなたが摂っているものが薬なのか、たんなる気休めなのか論じようと思っているわけでもない。正直に言って、ぼくの食生活だって褒められたようなものではない。ときどき違うものが食べたくなるのは生物として普通のことだ。ぼくの場合、数週間ごとに10代のころのような食事を猛烈にしたくなったり、面白そうなパーティがあれば行かないではいられなくなったりする。

つまり何が言いたいかというと、人は自分が最もクリエイティブな状態であるときがわかるということだ。自分のためや周りの人のために最高のものを披露することができるのはどんなときなのか、自分でわかる。それは体も心も十分にケアできているときだ。自分に正直になって、自分にとって効果のあるものとないものとを、よく見極めよう。

## SNS

コミュニティとつながったり、自分の作品を観てくれる人を探したりするのに、ＳＮＳはとても役に立つことは間違いない。だが、こうしたサービスの裏で、さまざまな企業が自社の利益のために、行動心理学を意図的に使ってぼくらの注目を集めようとしていることは、いまや誰でも知っている。

アーティストにとって、何に注目するかは創造の源としてとても重要だ。心のエネルギーを無駄に使っている余裕はない。フェイスブックを見ても何の足しにもならない。マーク・ザッカーバーグが「今日はもう十分たくさんの投稿を見ただろう、アリソン。そろそろ執筆に戻ったほうがいい」と言ってくれることもない。

SNSを利用して自分の作品を周りに見せるのはいいが（ステップ4でさらに詳しく述べる）、一日に50回も、誰が「いいね」ボタンを押してくれたかチェックするのはいかがなものか。SNSはジャンクフードのようなものと心得て、使う時間を制限しよう。SNSの使い方については第5章で詳しく述べる。

ここではまず、自分がどのくらいSNSを使っているのか、使っているとどんな気分なのか、それがあなたの創造力にどんな影響を与えているのかを考えてみること。きっと自分でも驚くことだろう。

### ニュース

できるだけニュースから遠ざかることをお勧めする（何を言い出すんだ、とお思いだろうか）。必要なニュースはどのみち耳に入ってくる。いまの時代、ニュースはさまざまなところから入ってくる。だから、ちょっと試してみてほしい。

ニュース、つまり今日どこかで起こった悪い出来事を自分から探すのをやめてみよう。それを1週間続けてみてほしい。そうしていても、1週間に起こった大きなニュースの概要はネットなどで知っているはずだ。けれども、毎日ニュースを読むたびに不安になったり絶望したりしなくてすむようになる。

果てしないネガティブの泥沼は、ぼくたちの創造性や幸福感に悪影響を及ぼす。逆に、あなたが賛同するNGOなどに定期的に寄付をしたりすれば、気分のよい毎日が過ごせるだろう。あなたの寄付したお金を、気候変動への対策や刑務所の改革に使ってもらえばいい。

選挙があるときだけは、論点や候補者の主張を時間をかけてよく読み、さまざまなソースからの情報を得て視点を広げよう。だが、それ以外のときは、ニュースの量と質を管理し、自分の心理状態を保護しておくことだ。

## メール

SNSを使わないことにした人も、メールだけは使わないわけにはいかないようだ。メールについても、自分のエネルギーを吸い取られないように使い方を慎重に考えるべきだ。もしできれば、一日の始まりにメールをチェックしないこと。活力と勢いにあふれた貴重な朝の時間をつぶしてしまうことになるからだ。

メールに時間を割くかどうかはあなた次第。すぐに返信をしなくても構わない。朝の6時から8時の間に返信をしなければならない重要なメールなど、めったにない。いつ返信できて、いつ返信できないかを決めるのはあなただ。

ぼくは、朝のルーティンを終えるまで絶対にメールをチェックしない。さらに、朝のルーティンが終わった後でも、その日にやらなければならない最も大切なことを終えるまで、チェックしないことにしている。大切なことを無事に終えられれば、その日はいい一日だったと思えるし、次のことにも取りかかれるようになる。

## オーバーワーク

本業でも、創造的なプロジェクトをやるときでも、ついついやりすぎてしまって燃え尽きてしまうことはよくある。どうしても必要なときは、限界までやってうまくいくこともあるだろう。けれども、クリエイティブな人生は継続によって創られるものであって、一度だけものすごく頑張って次につなげればいいというものではない。頑張りすぎて燃え尽きてしまうよりも、うまく休みながら続けていくことを学んだほうがいい。

やりすぎと不十分の両方に悩むクリエイターは多い。疲れ果てるまで没頭したあとは、やる気が回復するまでまったく手をつけなくなる、という悪循環だ。再び作品にとりかかる気になったころには、すでに当初の高揚感は失われているだろう。ぼくもよく気をつけていないと、この悪循環に陥ってしまう。ときには〝全力疾走〟もいいだろう。だが、そのぶん自分の状態にはよく気を配ることが大切だ。

一日のなかでも生産性が落ちはじめるときがある。そんなときはこのページを開いてみてほしい。気乗りのしない日はやらなくていい。行きづまったときには、休むのがいちばんだ。

## 間違ったやり方

クリエイターがよくやってしまう過ちは、間違ったやり方をすることだ。言い換えれば、あまりにも多くの時間を、どうでもいいことや、やらなくてもいいことに費やしてしまっているということだ。自分の弱点を克服するよりも、じぶんの強みに気づいたほうが人生は豊かになる。自分の不得意なことは他の人にまかせたりアウトソーシングしたりしよう。

ひとりですべてやっても、いいことはない。クライアントはひとつひとつのものを、それぞれ最高の品質で提供してくれる人から手に入れるものだ。まあまあのものをすべて提供してくれる人からではない。自分の専門外のことや自分の気質とは合わないものをやろうとすると、すべてうまくいかなくなってしまう。

あなたはまだフルタイムのクリエイターになる準備はできていないかもしれないが、好きではない仕事をやっていたら、創造的な活動にまわす熱意など残らないだろう。もっと自分に合った仕事をして収入を得ることだ。仕事で自分の強みを生かせれば、その他の時間で創造的な活動をする幅も広がるだろう。

ぼくの場合、創造的でない仕事で行きづまってしまうと、不安が高まって食欲もなくなり、よく眠れなくなる。睡眠と食事が足りなくなると疲れやすくなり、それでまた不安が高まるというように、雪だるま式に負の作用が倍増していく。悪循環だ。

## 創造性を高めてくれるもの

この歳になると、気分がよくていい作品が創れる日には共通点があると認めないわけにはいかない。そういう日は、自分でいい日になるようにうまくコントロールできているのだ。そういう日のぼくは、はっきりとした目的とそれを達成するための計画を頭に思い描きながら、車のハンドルを握っているような感じだ。たとえ、その目的がある問題についてじっくりと考えることだったとしても。

この10年、どんな行いが自分にとって役立つのか、そしてそれをどうやって習慣にすればいいのかを考えてきた。そうやって考えているのは、実際に何かに取り組む時間を削っているようにも思えるが、そうやって考えることで創造力が広がり、人生のさまざまな面においても役に立つ。

そうやって習慣にしても、ときどきはやらない日もあるかって？　もちろんだ。笑われそうだけれども、じつは、ぼくはきっちり毎日やるのが苦手なタイプだ。それでも、なるべく毎日やろうと真面目に努力しているし、習慣が身についていけばいくほど、創造力が高まっていくのは本当だ。だから、初めはほんの小さなことからでいい。次に挙げるリストから、ビュッフェのように好きなものを選べばいい。いくつか選んでぜひ試してみてほしい。

## 技能を磨く

いまさら何を、と思うかもしれない。前段でいろいろと書いたけれども、この習慣だけは絶対にはずせない。趣味で作品を創るにしろプロにしろ、作品を創るときに必要な技術的なスキルを学ぶことは絶対に必要だ。クリエイティブな職業に就きたいと思っている人なら、基本的なスキルがなければ無理だ。スキルを身につけたあとにそれを磨いていくことはとても重要なことで、あなたが望んでいるような結果を得るのに必ず役立つ。

基本的な技能の質が上がれば、その技能は自然と苦もなく使うことができるようになる。息をしたり歩いたりガムをかんだりするのと同じように。そうなって初めて、クリエイティブであることの楽しさと貴重さが本当にわかるようになる。外国語を習得するときと同じだ。

まずは、さまざまな言葉の意味、動詞の活用、構文、文法の基本を理解しなければならない。それを覚えて初めて、自分の言いたいことを大胆にうまく伝えるためには、どの言葉をどういう順番で使えばいいかを考えることができる段階にいく。そしてようやく会話ができるようになる。クリエイティブな作品でもそれは同じだ。目標はスキルを自在に使えるようになること。そうすれば自分の考えを伝えることができる。

## クロス・トレーニング

趣味でも仕事でも、クリエイティブな作品を創るための技能を普段から磨いておくだけでは、まだ十分ではない。力を入れている本職であれば、そのあらゆる側面において（たとえば、写真撮影なら照明のコツとか、鍛冶屋なら鉄を打つ技術とか、画家なら色彩理論など）クリエイティブでなければならないし、クリエイティブでいることの利点もある。

ぼくの場合は写真が専門だが、毎日、写真**以外**のものも創造することを習慣にしている。たとえば、3行の詩を書いたり、ブログに3つのパラグラフを投稿したり、毎日何分かはギターで知っている3つのコードを弾いたりしている。自分の専門以外でもクリエイティブな技能を磨いていれば、いつもクリエイティブでいられるだけでなく、自分で自分の人生を形づくっているという感覚を、つねに、無意識に感じることができる。

毎日、小さな創造活動を積み重ねていくことで、主体的に生きているという感覚が強まり、創造力が高まり、自分のことを自分で決定するという意識が高くなっていく。もしあなたが写真を撮ることができるなら、文章を書いてみよう。あるいは静物のスケッチをしてみるのもいい。自分で自分の運命を形づくっていると感じられるようになる。

クロス・トレーニングだと考えればいい。たとえば、あなたがバスケットボールの選手だったとしよう。ジャンプショットの練習しかしていなければ、基本的に必要な心肺機能が十分に鍛えられなくて、試合では苦労するだろう。

## 瞑想

医者、科学者、導師、パフォーマーらが、何年も前からマインドフルネス瞑想の実践を推奨している。ぼく自身も瞑想を実践していることは公表しているし、その恩恵についても話してきた。ぼくがこの10年実践してきたスキルを習得すれば、誰でもポジティブな効果が簡単に得られる。研究者たちが瞑想について高度な研究を行っている一方で、推奨者たちは瞑想が健康にも幸福感にも効果があるとして、おおいに宣伝している。

他にやらなければならない重要なことがたくさんあるのに、10分や20分じっと座っているなんてできるだろうかと迷っているなら、あなたの本来の目標は何なのか考えてみたほうがいい。ぼくも初めはじっと座っている時間が惜しいと思っていたし、心の底では、瞑想することでぼくのクリエイターとしての競争力が落ちてしまうのではないかと不安に思っていた。ぼくから見ると、ヨガをやっている人は肩の力が抜けすぎているように思えたのだ。

けれども、実際に瞑想を始めてみると、失うものは何もないとわかった。それどころか、始めて1週間で頭がスッキリとして気づきを得られるようになった。これまで瞑想をやっていて困ったことはひとつもない。

## 感謝すること、視覚化すること

感謝することと視覚化することのメリットは、研究によって科学的にも証明されている。感謝の気持ちをもつことで人は人生を豊かにすることができるし、ネガティブな感情を抑えることもできる。視覚化は、パフォーマーが訓練を重ねていくなかで、潜在意識をプログラミングするときにおおいに役立つツールである。ネットでざっと検索しただけでも、このふたつについては、さまざまなやり方があることがわかる。

どうしても時間がとれない日を除いて、毎日ぼくは3分間の瞑想をして、感謝と視覚化を行っている。まず目を閉じて、これまでの人生で心からありがたいと思った出来事を3つ挙げる。そして、あたかもいま目の前で起こっているかのようにその出来事を思い浮かべ、そのときの感情をできるかぎり思い出す。

それはたとえば結婚式のように、人生における大きな出来事でもいいし、ペットが可愛い仕草をしたときのことなど、ほんの小さなことでも構わない。とにかく、喜びを感じた瞬間や、生きていてよかったと感じた瞬間のことを思い浮かべてみる。

次に、ぼくの3つの大きな目標を達成したときのことを視覚化してみる。ひとつ達成するごとに覚える感情を、そのときの音、匂い、感動をできるかぎりイメージしながら思い描いてみる。目標を達成するのはどんな感じだろうか、どんな気持ちで、どんな味で、どんな匂いで、どんな音が聞こえるだろう。潜在意識は、視覚化した経験と実際の経験の見分けがつかない。だから、ビジョンを達成したときの感情を体に覚えさせて、成功するときの準備をしておく。

## 体を動かす

健康を維持して日中の心拍数をあげておけば、クリエイティブな発想も豊かになり認知能力も上がることが、さまざまな研究でわかっている。ぼくの場合、健康を保つためにこれだけはやろうと決めていることがある。心拍数をあげるものなら何だっていいのだが、新鮮な空気を吸いながらやるものだとなおいい。マラソンなどしなくても、気分を変えられる。

つまり、体を動かせば、頭の働きも活発になるということだ。神経科学のデータからもわかっている。体の状態を変えれば血行がよくなり、気分も頭もスッキリする。トニー・ロビンズのセミナーみたいだって？　そうかもしれない。それをぜひ実践に移してみよう。体を動かせば創造力も活性化される。

## いい食事

最近流行りのダイエットを勧めるつもりはまったくないが、食べる物によってエネルギーの量も集中力も大きく変わってくる。加工されていない食品を食べ、炭水化物を減らし、規則正しく食べるというのが、ぼくが自分のルールとして決めているものだ。

外出する前は必ず何か食べていくことにしている。だいたいは卵などのたんぱく質のものと野菜を、起きてから30分以内に食べている（ティム・フェリスの低炭水化物法を実践している）。急いでいるときは良質な脂肪として、アボカド半分とココナツオイルを小さじ1杯、それからアーモンド数粒とプロテイン飲料を飲むようにしている。

昼食と夕食には、たいしたものは食べていない。素材をまるごと使ったシンプルなものを食べている。自分の好きなように人生を生きればいいが、食べ物を無駄にしないことと、加工食品や精製された砂糖を控えることを心がけていれば、その日一日のエネルギーを一定に保つことができるようになるし、それを何カ月も何年も続けることができる。

### 適度な水分補給

これは大切なことだ。ぼくは約2リットル、コップでいうと8杯程度の水を、できるだけ毎日飲むようにしている。起きてすぐに2杯の冷水を飲んで一日をスタートさせると、すぐに体に活力があふれてくるし、一日約2リットルという目標も達成できるようになる。

## 受け身になる前に創造する

インスピレーションを得ようと、朝いちばんに仲のいいクリエイターや起業家に電話をかけて話をしたら、きっとあなたは自分の進み具合がよくないことに不安になったり落ち込んだりするはめになるだろう。他の人の作品を気にする前に、意図をもって自分の作品に取り組むだけで、そんなあなたを変えることができる。これは些細なことだけれどもとても効果のある行動で、ぼくがポッドキャストで友人のマリー・フォーレオをインタビューしたときに学んだことだ。この知恵を得たことに、ぼくは日々感謝している。

ぼくたちは一日のスタートを、ネットを見たりテレビを見たりと、創造することではなく受け身になることから始める場合がほとんどだ。そのときのぼくらは、観客であり批評家だ。他の人が何をどんな風にやっているのか、彼らが世間からどんな反応を得ているのかを眺めているだけで、自分の思考はストップしている。これほど有害なことはない。自分で何かを創ることをしばらくしていない場合ならなおさらだし、ここまでぼくが書いてきたクリエイティブな思考すべてを無駄にしてしまうようなものでもある。

受け身になる前に創造するというのは、一見するとたいした変化ではないように思えるかもしれないが、日々の心構えや創造力に与える効果は絶大だ。だから、どうか、まず創造してほしい。どんなに小さなものでもいいから、何かを創ること（できればそれを周りに見せること）。

## 整頓された環境

クリエイターの部屋は散らかり放題だと思われている。たしかに、そういう人は多い。だが、もっと多くのクリエイターはきちんと掃除をして整理整頓している。創造的な活動をする前に家全体を片づけたほうがいいと言っているわけではない。それでは、クリエイティブになるのをただ先延ばしにするようなものだ。

ぼくが言っているのは、創造的な目的を達成しやすいように整頓しておくといいということだ。言外の意味はないし、いい創り手なら、どの道具がどこにしまってあるかわかっていて、すぐに取り出せるものだ、と言っているわけでもない。

作品を創るときに便利なスペースの創り方については第5章で詳しく述べるが、ここでは、散らかった作業スペースでは努力をしても認知負荷がかかってしまうので、整頓されたスペースのほうがクリエイティブな発想が豊かになるということを知っておいてもらえれば十分だ。

## 冒険と遊び

単純でシンプルだが、腰を上げて何か楽しいことをしてくるといい！　あなたの作品がどんなに抽象的なものであれ、どんなにすばらしいものであれ、それはあなたの魂から生まれ形になったものだ。価値のあるものをアウトプットするためには、まず質のよいインプットが必要だ。

クリエイターに必要なのは、スリル感、他者との共同作業、いくらかの不安、高揚感、楽しみ、気分の上がり下がり、それから勝ったり負けたりすることなどだ。つまり、生活の中にこそ作品のベースとなるものがあるということだ。

どんなことが冒険になるかは人によって違う。旅行かもしれないし、アウトドアで活動することかもしれないし、夜遊びをしたりして羽振りよく暮らすことかもしれない。自由に、思い切り楽しむといい。大声で笑うといい。暮らしのなかであなたに活力を与えてくれるものは、きっとあなたのアートにいい影響を与えてくれるに違いない。

もちろん、海外の都市に行ったり、凍った滝をよじ登ってみたりすればドラマチックな効果があるかもしれない。できるならやってみればいい。けれども、インスピレーションを得るために大金を払う必要はないし、冒険をして人生の幅を広げるために、世界一周旅行ができるくらいのお金が貯まるのを待っている必要もない。

新しい経験をしよう。そしていますぐに、居心地のいい場所から出て挑戦をしてみよう。なぜ机に向かっていないのか、と訊く人がいたら、作品の材料をさがしているところなのだと言ってやろう。

## アート

クリエイティブ業界の最大の秘密がこれだ（当たり前のようだが、なかなかわからない）。クリエイティブなインスピレーションは、他のクリエイターの見事な作品を見ることによって生まれる。多様性が成長を生む。自分はこういうものは嫌いだ、と認識することもまた成長だ。傑作といわれる有名な作品だけを見ているのではいけない。頭角を現したばかりのクリエイターの作品や、あなたと同じくらいの成功を収めていてインパクトのある作品を創っている人の作品を見るといい。好奇心をもって、いろいろなものを見ることだ。

異業種に触れることも役に立つ。もしあなたがミュージシャンなら、映画を見てみよう。ウェブデザイナーならバレエを見にいこう。これはまさに、ぼくがアーティストとして独自の色を出せるようになった戦術だ。ぼくが影響を受けたものは、ほとんどが写真以外の世界のものだ。たとえば、ぼくは光の使い方を学ぶために油絵を何年も習っていた。さまざまなライフスタイルの写真を撮るために、人物のデッサンを通してバランスのいい姿勢について学んだ。他にもまだたくさんある。

ぼくがポッドキャストをやっていて楽しいのは、ミュージシャン、アーティスト、デザイナー、作家、講演者、旅行家、起業家、ビジネス界の大物など、さまざまな人と1時間ほど話す機会が得られることだ。彼らと話すことでぼくのアート、ぼくの作品、ぼくの世界は生き生きとしてくるし、外の世界にあるものに対して新しい情熱をかきたてられる。

芸術的な作品や現代のポップカルチャーを見て、アートの歴史を知ることも有効だ。芸術の分野でも、ビジネスでも、人文科学でも、これまでたくさんの人がルールを学び、それをマスターし、そのうえでそのルールをどうやって壊そうかと考えてきた。その流れがすなわち歴史である。

## 心を落ち着ける

クリエイティブな作品は、活気のある生活と新しい経験のなかから生まれることが多い。けれども、すぐれたアイディアというものは、日々の喧騒のなかで生まれることはあまりない。神経科学によると、クリエイティブな思考――小説を書いたり、難しいコンセプトとアイディアをうまくつなげたりすること――がはかどるのは、心がゆったりとしているときだという。特に、落ち着いて何かを考えているときだそうだ。

だから、ぼくは冒険モードと落ち着いたモードを、意識して切り替えるようにしている。インスピレーションを得たいときは外に出ていく。そのあとスタジオに入って、新しい何かが頭のなかでふつふつと湧いてくるまで、その経験を静かに自分のなかでろ過させていく。ぼくがいいビジネスのアイディアを思いつくのは決まって、集中して仕事に取り組んだあとの時間や、ビジネスに関係ない分野で思う存分楽しんだあとの時間だ。

嵐のあとには静けさがある。寝る前にシャワーを浴びているときや、いつもより早く目覚めた朝などに、ベストなアイディアが浮かんだりする。外の世界からの雑音が少なく、集中しないといけない大事な仕事が他にないときに、奇跡は起こる。ベストなアイディアを生み出したければ、そんな時間を設けることだ。本当だ。ぼくのベストアイディアのいくつかは、ハンモックに揺られながら思いついたものだ。

## 睡眠

最後に睡眠についてだが、これはとても大切だ。世の中には、自分はあまり寝なくても大丈夫な性質だ、などという人がいる。ぼくも長い間そう言ってきた。10年間、一日に4、5時間しか寝なくても平気だったたし、それは遺伝的な性質だと思っていた。あまり寝なくていいのなら、周りの人よりも一歩先に行くことができるし、ぼくの強みだとも思っていた。とにかく、ぼくはいつだって一日中元気だった。

ときどき、睡眠不足は長期的には体によくないと警告してくれる人もいたが、ぼくは自分があまり寝なくてもすむ、特別な才能をもっているのだと思っていた。アメリカの大統領からフォーチュン500に選ばれるCEOまで、成功した多くの人は睡眠時間が少ないことで知られている。

睡眠時間を十分にとらない生活をやめる数年前に、南の島を休暇で訪れたときのこと、忙しい仕事のあとで疲れきっていたぼくは、試しに起きる時間を決めず、目覚ましもかけない生活をしてみることにした。体が欲するだけ眠った。耳栓やアイマスクまでして。この際、寝ないで平気なのが本当に遺伝的なものかどうかも確かめられるだろうと思った。

どうなったかって？　驚いたことに、ぼくは6日間、毎日14時間も寝ていた。朝寝坊するのは気持ちがよかったし、十分な睡眠がその日一日に与える効果にぼくは驚いた。まず、頭がそれまでよりスッキリした。前よりも楽しくなった。もっとクリエイティブになった。まるで生まれ変わったようだった。

この経験をしてから、ぼくは180度考え方を変えた。いまでも仕事に打ちこむことには誇りを感じているけれど、睡眠を十分にとってこなかった無知な自分を恥じた。ぼくは睡眠の質と量をベストなものにするために、数年前から睡眠の記録を取りはじめた。

いまは、一日7時間の睡眠をとるのを目標にしている。睡眠を十分にとること。そしてできれば、朝早く起きること。そうすれば、クリエイティブな作品をつくるために、クオリティの高い、誰にも邪魔されない時間と空間を確保できる。

## さあ、始めよう

ここまでさまざまな戦術を紹介してきたが、最後に言いたいことは、クリエイティブであることは確かに人間の特質だが、その特質はクリエイティブな**行動を**しなければ、けっして表に出てくることも、大きくすることも、強くすることも、よくすることもできない、ということだ。

この章では、何かを創造するためのエネルギーを補充できるように、自分をケアする方法を書いてきた。頭で考えているだけではだめだ。何度もやってみることで腕があがっていく。クリエイターとして成長するために最も大切なことは、定期的に——できれば毎日——作品を創ることだ。

この先を読んでいけば、クリエイティブになるための秘策や奇策などないということがわかるだろう。忘れないでほしい。創造性で大切なのは技術ではなく習慣だ。つまり、やり方が大切だということ。そういう習慣をつければつけるほど、ますますうまくできるようになっていく。

ありがたいことに、創造性は誰にも自然に備わっている。だが、残念なことに、その力を解き放つための近道や、そこまで一直線に飛んで行く直球はない。ただ、自分に創造性が備わっていることに気づきさえすれば、それを人生のあらゆる場面で生かすことができるようになる。

別にうまくいかなくても構わない。今晩、夕食をつくる予定はあるだろうか。もしあるなら、レシピをちょっとアレンジして家族を驚かせてみるのもいいし、何か楽しくて嬉しくなるようなことを考えてみるのもいい。そんなふうに、ごくシンプルなものなのだ。

〈ヒューマンズ・オブ・ニューヨーク〉を生み出したブランドン・スタントンの話をもう一度思い返してみよう。失業したことをきっかけに、彼は自分の人生は自分でコントロールするという意識をもつようになった。その意識をもったことで、彼は毎日少しずつ、そして継続的に、自分のビジョンを形にしていった。

最初に創ったものは、後年になって人気が出たものとはまったく違うものだったという話を思い出してみてほしい。もし、写真を撮りはじめるのは〝完璧な〟コンセプトができてからにしよう、などと思っていたら、このプロジェクトをスタートさせることはできなかっただろう。彼が成功したのは、毎日ひたすらに何かを創造しつづけるというシンプルなことをしたからであって、綿密に考えられたすばらしい計画があったからではない。**創造しつづけることが成功につながる**のだ。

あなたも同じだ。完璧ではなくとも、やっていて楽しい、ほんの小さな習慣をいまやることのほうが――定期的に創造することのほうが――、明日やろうと思っている完璧な計画を追求するよりも、はるかに重要である。

# 第5章 自分だけの空間を創る

Make Your Space

**時間を節約すれば人生でやりたいことができるというわけではない。望むような人生をおくっていれば、結果的に時間の節約になるというだけだ。そのことを知っていれば、成功をたぐりよせることができる。**

**――ローラ・ヴァンダーカム**

タイムマシンがあるとしよう（突飛な話かもしれないが、ぼくの本なのだから好きにやって構わないだろう）。このタイムマシンは、あなたをどの時代へも連れていくことができる。あなたのお気に入りのアーティストが、たとえば、あなたが映画監督になろうと思うきっかけになった映画とか、あなたの人生を変えた一曲とか、あなたの大好きな作品に着手した日に戻ってみることにしよう。

効果音とともに光のトンネルが現れ、いくつもの時計が空中を飛んで行く。さあ、これでタイムスリップ完了だ。いまあなたの目の前には、憧れのクリエイターがいる。最初にあなたが思うのはどんなことだろう。ぼくと同じだとしたら、たぶん、憧れの人の邪魔をしてはいけない、ということだろう。この大切な作品が間違いなく生み出されなければ困る。過去はちょっとしたことで変わってしまうかもしれない。

「デヴィッド・ボウイさん、ぼく、あなたの大ファンなんです。あなたの作品が大好きなんです。ところで、これはiPhoneという未来の機器です。キャンディークラッシュというゲームができるんです。きっとあなたも気に入ると思いますよ」。彼の5枚目のアルバム『ジギー・スターダスト』はこれでぶち壊しだ。

あなたがタイムスリップした日、憧れのアーティストもこの作品がうまくいくだろうかと不安になっていることだろう。そう、いまのあなたと同じように。憧れの人の集中力も、ちょっとしたことでそがれてしまうだろう。だから、もしあなたがその場にいたら、彼の時間と集中力はどうしても守らなければいけない。

もし、メキシコの画家フリーダ・カーロが朝起きてきて、〈断髪の自画像〉を書くのと車を修理に出しにいくのとどっちがいいと思う、とあなたに訊いてきたとしたら、答えは簡単だ。「大事なことからやるんだ、フリーダ！　さあ、スタジオに行って。絵を乾かしている間に車を修理に出しに行けばいいんだから」と、何をおいても作品を完成させるように、あなたは彼女に言うことだろう。

だが、自分の場合となると、そうはいかない。創造への欲求を追求するよりも、ごく日常的な雑務を急にやらなければいけない気になったりする。この罠から抜け出す方法はシンプルだ。**仕事に優先順位をつけること。**だが、これが意外に難しい。

たとえば上司とか顧客とか、誰か他の人のクリエイティブな仕事に優先順位をつけることは難なくできるのだが、自分のこととなると、これがどうもうまくいかない。家計簿をつけなきゃ。インスタグラムをアップデートしなきゃ、などと考えてしまう。いま新しい投稿をしないと誰もフォローしてくれなくなってしまう。そしたら、ぼくの動画を見てくれる人もいなくなる。といってもインスタグラムで手一杯で動画の編集も追いついていないのだけれど……と、グダグダ考えたりする。

タイムマシンに乗るところを想像してもらったのは、何を優先させるかで迷っていては、競争力を持ちえないということをわかってもらうためだ。あなたの本当の問題は、まだ完成していない作品を価値のあるものとして考えていいのかわからない、ということにある。

もし、計画どおりに自分のビジョンに向かって進んでいっていいのかどうか迷っているなら、こう考えてみるといい。他の人が何かを創っているとき、もしあなたがその作品がすばらしいものになると知っていたら、あなたは何と言うだろうか、と。やっかいな感情の罠から抜け出すには、そう考えてみるのがいちばんだ。

もしこうだったらと想像したり、スローガンを考えてみることは、ピンチのときには役に立つ。けれども、それで万事解決というわけではない。ステップ1で想像した未来を実現するためには型が必要だ。その型を創るには、まずはスケジュールの立て方を考える必要がある。

## スケジュールを立てる

若いころは、スケジュールとは予定をきっちりと決めてそれに束縛されるもの、と思っていた。銀行に勤めている人や軍の関係者が使うようなもので、クリエイターには関係がないと考えていた。スケジュール帳を活用したほうがいいといつもアドバイスしてくれた年上の博学な人達は、ぼくの創造性を抑えつけておきたいだけだと思っていた。作家のマヤ・アンジェロウはスケジュールの心配なんてしていなかったじゃないか、彼女こそ真のアーティストだ、なんて思っていた。彼女はただインスピレーションが降りてくるのをじっと待ち、降りてきたとたん、すばらしい詩をしたためていたはずだ、と。

だが、じつはそうではない。マヤ・アンジェロウは作品を創るための時間をつねに割き、確立し、その時間を邪魔されないようにしていた。メイソン・カリーの『天才たちの日課――クリエイティブな人々の必ずしもクリエイティブでない日々』(フィルムアート社)には偉大なアーティストたちが創造するときの習慣が書かれているが、アンジェロウは創作活動をするために毎日ホテルの部屋をとって、朝7時前にはそこへ行き、昼過ぎまでそこで仕事をしていたと書かれている。納得だ。詩人は誰よりも作品が生まれるときのタイミングと型を心得ている。アンジェロウは作品が生まれる瞬間をけっして逃さなかった。

締め切りに追われる仕事からぼくが学んだのは、スケジュールはクリエイターにとって盟友のようなものということだ。作品に打ちこむ時間を確保するためにも、その貴重な時間が日常生活のあれこれに邪魔されないようにするためにも有効な方法だ。休息や回復するための時間をとるときにも、スキルを磨くときにも、コミュニティをつくるときにも役に立つ。こうした機能をすべて備えたツールは何かと訊かれたら、スケジュール帳だと答えよう。

9時から5時まで活動して昼休みは30分、というスケジュールをつねに守れと言っているわけではない。ただ、あなたに合ったスケジュールを立ててそれを**だいたい**守るようにしていれば、もっとハッピーになれて創造的な活動も充実するだろう、と言いたいのだ。

完璧なスケジュールでなくても構わない。だいたいのスケジュールを決めておけば、そのうち想像していたよりもずっと多くの成果が出るだろう。朝起きていちばんに執筆するとか、夕食のあとは2、3時間楽器の練習をするとか、お昼休みは散歩をしながら写真を撮るといったように、いつもやることをだいたい決めておけば、クリエイティブなアウトプットにも深みが増し、幅も広がってくる。インスピレーションが降りてくるのをただ待つのではなく、作業時間を決めておくほうがいい。

でも、時間を決めておけば最高のアート作品がつくれる、ということでもない。この本が、一定の時間でもっとクリエイティブな作品を創れるようになるための〝生産性アップの方法〟を書いたものではないのもそのためだ。

本書は、自分の仕事のやり方をもっとよく考えることや、仕事だけでなく、遊んだり考えたり夢見ることのできる空間を創る方法について述べたものだ。最高の作品を創るためには、実際はたいして緊急でも重要でもない他の多くの事柄よりも、創造的な活動を優先しなければならない。だが、そうするのは難しい。自分勝手のような気がしてしまうからだ。

だが、それでいいのだ。あなたはまず、自分のために創造しなければならない。あなたの創造的な活動は〝あったらいいな〟という程度のものにすぎない、という古い考えは捨てよう。創造的な活動は楽しくて、癒し効果があり、元気の源であるだけではない。あなたの成功や幸福にとって大切なものだ。作品を定期的に創っていれば、あなたはもっといい恋人、もっといい配偶者、もっといい親、もっといい従業員、もっといい友人になれる。だから結局、あなたが作品を創るのは自分勝手なことではない。周りの人のためにもなる。

この章では、創造性と生活とのバランスをうまくとる方法を書くつもりだ。創造的な活動をどう生活に組み込むか、いまのやり方を自分が目指すやり方に近づけるにはどうすればいいかを書くことにする。そのやり方を取り入れられれば、アウトプットのスピードも上がるし、いままで想像しなかったような充実感を得ることもできるはずだ。

だが、それはそう簡単なことではない。自分に合わない古い考えにはノーを突きつけ、本当に大切なことにイエスと言えるようにならなければいけない。これは、ときに痛みを伴うこともある。新しい運動を始めるのと同じだと考えてみるといいかもしれない。最初の数回はまだ不慣れで動きも難しく、いらいらしたり疲れきったりするけれども、あちこち痛くなったりケガをしたりしながらもなんとかスケジュールをこなしていると、そのうち自分なりに動けるようになっていくものだ。

ぼくたちはいつでも作品に没頭したいと思っている。だが、つねにやりすぎていると燃え尽きてしまう。逆に、どうも熱意が湧かないものは、間違ったものを追求しているというサインだ。そもそもあなたがこの本を手に取っている理由は、創造的な活動に没頭できないからだろう。だから、ここでスケジュールどおりにやってみようと言っているのは、作品が完成するまでとことん自分を追い込もうという意味ではない。けれども、好きなことをやっているときでも、厳しさや修練が必要であることは知っておいてほしい。

時間と空間を確保して、気が散ったり邪魔になりそうなものを排除しておけば、創造的な活動への契機が生まれる。ゆっくりとだが確実にさまざまなアイディアが生まれ、それを形にしようというエネルギーが生まれる。自分の心の声——直感から生まれるヒント——に従えば、クリエイティブな道をまた歩みはじめられる。そのうち、熱意も戻ってくるだろう。

次章では時間や空間を効果的に使った創造的な活動について書くつもりだ。だからこの章では、とにかく創造することと、そのための空間、**あなただけの**空間を確保することを考えてみよう。

## 忙しくするのではなく、有効なことをする

現実を見つめよう。ぼくたちは自分の役に立たないことに時間を使いすぎている。時間が最も貴重な資源であることを考えれば、なぜぼくたちは時間の使い方についてこうも無頓着になれるのかと驚くばかりだ。若いころは、忙しい人というのは重要なポジションについているえらい人で、周りから一目置かれ特別待遇される存在なのだと思っていた。大変だなあと思っていた。ところが、大学院をやめてフルタイムで働くようになってから、ぼくにとっても忙しい日々が現実となった。突然、生活していくためにたくさんの仕事をしなければならなくなったのだ。いつも時間が足りないと感じていた。

そうしているうちに、気がついたら忙しいことにも慣れてしまっていた。忙しいことは、なんだか格好よく思えた。忙しくてね、と友だちに言うと、みんな感心しているように見えた。当然みんなは、ぼくがどうしてそんなに忙しいのか知りたがったので、ぼくは自分の話をしたり、いまの仕事がどれほど重要な仕事なのかを話したりした。気分がよかった。ぼくは忙しい。ぼくは重要人物だ。ぼくは自分で自分にそんなレッテルを貼っていた。

そのころ、ぼくは何をするにも行き当たりばったりで、毎日創造的な活動をすることすら考えていなかった。殴り書きしたリストに沿って仕事をしていただけ。どんなものであれ、ルーティンは創造性とは対極にあるものだと思っていた。

大学院から逃げ出したあとは、ルーティンを決めた生活に戻るなんてまっぴらごめんだと思っていた。自分が求めているのは新しい冒険に満ちた毎日なのだから、と。しばらくの間は、そんな日々も楽しかった。今日はどんな一日になるだろうかと思いながら、毎朝目覚めていた。ときどき、ものすごく生産性の高い日もあって、そんな日は創造欲がかきたてられて次から次へとすばらしいアイディアが湧いてきたものだ。

そのあとは、まるきり正反対の日が訪れた。実のあることが何もできない日。自分がどこにいるかもわからなくなり、そこから一歩も前に進めなくなった。頭が混乱したぼくは、周りを見まわしてみて気がついた。〝忙しい〟と言いながらぼくが取り組んでいたのは、どうでもいいことばかりだったのだと。口先ばかりで何もしていなかったのと同じだと気づいたのだ。次々と作品に取り組んでいたけれども、結果につながる気配もなかった。

いや、はたして自分が何か結果を出そうと思ってやっていたのかどうかすらあやしい。ぼくはただ、カメラと夢をもって慌ただしく動き回っていただけだ。そのうち、いつも忙しくしていることは、立派なことでもロマンチックなことでもないと気づいた。ただ、うまくいっていなかっただけのことなのだ。

そろそろ本腰を入れてプロのフォトグラファーを目指さなければ。そう思ったぼくは、まず初めに、目立った変化を起こすには何をしなければならないかを考えた。たとえば自分のポートフォリオに入れるのにふさわしい写真を撮るとか、大事なスキルを学ぶとか、仕事をはかどらせるとか、ちょっとした仕事を探して収入を得るとか。当時のぼくに必要なのは、そんなことだった。

次に、これまで自分がどんな風に時間を使っていたのか、1時間ごとに区切って考えてみた。ことの重要性に応じて使う時間を調整していたようすは、まったくみられなかった。インスピレーションを求めてあちこちをふらふらするのは楽しかった。けれども、楽しいことが成長につながることもなかったし、心の底では何かを創りたくて、前に進みたくてたまらなかった。たまたま目についたものに行き当たりばったりに取り組むのは、少しもクリエイティブなことではなかったし、優先順位のつけ方もおかしかった。取り組んでいる間は楽しかったけれど、結局何にもならなかった。

生活費すら稼げない暮らしを始めてから3カ月経ったある日、とうとうぼくは目覚めた。アパートの部屋で薄っぺらな布団の上に寝そべりながら、独創性のない自分にうんざりしていたとき、ぼくの中である変化が芽生えたのだ。とうとうぼくも覚悟を決めた。

まず何をしたかって？　忙しく見えるようにするのをやめた。回し車の上で走っているハムスターは忙しそうだけれども、どこへもたどりつけやしない。ぼくにはもっと大きな野望がある。だから、一見すると生産性があって魅惑的なオーラを発しているようなものに、思いつきで取り組んでみるのはやめて、将来につながるものに焦点をあてることにした。

それで、すべてがガラリと変わった。いままでと同じように毎日精一杯生きていたけれど、つねに何かに焦っていることはなくなったし、自分の成功を友だちにアピールしようとして無駄な時間を過ごすこともなくなった。何より、何かに集中することは、思っていたより楽しくて価値のあることなのだとわかった。よく考えて時間を使っていると、思っていたより早く結果も出る。毎週、ポートフォリオに加えられそうないい写真が撮れたし、実入りのいい仕事も入るようになった。ぼくは忙しくなかった。でも完璧だった。時間を**有効に**使えるようになった。

すばらしい作品を生み出している最高に格好いい人たちは、ぼくたちが思い描くような忙しさとは無縁だということがわかった。忙しいのは病気のようなもので、致命的なもの。忙しさはあなたの貴重な時間を台無しにしてしまう。

これに対して、時間を有効に使うということは、すべての時間をよく考えて意識して使い、夢に向かって着実に歩みを進めるということだ。ぼくにとって何より驚きだったのは、よく考えて計画的に作品に取り組んでいるクリエイターたちは、本当に喜びに満ちて楽しそうに作業しているということだった。計画することと楽しくやることは、対極にあるものではない。お互いにうまく補完しあえるものなのだ。

さあ、いまこそ変化を起こすときだ。自分には無理だと思うのはやめよう。人生に痛みはつきものだが、それを苦しみと感じるかどうかはあなた次第だ。苦しみとは痛みに対するあなたの態度であって、物事がうまくいかないときに自分で自分に言い聞かせる話でしかない。

自分の時間とエネルギーをコントロールするシステムを創ってから、ぼくは自分の成長を感じられるようになった。そのおかげで、創造性のために自分の生活を犠牲にしなくとも、目標は手の届くところにあると思えるようになった。そして、自分の野望を追いかけることは、生きるか死ぬかというほど大層なことではないということもわかった。〝忙しい〟というレッテルを剝がし、そう言うことで自分が忙しいと思い込むのをやめたら、人生で得たいと思っていることをうまく手に入れることができるようになった。

何が楽しいといって、自分が本当に人生に望んでいるものを追求することほど楽しいことはない。

うまく優先順位をつけられるようになること。ドワイト・D・アイゼンハワーは、重要なことは緊急でないことが多く、緊急なことは重要でないことが多い、とよく語っていた。作家のスティーブン・コヴィーは、その考え方を次のような効果的なマトリックスにして表している。

この4つの枠があなたの人生を変えるかもしれない。10年前にこれを知っていれば、と思うことがある。もちろん、重要で緊急度の高いことは、いますぐに取り組まなければならない。だが、緊急度は高くないがあなたの人生において重要なことをする時間をとるのは最も大切なことだ。そうでなければ、あなたの時間は重要でないことをするだけで終わってしまうだろう。

## 自分自身を監査する

あなたは何に時間を使っているだろうか。生産的に見えて、じつはそうでもないことに多くの時間を費やしていないだろうか。携帯電話でSNSを見て何時間も過ごしたりしていないだろうか。フォロワーを増やすためだという言い訳をするのは簡単だ。それも確かにあるだろう。だが、観客を増やす戦略もないままにやっていても、それほどの効果は望めない。そもそも、周りに見せるようなものを何一つ創っていないのに、コミュニティを維持しておく必要などあるのだろうか。

| | 緊急なこと | 緊急でないこと |
| --- | --- | --- |
| 重要なこと | いますぐやる | 人生で最も大切なこと |
| 重要でないこと | 減らす | なくす |

自分が優先させるべきことがよくわからない場合は、スケジュール帳と預金通帳を見てみることだ。自分を監査しよう。ぼくは定期的にやっている。

たとえば、最近ぼくは出張に行きすぎているのではないかと思った。贅沢な悩みに聞こえるかもしれないが、世の中、出張に行かざるをえない人は多いものだ。けれども、そのすべてがどうしても必要なものではないというのが現実だし、余分な時間を取られてしまうものであることも確かだ。出張に行くと自分が何か重要なことをしている気になるし、忙しい気分にもなる。だが、これは見た目とは違って時間の浪費になる。一見問題なさそうに見えるマルウェアのトロイの木馬と同じだ。

ぼくはいつも、出張に行くのは価値のある大切なこと、と自分に言い聞かせてきた。飛行機のなかでも仕事ができるし、と。だが、そんなことはない。自分を監査してみると、出張に行くことで毎週10時間以上もつぶれてしまっていたし、自分が思うよりもずっと、出張中の生産性は低かった。

たとえば、シアトルにある〈クリエイティブ・ライブ〉のスタジオとサンフランシスコを行き来するのは、チームメイトや役員やパートナーと面と向かって話すいい機会だとつねづね思っていたのだが、一皮むいてみると、その多くはわざわざ行く必要もないと思われた。役に立っていると**感じていた**けれども、客観的に分析してみると、テレビ電話でミーティングをするので十分なケースも多くあった。自分の最も貴重な資源である時間を、本当に生産的なものにではなく、生産的に見えるものに浪費してしまっていた。そこで、ぼくは出張の数をうんと減らした。すると、仕事の効率が上がったのだ。

さあ、次はあなたの番だ。取りかかる前に注意すべき点を挙げておく。

オンライン・カレンダーや時間管理アプリを使って自分の時間を管理しよう。アップル・カレンダー・アプリ、グーグル・カレンダー、マイクロソフト・アウトルックなど、何でも自分の好きなものでいい。完璧でなくてもいい。15分や30分単位で構わないので、やったことを書きこんでいこう。会議や電話から雑務や通勤まで、わかりやすいカテゴリーで書き出してみる。愚直なほど正直に。2週間経ったところで、それぞれのカテゴリー別にすべて書き出してみる。その結果に自分でも驚くかもしれない。

まず自分に問いかけてみよう。時間を費やしてよかったと思うものは何だろう。時間を無駄にしたと思うものは?

次に、違う方法はないか考えてみよう。車で通勤しているなら、バスや電車で通勤すれば、その時間を生産的に使えるのではないだろうか。自分で家の掃除をするのではなく、ハウスキーパーを雇う余裕があるときは、その時間を執筆に回せばいいのではないか。クリーニングに出す余裕がないときは、コインランドリーにいる間、携帯で映画を見るのではなく、スケッチブックを持っていってスケッチをしていればいいのではないか。

目的は、自分の時間の使い方と、自分にとって重要なこととの乖離を見つけ出すことだ。

別にロボットのようになれと言っているわけではない。ついつい時間を浪費してしまうのは何か大きなものではなく、ごく些細なものだ。パートナーとの夜のデートはやめたほうがいいとか、大事な面接の準備などしなくてもいいとか言うつもりはない。変えなければならないのは、よく考えもせずに、あまり意味のない重要ではないことに時間を費やすことだ。

自分がどのように時間を使っているかをよく見てみれば、自分のいまのやり方がわかり、うまくいっているものはそのまま続け、うまくいかないことはやめることができるようになる。そうすれば、もっと好きなことをする時間がとれるようになる。その逆ではない。

自分の時間を管理することそのものも、いってみればアートだ。スケジュールは仕掛中の作品で、本、歌、絵画を創作するときと同じように、工夫を施す必要がある。自分の時間の使い方を年に何回かチェックすることで、無駄なことに費やす時間をますます減らせるようになっていく。

ウォーレン・バフェットのスケジュール帳を見たことがあるだろうか。ほとんど空白なのだそうだ。「そりゃあそうだろう。億万長者なんだから」と、あなたは言うかもしれない。けれども、彼ならこう言うだろう。「時間を無駄に使わなかったから金持ちになれたのさ」と。彼が金持ちなのは、これまで自分にとって重要なことをするために時間を割いてきたからだ。あなたも、どうやったらクリエイティブになれるのかを、クリエイティブに考えられるようになろう。

## クリエイティブになるためのスケジュールの立て方

媒体によって求められるものが違うので、創造的な活動のスケジュールを決める〝正しい〟方法はひとつではない。油絵を描く人なら、自分の都合だけでなく絵の具の具合にもよるだろう。ざっくりとしたビジネスプランを立てるにも、リサーチ結果をまとめるのに20分はかかるだろう。そうなると創造的な時間を1時間とったとしても、その間はイライラしているだけになるかもしれない。せっかく時間をとっても成果がないのではないかと思うと、無意識にその時間を先延ばしにしてしまったりする。作品に没頭できる時間が十分とれるときにやったほうがいい、と考えたりして。

ぼく自身は、ちょっとした創造活動に少なくとも90分は割くようにしている。手の込んだ作業をしているときは、最低でも3時間はとるようにしている。一日を3時間ごとのブロックに分けて、そのうちのひとつ、つまり3時間をクリエイティブな作業にあてるようにしている。もっと時間がかかった場合は、そのぶん休息時間やセルフケアにかける時間を削らなければならない（もちろん、写真を撮る時間やフォトショップ上で画像を編集する時間があまりないときは、一日のなかで少しずつ時間をとることもある。時間があまりないときは、できるだけ時間をとるようにすればいい)。

人はそれぞれ違う。自分の望むように作品を完成させるのにどれくらいの時間がかかるかは、それぞれが目指すところによる。あなたの夢はあなたにとってどれほどの意味があるものだろうか。日々の行動は、その目標に見合ったものにしなければならない。生産性を高めろと言っているのではなく、自分の目指す成功を手に入れるために必要なことをがむしゃらにやれと言っているのだ。そこが頑張りどころだ。

スケジュールを決めるときには、気をつけなければならないことがいくつかある。あなたに合ったスケジュールを立てられるようになるために、それをいまから紹介する。周りに振り回されずに、時間をうまく使うにはどうすればいいか見ていこう。

## リズムをつくる

あなたが取り組んでいる分野で本当にいい作品を創れるようになるまでには、どれくらいの時間が必要だろうか。それは、いまあなたがどの段階にいるかにもよるし、いま取り組んでいる作品がどれくらい出来上がっているかにもよるだろう。

ぼくがお勧めするのは、ほんの少しの時間でもいいから、毎日、何かを創造する時間をとることだ。毎日やるのは、自分が専門としている分野のものでなくても構わない。ろくろを回して陶芸をやってる暇はないって?

大丈夫。それなら、新しく得た洞察をブログに書いてみるのはどうだろう。日記をつけるのでもいい。このあとスタジオで取りかかることについて簡単にアイディアをまとめておくのでもいいだろう。運動や瞑想をするような気持ちで、毎日クリエイティブなことをしよう。それは、必要なことだし役にも立つ。

その他に、自分の作品に取り組む時間を、必要であれば毎日設けること。手を動かしているときにインスピレーションが降りてくることはよくある。創造的な活動に没頭する時間をスケジュールに組み込み、実行しよう。インスピレーションが降りてくれば儲けものだ。

初めは小さなことからでいい。続けられないことはルーティンにはならない。無駄に終わるだけだ。初めから週7日のうち6日は地下にこもると計画しても、すぐにやらなくなってしまうだろう。週に1日や2日しか全力で取り組む時間がないなら、その時間は何にも邪魔されないようにしておこう。

## 時間の長さを決めておく

ぼくは屋外で撮影をするとき、陽が沈んで空が青色になる〝ブルーアワー〟が過ぎたら撮影は終わりにすると決めている。写真の世界では、光の具合で撮影時間が決まってくる。けれども、ぼくが執筆するときは、時間はそれほどはっきり区切れない。新しいアイディアが浮かんだところで終わりにして、次に書くときの楽しみに取っておくこともある。逆に、クリ

エイティブな考えが次々と浮かんできて、その波にのってそのまま書きつづけることもある。

媒体によってそれぞれだろうし、クリエイターによっても変わってくるだろう。大切なのは、非現実的な計画を立てて、実際にはそこまで長い時間できなかったことの言い訳をするのではなく、つねに最低限のラインを決めておいてそれを守ることだ（もしもっと長い時間できそうなら、そのときにそうすればいい）。雨が降っているのに、決めたことだからといって1時間も戸外の撮影に出かけるのは馬鹿げているが、15分程度ならできるかもしれない。そうしていれば、創造するための筋肉がついていく。どんな障壁があっても、どんな状況でも創造的な活動を続けていれば、自分に強い意志さえあれば、何も妨げにはならないことがわかる。

クリエイターを目指している人は、つねに時間が足りないと感じていることだろう。もしあなたもそう感じているなら、まず自分にこう問いかけてみてほしい。最低限、どれくらいの時間を創造的な活動にあてられるだろうか、と。正しい答えというのは存在しない。性格、好み、媒体にもよるだろう。経験も関係してくるだろう。創造に必要なスキルを身につければ、長時間になっても効率が落ちることなく作業ができるようになるだろうし、時間が短くても、うまくまとめあげることができるようになる。

## 似たような作業はまとめて行う

似たような作業はまとめておいて、一気に取りかかることにしてみよう。フォトグラファーとしてぼくがやらなければいけないことは、撮影場所の下見、撮影スケジュールの作成、写真の色調補正、クライアントとのすり合わせなどの仕事だ。CEOなら、資金調達、企業戦略の策定、ビジョンの設定、直属の部下とのミーティングなどが必要になってくるだろう。ぼくの世界はちょっと特殊かもしれないが、どんな職種でも順番に効率よくやったほうがいい仕事がいくつかある。似たような仕事をまとめてやるほうが管理しやすいし楽だ。

毎日欠かさずメールを見たり必要な電話をかけたりして、そういう仕事はためないという人もいるかもしれないが、これでは長時間の集中力が必要な仕事をするための貴重な時間を削ってしまうことになる。ぼくのポッドキャストで有名なデザイナーのジェシカ・ヒーシュが話してくれたのだが、彼女はフリーランスとして仕事をしていくうえで必要なこうしたちょっとした仕事を、〝事務処理の日〟と決めている月曜日にまとめてやっているそうだ。

境界線を設けて他の仕事を入れないようにするのには、ちょっとした訓練が必要だが、細かな仕事をまとめてやるのは、緊急度が高そうに見えて実際にはそれほど急を要さない仕事に邪魔されずに、日々の創造活動ができる時間を確保するためのいい方法だ。

仕事をまとめてやるといっても、やる仕事とやる時間を限定する必要はない。ベストセラー作家のライアン・ホリデイは、作品を書くときに、構想、リサーチ、執筆、編集と、いくつかのフェーズに分けて作業しているという。ひとつのクリエイティブなプロジェクトを、魔法のようなインスピレーションと膨大な時間を要するひとつのものと考えずに、内容別にいくつかの仕事に分けてみるのもいいだろう。目的を特定した作業時間を計画することで、創造するための時間と空間と頭の中のスペースを、最も有効に使うことができる。

## 集中力の高い時間に作業する

自分がどうやって時間を使っているか確認できたら、どの時間が空いているかをチェックしてみよう。空いている時間に会議を入れていくのと同じように、シンプルに創造活動のスケジュールを組んでいけばいい。だが、ひとつ考えておかなければならないことがある。あなたのリズムだ。

ダニエル・ピンクの『When　完璧なタイミングを科学する』(講談社)では、体の自然なリズムと、それが仕事に与える影響について書かれている。朝型の人だろうと夜型の人だろうと、一日の中でも高い集中力が保てる時間や、いい判断が出来る時間があるという。ほとんどの人は午後に集中力が落ちるので、いくら時間があったとしても、昼食後に執筆の時間を入れるのはよくないという。

たしかに、ポッドキャストのゲストにスケジュールを訊いてみると、ほとんどの人が午前中の早い時間に最も仕事がはかどるという。彼らがひらめくのは目覚めてすぐ、現実的なことを考えはじめる前のことが多いそうだ。

誰もがそうだと言っているわけではないが、自分がどういうタイプかわからない人は、まずは朝早い時間に創造的な活動に取りかかってみたらどうだろう。自分の体と対話して、そのやり方が合っているかどうか考えてみるといい。あなたのことをいちばん知っているのはあなた自身だ。あなたの神経が最も研ぎ澄まされていて、クリエイティブなのはいつだろう。体が疲れていてどんよりしている寝る前の2時間より、朝の〝プライムタイム〟の30分のほうが作業がはかどるかもしれない。

創造活動のスケジュールをとりあえず決めてみたら、最も集中力とエネルギーを必要としそうな仕事を、最も集中力とエネルギーがありそうな時間にもってこよう。それほど集中力を要しないバックエンドの仕事は、最も集中力の高い時間に入れなくても構わない。

自分のできることをやればいい。自分に合う方法がわかってくればスケジュールは変えていけるし、作品の深みも増していくだろう。しばらく創造的な活動をしないでいると、創造するための筋肉がさびついてしまうことも知っておこう。

もしあなたが、ここのところ創造的な活動をする習慣から遠ざかっているなら、一日のうちのどのタイミングで創造的な活動を開始するにしても、最初の数回は思うように動けないし、アイディアも湧いてこないだろう。すこし経つと全体を見渡せるようになってくるし、自分の生来のリズムに合わせてスケジュールを修正していけるだろう。それまでは、とにかくスケジュールどおりにやってみることだ。

ときには一日の中でとれる時間があまりないときもあるだろうし、とれる時間がいい時間ではない場合もあるだろう。だとしても大丈夫。自分の創造性を育てるのをあきらめずに、どうやったらうまく時間を確保できるかを考えよう。時間があるときにできることをやろう。いまはうまくいかなくても、必ずいつか状況が変わる。病気で臥せっている親戚もそのうち元気になるだろう。小さな子もそのうち成長して自分で自分のことができるようになる。職場のごたごたもそのうち落ち着くだろう。上司が会社を辞めるかもしれない。いや、あなたが辞めるかもしれない。難しい時期にも火を燃やしつづけていれば、状況がよくなってもっと大きなことをしようと思ったとき、簡単にできるように感じるだろう。

あなたのやり方も進化していくはずだ。いま、すべてがうまくできなくても大丈夫。種類ごとの作業時間と目的をざっくりと決めて、時間になったら落ち着いて作品に取り組もう。

## 作業スペースを確保する

創造的な活動のスケジュールを組み立ててそれを実行することについて学んだら、次は作業スペースの確保やそれを最適化する方法を考えてみよう。そのための時間を数時間確保して、必要な道具、機器、用品などを揃えて取り組むのがベストだ。クリエイターによっても違うし、媒体によっても違うだろうが、一考に値する一般的なポイントがいくつかある。

## 余裕をもつ

まず初めに確保しなければならないスペースは、あなたの耳の間にある。心配事を忘れて、あなたのビジョンの設計、実行に没頭できるだけの余裕が、感情的にも精神的にもなければいけない。ここで言っているあなたの敵は、心の迷いだ。

家族について悩んでいるという〈クリエイティブ・ライブ〉のある生徒と話したときのことだ。彼の家族は、彼の副業である写真の仕事を応援してくれないという。さらに話を聞いてみると、彼は自分の夢について家族に詳しく話したことはないらしく、そのために家族に内緒で創造的な活動をしなければならないということがわかった。

「写真の仕事があなたにとってどれほど大切なものか、パートナーに話したことはないのかい？」とぼくは訊ねた。「いまのフルタイムの仕事はみじめな気持ちになるばかりだけれども、写真の仕事をしているときは君も元気になれることを彼は知らないのかい？」

「知りません」と彼は答えた。「ぼくが仕事を変えたり、家族の収入が減ったりすれば、彼はきっと怒ると思うので、話しません」

あなたの創造への意欲を周りの人に話すのは難しいだろう。特に、まだ創造的な活動を始めたばかりのころは。けれども、そのあなたの意欲や、それに関連するさまざまなことを正直に、謙虚に、愛情と相手への思いやりと忍耐をもって話せば、きっと、あなたは自分の背負っている重荷を下ろすことができるだろう。ぼくの経験から言うと、思っていたよりもうまく話ができることがほとんどだと思う。創造的な活動をしていくこと自体、とても難しいことなのだから、周りの人と意見が合わなくても、わかってもらおうと余計な重荷を背負うことはない。

いま書いたような会話をする必要がある人もない人も、あなたの気を重くする心の迷いをはっきりさせて、それを解消することができれば、きっと心が解放されてもっと生産的になれるだろう。

## 十分なスペースを確保する

腕一本で山肌にしがみついて誰かの写真を撮っているときが、ぼくはいちばん幸せだ。けれども、フォトグラファーは多くの時間をモニターの前で過ごさなければならない。シェフは農家から野菜を仕入れる時間も必要だし、包丁を研ぐ時間も確保しなければならない。あなたにも時間を割いてやらなければならないことがきっとあるだろう。

そこで、自分を振り返って考えてみてほしい。現場以外であなたが仕事をするのはどこだろう。どこなら効果的に仕事ができるだろうか。

伝説の女優であり劇作家であったメイ・ウエストが才能を発揮しはじめたのは、ニューヨークの小さな教会のステージだった。その1世紀後、人気ユーチューバー、マットパットとして有名なマシュー・パトリックは、クローゼットの中で撮影した動画をYouTubeでアップしはじめた。いまでは何百万人というフォロワーがいる。まず初めに、自分の作品が芽を出せるような場所をなんとしてもみつけよう。いまあるもので、できることをすればいい。

広くて明るい、風通しのよい自分だけの作業スペース（海が見えれば最高）があれば理想的だ。けれども、生産性の高いアーティストというのは、バス、電車、地下鉄、飛行機の中はもちろんのこと、カフェ、レストラン、コワーキング・スペース、公園、大学の空き教室、待合室など、どこでも創造的な活動に没頭できるものだ。作業環境を気にしすぎても、作業が進まなくなる。

いまはモバイル機器も多機能になっていて、ほとんどの作業ができる。プロレベルの写真や動画の編集も可能だ。たとえば、デジタルタブレットがあれば、通勤中にも写真やスケッチの編集をすることができるだろう。ノイズキャンセリング・ヘッドフォンを買えば、電車や休憩室でも集中することができるだろう。ヘッドフォンを買う余裕がない場合は、昔ながらの耳栓をしたらいいのではないだろうか。

たとえば、新しい作品に取りかかるとき、新しいビジネスを始めるとき、フルタイムの仕事からフリーランスに変わるときなど、何かを新しく始めるときには、柔軟に対応していかなければいけない。創造的な活動を始めるにあたって変えなければいけないものは何なのか、どんなものを買わなければならないのか、それぞれの場合に応じて考えてみることだ。

スケッチブックをいつもカバンの中に入れておいたほうがいいかもしれない。モバイルのオーディオ機器やデジタルタブレットを買ったほうがいいかもしれない。地元でワークシェアリングができる場所を借りたほうがいいかもしれない。一日25時間あったらいいのに、と思う暇があったら、少ない投資額で仕事がはかどる方法を考えることだ。

## 取りかかるときのハードルを低くする

もしできれば、清潔で整った作業スペースを用意しよう。自宅にはあなたが作品に没頭できる場所があるだろうか。可能なら、その場所はあなたが創造的な活動をするためだけのスペースにして、すべての道具や用品を手の届くところに、見つけやすいように置いておこう。いつも出しておけば、作業するたびに用具の詰まった箱をベッドの下から引っぱり出さなくてもすむだろう。譜面台の上にいつも楽譜を置いておけば、バイオリンの練習だってもっと頻繁にやるようになるだろう。

ぼくは大きなホワイトボードを置いておいて、自分のアイディアを書いていくことにしている。もし、あなた専用の作業スペースがとれない場合は、用具をきちんと整頓して入れた箱をつくって、その日に作業する場所へ簡単に持ち運べるようにするといいだろう。創造的な活動に取りかかるときのハードルを低くすることをつねに考えよう。

## 自分に合った作業環境を

人のニーズはそれぞれ異なる。作業中に雑音が気になる人もいる。逆に、周りに音がないと集中できないという人もいる。ノイズキャンセリング・ヘッドフォンについてはすでに書いたが、ここでもそれについて考えてみよう。給湯室やコーヒーショップなど共用スペースで作業せざるをえない人は、ヘッドフォンを買うことを考えてみてはどうだろう。

この20年間でぼくが買ったものの中でも、ヘッドフォンは最もお気に入りのもののひとつだ。あちこち飛び回る職業柄、自分の都合に合わせて静かな環境を手に入れられるのはとても助かる。音楽も認知力を高めてくれるものとしていいし、何より処方箋などなくても手に入れられる。作業をしながらヒップホップを聞いてもいいし、周囲の音を聞いてもいいし、集中力を高めてくれるというホワイトノイズを聞いてもいい。ぼくがこの本を執筆している時間のほとんどは、音楽ストリーミングサービスのスポティファイで「生産性の高い午前中」用のプレイリストを聞いている。歌の入っていない、すてきなバックグラウンドミュージックだ。

聴覚以外の感覚も忘れてはいけない。目に入るものによって、生産性が高まるか気が散るか分かれる。立って作業するほうがいい人もいるだろうし、ソファに座って毛布をかけているほうがいい人もいるだろう。

作家のマーク・サルツマンは、執筆中、ペットの猫がつねに膝の上に乗ってくるので、アルミホイルをスカートのように巻いて、猫が来ないようにしたという。デザイナー、起業家のティナ・ロス・アイゼンバーグの猫もいつも彼女の膝の上に飛び乗ってくるが、彼女はそれをちょうどいい休憩時間だと思っているそうだ。周りの何が作業にいい影響を与え、何がフロー状態を阻害するのかを意識しておこう。そのうえで、最適なスペースをつくるための具体的な行動を起こすことが大切だ。

## 収納場所はふたつあるといい

収納場所がふたつあるといいだろう。用具を置いておくところと、アーカイブ用に。用具には紙やキャンバスからギターの弦に至るまで、さまざまなものが含まれる。自分の求める質のものを、いつでも切らさないようにしておき、すぐに取り出せるようにしておくことが肝要だ。アーカイブは、完成した作品を置いておくところだ。デジタルで作業をする人なら、アウトプットしたものを整理するシステムを創っておくといいだろう。

ぼくの場合、撮った写真をうまく保管しておくためのシステムを創っていなかったら、この世界ではやっていけなかっただろう。いますぐにでも、定期的にバックアップをとるようにしておくといい。最低でも2カ所に自動的にコピーされるようにして、そのうちのひとつはクラウド上に保管しておこう。たとえば彫刻などを創っている人の場合は、保管場所も広くないと困るだろう。近くに倉庫でも借りて、作業スペースが狭くならないようにしておこう。

創造的な活動を続けていくにつれて、作業スペースも作業スケジュールも変わっていくだろうが、まずはここまでで、1週間のなかで作業にあてる時間を決め、創造するスペースを確保したわけだ。

次に考えなくてはならないのは、その時間とスペースをどのように使うかだ。それについては次章で詳しく述べよう。だがその前に、ひとつ言っておきたいことがある。理想的な環境が整わないからといって、創造するのをやめてはいけない。

ぼくが自分専用の作業スペースを持てるようになったのは、プロとして稼げるようになってずいぶん経ってからのことだ。ぼくのフォトスタジオで〈クリエイティブ・ライブ〉をやろうと思いついたのも、ビジネスとして成り立つ見込もまだないころだったし、ぼくたちが初めて開講したクラスにはオンラインで5万人が参加してくれたのだが、これはサウス・シアトルで借りたほこりっぽい倉庫から発信したものだ。

作業するためのスペースを創ることは大切だが、それだけで作業したつもりになってはいけない。準備をして、時間をとって、道具をもって、どんなスペースでもいいから、とにかく取りかかることだ。とにかく、始めてみよう。

## 問題が起きたときの対処法

スケジュールを決めたら、とにかく数週間はそのとおりにやってみて、何か不都合なことがあればそれをメモしておこう。波に乗ってきたら、あなたの努力を後押しするために、次のことを考えてみるといい。

### 活動を妨げるものを克服する

一歩踏み出せないでいるとき、自分は創造的な活動ができる状況になるのを待っているのではなく、創造**する気になる**のを待っているだけなのだと自覚しよう。このふたつには大きな違いがある。実際に取りかかってみるまでは、やる気などなかなか出ないものだ。取りかかりもせずに、ただやる気が出るのを待っていたって、結局は椅子に座ったままずっと待っていることになるだけだ。

才能あふれるコピーライターのキャル・マカリスターは広告を学ぶ学校に通っていたとき、アドバイザーのところへ行って宿題がなかなか進まないと相談したそうだ。ライターの壁にぶち当たっていたのだ。そのときアドバイザーはこう言った。

「キャル、いいことを教えてあげよう。君はまだ壁にぶち当たるほどのところまでいっていない。まだだ。作業に戻りなさい」

ぶしつけな答えだが、行きづまりを解消するうまい方法などない。壁を押しのけながら進むしかないのだ。この話を聞いた作家のライアン・ホリデイは笑い飛ばすとこう言った。「ランナーの壁にぶち当たるのがどんな感じか知りたいかい？　それなら走りにいくしかない」

ぼくはモチベーションが下がったとき、違う仕事に取りかかることにしている。5つを同時進行でやるのが、ぼくにとってはいいみたいだ。大きなものをひとつ、中くらいのものをひとつ、あとの3つは小さな仕事。どれかひとつが行きづまると、他のものに取りかかる。すると、とてもホッとする。種類の違う仕事だとベストだ。戦略が必要なものと手を動かすもの、楽しいものと面白味のないものなど。一通りやってからまた初めの仕事に戻ることもよくある。そうすると、他の仕事よりも初めの仕事が楽しく感じられたりする。この方法がどうしてそんなにうまくいくのかは謎だが、ぼくには合っているようだ。

## 時間を区切る

〈クリエイティブ・ライブ〉の日常業務から離れて数年したあとに同社のCEOとして戻ったとき、ぼくの予定はミーティングでぎっしり埋まり、創造的な活動を毎日することができなくなってしまった。ぼくは自由時間を犠牲にして、ビジネスを構築するためのスキルを学んだ。けれども、ひと息つけるようになったころ、ぼく自身もここに書いてあるのと同じことを実行しなければならなかった。自分のスケジュールを見直し、自分の目標と価値観に合うように変えていったのだ。

スケジュールを見直したあとは、仕事はどんどんまとめてやるようにした。ミーティングの時間、メールをチェックする時間、電話をかける時間、その他の関連業務をする時間といったように。すると、自分で区切ったそれぞれの時間に、創造するための筋肉がまた少しずつ動くようになっていくのがわかった。

## 短い時間でもいい

言っておくが、完璧を目指さなくていい。毎週、創造をする時間が思ったようにとれなくても、クリエイティブになれる方法はある。忙しい日でも、地下鉄に乗っている間に執筆するとか、散歩しながら自分の考えをボイスレコーダーに録音するなどすれば、創造性をあなたの毎日に吹き込める。とてつもなく忙しいときは、SNSに毎日写真を1枚アップするだけでもいいし、俳句を詠んでみるのでもいい。**忙しいときこそ、創造的な活動をするべきだ。**使える時間を思うように時間がとれないと思ったら、短時間の活動を積み重ねていけばいい。使える時間を最大限に生かそう。

## 仕事を辞めるか辞めないか

これはまるまる一冊をかけて考えなければいけないほど難しい問題だ。フルタイムの仕事をどうするかは、人によって状況が違うだろう。好きではない仕事のせいでクリエイティブな野望が妨げられていると感じているなら、真剣にその他の選択肢を検討したほうがいい。創造的な活動をすることの最も大切な利点は、主体的に、能動的に自分の人生を生きられるようになることだ。机の上で何かを創っているときや、キャンバスに絵を描いているとき、ぼくたちは自分の夢みていた人生を現実にすることができるのだと思うことができる。

仕事も続けたいけれども、仕事をしていると思うように創造的な活動ができないと思っているなら、仕事の影響を小さくする方法を考えよう。〈クリエイティブ・ライブ〉ではこの問題についての本、ブログ、講座などを沢山用意しているので、参考にしてみてほしい。自分のやり方を変えない言い訳をするのはよそう。

また、多くの企業が在宅勤務を取り入れるようになってきている。出社するのを週に3、4日にすることはできないだろうか。あるいは完全に在宅勤務にするのはどうだろう。上司と相談してみることだ。柔軟な勤務形態をとることができないときは、休暇を創造的な活動にあててみたらどうだろう。毎年2週間の休みをまとめてとるのではなく、そのうちの5、6日、あるいは10日ほどを一年かけてとることにして、1、2カ月に一日を創造的な活動にあてる日にするのだ。ビーチでマルガリータを飲んで過ごすよりも、創造的なことをして過ごしたほうが、ずっとリフレッシュできるとぼくもわかった。

伝説的なデザイナーのステファン・サグマイスターはクリエイティブな力を充電するために、7年ごとに1年間のサバティカル・イヤーをとることで有名だ。そうしていても彼が顧客を失うことはない。それどころか彼が休んでいる間、顧客たちは彼が戻ってくるのをいまかいまかと待っている。一層クリエイティブになって戻ってくるのを知っているからだ。

あなたの目標が仕事を辞めてフルタイムで創造的な活動をすることなら、夢だった創造的な活動のほうを本業と考え、いまの本業を副業と考えて活動するといい。優先順位を完全に逆にしてやるのだ。

それをいますぐやろう。創造的な活動で十分な収入が得られるようになったら、いまや本業となった創造的な活動を補完するためにパートタイムの仕事をするといいかもしれない。仕事を補完するために創造的な活動をするのではなく。ウェイター、バーテンダー、ウーバーやリフトのドライバーなど、創造的な活動をフルタイムでやる生活にできるだけ早く切り替えられるような仕事を探すといい。

ぼくはこうしたアドバイスをよくするのだが、たいていは眉をしかめられる。成功しようと思ったらすべてをそれに注がなければならない、とぼくたちは社会から刷りこまれているので、少しずつ軸足を移していくという考え方は受け入れがたいようだ。

たしかに、島を手に入れるためには、どこかの時点でボートを燃やしてしまわなければならないだろうが、リスクの高いギャンブルは必ずしもしなくていいのだ。ぼくたちはもっと柔軟にやれるはずだ。

これまでのように、クリエイティブな夢を追いかけるにはあの都市へ行かなければならない、なんてことはないし、収入を補うための仕事をするにしても、柔軟な働き方が選べる。しっかりと計画を立てて、いまよりもいい形で創造的な活動ができるようになるまで、仕事は辞めてはいけない。

## 夢を持ちつづける

意識してもしていなくても、人生は続いていく。邪魔や障壁になるものはどうしたって出てくる。副業にはまりすぎて本業がうまくいかなくなったり、本業で大きなチャンスが目の前にやってきて、数週間創造的な活動ができなくなったりすることもある。

けれども、揺るぎない価値観と考えさえもっていれば、創造的な活動を損なうことなく、周囲のどんな状況も乗り越えていくことができる。だから、自分の価値観と考えをしっかりと確立して、それに導かれるまま進めばいい。

この章の初めに書いたタイムマシンの思考実験をもう一度思い出してほしい。ぼくらは最も大切な資源をどうやって使えばいいか、心の底ではわかっているはずだ。自分の時間をどうやって使えばいいか、よく考えればわかるはず。時間を大切にしよう。自分の時間は何としても守らなければいけない。

# 第6章 最大限の力を引き出す

Do Your Best Work

**インスピレーションを待っているうちは、まだまだアマチュアだ。私たちは作業部屋へ行って、ただ粛々と作品に取り組む。創ることそのものから新しいものが生まれ、作品創りをとおして新しいチャンスに巡り合い、思ってもみなかった新しい扉が開くと信じて。ただじっと座って待っていても、すばらしい〝芸術的なアイディア〟など浮かばない。**

**——チャック・クローズ**

いま、あなたはこう考えているかもしれない。

「自分の中にも何かすばらしいものがあることは何年も、いや何十年も前から知っている。それは形となって表現されるのを待っている。けれども、それが本を書くことなのか、事業を起こすことなのか、地元の劇団のステージに立つことなのかはわからないが、いまだに実現していない。誕生日や何かの節目の日がくるたびに、ふと立ち止まって、一歩下がってこれまでの人生を見返してこう思う。その創造的な作品や、自分が本当に望む人生はまだ達成できていないが、**いつか**達成できる日がくるに違いない」

なぜこうなってしまうのだろう。これまでの人生で、あなたはほかにもたくさんのことを成し遂げてきたはずだ。たゆまぬ努力と集中力で。プライベートでも仕事でも、きっとさまざまな困難を乗り越えてきたことだろう。もしかするとあなたは、クリエイティブな仕事をしている人かもしれない。それなのに、自分にとっていちばん意義のある目標に、いまだに取りかかれていないのはなぜなのだろう。

「自分を表現する作品を創る」というのは、たいてい誰もが死ぬまでにやりたいと思うことのひとつだが、たいていの人はやらないで終わってしまう。あなたを阻んでいるものはいったい何だろう。

具体的に何をすればいいかわからないというのが問題ならば、ステップ1を読んでみるといい。自分が望んでいるものが何かわかるだろう。

時間やスペースの不足が問題ならば、第4章と第5章が参考になるだろう。

さあ、これで言い訳はなくなった。いったい何が問題なのだろう。

絵を描こうとしている子どもからクレヨンを取りあげたら、どんな反応をするか想像してみてほしい。その子は喜ぶだろうか。そんなはずはないだろう。自分の創造への欲求を否定するたびに、ぼくたちはこれと同じことを自分自身に対して行っているのだ。創造的なインスピレーションを抑え込むと、精神的な苦痛を抱えることになる。すると抑え込まれたクリエイティブな自分は、お決まりの言い訳を始める。しょせん創造性なんて子どもや金持ちの言うことだ、子どもがいない人や借金のない人がやることだ、クリエイティブな仕事をして成功している親をもっている人が言うことだ、美大出身者が言うことだ、生まれつき才能のある人が言うことだ……。つまり、しょせん自分には関係ないことだと考えようとする。自分はクレヨンすら持っていないのだから、と。

だが、じつはあなたの憧れのクリエイターも、かつてはいまのあなたと同じ場所にいたのだ。行きづまって、怖がって、「自分なんて……」という思い込みにとらわれて。それでも、彼らは作品を創ることでその壁をぶち破った。キューバ生まれのアメリカの抽象画家カルメン・ヘレーラは、生涯にわたって画期的な抽象画を描きつづけたが、彼女がニューヨークのギャラリーで注目を集めたのは87歳になってからのことだ。ホイットニー美術館で作品展が開かれたのは101歳のとき。ヘレーラもブレイクスルーできたのだから、あなたにもできるはずだ。

創造性はダイエットに似ている。アドバイスを聞き入れて努力をすれば、うまくできるようになる。手っ取り早くやせようと思って、さまざまなダイエット法や運動についての本を探していたら、そのうち何を信じていいのかわからなくなってしまう。けれども、もしあなたがスーパーヒーローの役を演じるのであれば、ハリウッドで大人気のトレーナーをつけてもらえるだろう。食事や運動の仕方について教えてくれるはずだ。やせなければ契約が破棄されてしまうので、あなたは教えられたとおりに頑張るはずだ。世界じゅうの何百万という人の前でヒーローのスーツを身に着けた姿を披露しなければならない。3カ月後、なんとかそれらしく見えるようになっていることだろう。やせたのは、あるダイエット法をやったからでも、脂肪吸引をやったからでもない。やるべきことはただひとつ。**指示に従って実行すること**だ。

さあ、準備はいいだろうか。

## 基本計画を立てる

最初は、創造的な活動をする時間になると何をしていいかわからず不安になるかもしれない。いったいこの時間には道具について調べるべきなのか、名刺を注文するべきなのか、ウェブサイトを更新するべきなのかと迷ったりするだろう。なぜか新しい作品を創ること以外のことばかり考えてしまったりする。たしかに、こうした細々とした仕事も必要だが、いい作品を創りたければ大事なことから始めよう。まずはたくさんのアウトプットをすることが大切だ。

この章で他にどんなことを学ぼうと、これだけは忘れてはいけない。あれこれ考えるのをやめて実際に創りはじめなければ、うまく創れるようにはならない。作品の質はそのうちよくなってくる。ただし、たくさんの作品を創りつづければの話だ。それまでは自己批判をあまりしないようにして、実際に取りかかりもしないうちから、うまく作業する方法を考えることに貴重な時間を費やさないこと。

この新しい生活においていちばん大切なことは、とにかく作品を創ることだ。作品の取り組み方次第で、作品の出来は大きく変わってくる。

では、どんな基本計画を立てればいいだろうか。この章では、どうやったら多くの作品を創ることができるかを考えてみよう。作品をうまく創れるようになりたければ、自分で自分に課題を出したり、締め切りを設定したり、少し難しいことに挑戦したりすることが必要だ。プロとして活動している人もいるかもしれないが、おそらくあなたは、あなたにしか創れない作品をどうしても創らなければならない立場にある人ではないだろう。それなら、自分で自分にそういう仕事を課さなければいけない。あなたの作品を見もしないで、あなたに大きな仕事を任せてくれる人などいないのだから。

矛盾しているように感じるかもしれない。仕事を頼まれるようになるために、頼まれたいと思うような作品をまず自分で創ってみるなんて。そんなことは少しもクリエイティブなことではない、と思うかもしれない。「ちょっと待ってくれ。創造性にも計画が必要だなんて聞いてないぞ」と思ったかもしれない。でもちょっと落ち着いて、この先を読んでほしい。

自分の想像を形にした作品を創るという難しい課題に、自ら締め切りを設定して取り組めば、自分の最大限の力を引き出せる。小さな成功を積み上げることが大切だという考え方にも一理あるが、一段高いレベルのビジョンを達成したいと思ったら、高い目標をもって作業に没頭することが必要だし、何よりも意図をもって取り組むことが必要だ。6カ月後、12カ月後、18カ月後、あなたはどんな作品を創れるようになっていたいだろうか。どうやったらそれができるようになるだろう。一歩一歩、進むしかない。たった一晩で成功者になったという話も、じつは10年ごしの基本計画がやっと実を結んだものなのだ。けれども、忘れないでほしいのは、あなたのアウトプットの質がすばらしくよくなっていることに上司が気づいてくれることや、世間から注目されることだけが、成功や恩恵ではないということだ。

そして、すべては作品をたくさん創ることから始まるということも忘れてはいけない。反復こそがスキル上達の母である。

## 初めから始める

創りたいものが何かわかっていて、早く取りかかりたいと思っていても、始めは少しとまどってしまうかもしれない。絵を描きたいのか、ダンスをしたいのか、歌を歌いたいのかわかっていても、最初は、利き手でないほうの手で署名するようなぎこちなさを感じるかもしれない。カメラを構えたりギターを手にしたりするのが、どことなく変な気がして落ち着かなかったりする。時間や場所がないといってやらないでいるのは簡単だけれども、言い訳が何もなくなり、いざやりはじめる段になると、不安は急に現実のものになる。

だから、最初はゆっくり始めよう。創造的な活動を始めたばかりなら、まずは小さなことからやってみよう。「わかったよ、チェイス。アメリカ西部を描く3部作の構想はとりあえず置いておいて、まずはデビュー作となる小説に集中することにするよ」とあなたは言うかもしれない。

でも、さらに小さなことからでいいのだ。ぼくたちは規模にとらわれすぎている。これから何かを創ろうと思ったとき、きちんと完成させて人に見せることができそうなもののうち、いちばん小さなものはなんだろう。起業家は、実際に製品を使う顧客が必要とする機能を備えた〝実用最小限の製品（MVP）〟をつくってフィードバックをもらい、製品を改良していくものだ。

それと同じことをやればいい。たとえば、いま織物を習っている最中なら、最初に取りかかるプロジェクトは、マニュアルどおりの作品を完成させるというシンプルなもので構わない。作家なら数百語のショートショートを書いてみるのもいいだろう。起業に興味があるならMVPを実際につくってみることでもいいし、あることを便利にするためのアプリを開発するのでもいいだろう。うまくできなくても、美しくできなくても、誰にも買ってもらえなくてもいい。大切なのは、何かを完成させてみるということだ。

## 作業計画を立てる

いいクリエイターは計画を立ててから作品に取りかかる。といっても厳密な計画ではない。決まった時間の中で何をやるかをざっくり考えつつ、セレンディピティを得る余地も残しておく。計画性と柔軟性のバランスをどうとるかは、経験によってしか学べない。詳しい地図は必要なく、方向さえわかればいい。新しい情報が入ってきたり、突然インスピレーションが降りてきたりしたら計画を変更すればいいが、方向を間違えてしまうと、失敗することは目に見えている。

計画は具体的にどんなふうに立てればいいだろうか。共同で作業する人と一緒にブレーンストーミングしたことをホワイトボードに書いていってもいいだろう。やることのリストを書いておくアプリを使ってもいいだろう。簡単にまとめておいてもいいし、写真を撮っておいてもいいかもしれない。どこまで詳しく計画を立てるかは、ものにも人にもよる。理想的なのは、一回の時間内でどこまでやるかを考えておくことだ。それを適切に予測するには経験が必要だということは繰り返して言うまでもない。

作品によって目指すところも変わってくる。量を目安にするものもあるだろう。たとえば500語は書こうとか、日没前のゴールデンアワーに構成をよく考えた写真を10枚撮ろうとか。一方で質を目安にするものもあるだろう。交響曲の第2楽章のオーケストレーションを完成させようとか、ビデオ加工ソフトでオープニングのクレジット部分を創っておこうとか。どんな内容になるかは人それぞれだが、前もって計画を立てておこう。

作業スペースに行ってから、さあ今日は何をしよう、と考えるのではいけない。ぼくの知り合いのプロのクリエイターのなかには、前の晩に計画を立てておくという人もいる。そうすれば夜の間にアイディアが発酵し融合し、次の日に作品に取りかかるときには、しっかりと準備ができているのだそうだ。

もうひとつ大切なことは、その時間のすべてを創造的な活動にあてるように計画しなければならないということだ。その時間に事務仕事はしないこと。創造的な活動をするにも、たとえばソフトウェアのセットアップや、道具の点検、新しいスキルの習得など、創造的ではない仕事も必要だ。

だが、その時間にこうした仕事を入れてはいけない。実際に作品に取りかからずに、こうした事務的な仕事をしてはいけない。クリエイティブなことをするために確保した貴重な時間は、すべてクリエイティブな活動をすることにあてるべきだ。似たような作品を探してインスタグラムの画面をスクロールしたり、調べものをしたり、自分のウェブサイトへの書き込みを見たりしてはいけない。アドビのチーフ・プロダクト・オフィサーであり、創造性を大切にしているスコット・ベルスキーは、こういう仕事のことを〝不安定な仕事〟と呼んでいる。プロジェクトの目標には必要な仕事だからとついやってしまい、気が散ってしまうような仕事だ。

だが、それは**創造的な仕事ではない**。ついそういう仕事をやってしまうのは、やる気が出ないからにすぎない。だから、はっきりと境界線を引こう。そういう仕事は創造的な活動をするために設けた時間の計画には入れないこと。

## インスピレーションにご用心

元プロボクサーで哲人のマイク・タイソンはかつてこう言っていた。「顔面にパンチを食らうまでは、誰にでも計画があるものだ」

あなたが取りかかろうとしている創造的なプロジェクトがどんなものであれ、何か他のことをしはじめた途端にインスピレーションが湧いたりすることはよくある。他のことをしているときにさまざまなアイディアが浮かんでくるのは偶然ではない。洗濯物を畳んだり、シャワーを浴びたり、バス停まで歩いたり、何の気なしに他のことをしているときにベストな考えが浮かんでくるのはよくあることだ。

ぼくの場合も、ただ歩いているとき、朝のルーティンをやっているとき、料理をしているとき、ハンモックに揺られているとき、あるいは何かアートを楽しんだりしているときに、いつもベストなアイディアが浮かんでくる。

作品創りの合間には少し休憩も必要だが、皮肉にもそんなときに創造性に富んだ考えが浮かんだりする。だが、こうして突然降ってくるインスピレーションは何の脈絡もなく出てきたわけではない。作品を完成させるためにあなたの脳がなんとか絞り出したアイディアなのだ。新しいアイディアというのは、進行中のプロジェクトの地道な作業をするよりも魅力的に感じることだろう。

新しいアイディアの厄介なところは、いまやっている作業を中断してそちらをやってみたほうが生産的であるように感じてしまうことだ。インスピレーションを感じたら、それをやってみなくちゃ。それがクリエイティブっていうものだろう？　とでもいう具合に。

こういうときは、新しいアイディアをひとまず紙にでも書いておいて、まずはいまの作品を完成させることだ。これも作業計画を立てることが重要であることの理由のひとつだ。計画を立てておけば、作業を続けやすくなる。

心理学者のミハイ・チクセントミハイが提唱した〝フロー〟とは、ぼくたちが集中して物事に取り組んでいる、いわゆる〝ゾーンに入った〟状態のことをいう。フロー状態になるにはさまざまな要素が必要だが、それは電気のスイッチのように簡単につけたり消したりできるものではない。来たと思ったらまた去ったりするもので、いずれにしても作品を創っていなければやってこない。フロー状態の合間には周りにあるものが魅力的に見えたりして、ぼくたちの気はそれてしまう。直接関係のないアイディアは書き留めておくと決めておいて作業中は忘れるようにしなければ、再びフロー状態に戻ることはできないだろう。何も完成しないで終わるのがおちだ。

だから、その時間でやるべきことを決めておいて、それを守ることが大切だ。作業中にインスピレーションを感じたら書き留めておいたり、大まかな内容を書いておいたりして、とにかく頭から追い出すこと。そして計画に沿って作業を終わらせよう。

## 始めるときの儀式を決めておく

トップアスリートや有名なパフォーマーは、集中力を高めるために、試合の前やパフォーマンスを始める前に精神的、身体的な儀式をするものだ。多くのクリエイターも同じようなことをしている。儀式をすることで意識――反発を覚えたり気が散ったりするもと――を落ち着かせ、無意識の創造力を呼び起こすのだ。自分にあった効果的な儀式を決めておけば、創造的な活動をするときにゾーン状態に入りやすくなる。いくつか例をあげるので、ぜひ試してみてほしい。

## ビジョンを定める

第4章で、視覚化することで目標を達成しやすくなると述べた。視覚化は創造プロセスにもおおいに役立つ。自分が創りたい作品を頭の中で視覚化してから、実際の作業に入るといい。実際に取りかかる前に頭の中で想像しておくと、失敗も少なくなるしパフォーマンスが向上するということが研究でもわかっている。この段階では、何かを創る計画はすでに立ててあるはずなので、あとは、実際に取りかかる前に少し時間をとって、自分がそれを創っているところをできるだけ具体的に思い描いてみることだ。

たとえば、朝まだ早い時間にコーヒーテーブルに座って、ある場所にハイキングに出かけるところを思い浮かべてみたらどうだろう。日が昇る前に山頂に着き、撮影道具を取り出して最初の一枚を撮る準備を始める。コーヒーを一口飲んだときの味や、シャッターを切ったときの感触など、すべての感覚を思い浮かべる。どんな場面を思い浮かべるかは、あなたの活動にもよるだろう。頭の中で事前に行動を思い浮かべておけば、実際に取りかかるときに、よりすんなりと、よりスムーズに創造活動をすることができるだろう。

## 音楽

第5章で、自分に合った音楽や環境音楽を聞くと、よりフロー状態に入りやすくなると書いた。ぼくの場合はお気に入りのプレイリストをかけて、作業に入るための気持ちをつくっている。実際に作業をしているときには違う音楽にしてもいい。たとえば、作業に入る前はロックバンドのニルヴァーナの曲を聞いてやる気を出し、実際に作業をするときに歌詞がないほうがいいなら、チェロ奏者ゾーイ・キーティングの『森へ（Into the Trees）』に変えるのはどうだろう。

いろいろ試してみるといい。自分に合う音楽がみつかったら、しばらくは同じプレイリストをかけてみるといいだろう。同じものを繰り返していると、あなたの脳のギアも入りやすくなる。作業を始める前の儀式を一定にすればするほど、自然に作業に入れるようになっていく。

## 気が散るものを置かない

気が散るようなデジタル機器はそばに置かないことにして、すぐ手に取ってしまわないようにしよう。携帯電話はおやすみモードにしたり電源を切ったりして、別の部屋に置いておこう。部屋の中に携帯電話があるだけで、集中力がそがれたり作業がうまく進まなくなったりする。SNSやその他の気が散りそうなサイトへのアクセスをブロックするソフトウェアを使うのも一案だ。どんなツールや方法を使うにしろ、心の雑音を消すことが大切だ。

物理的に気が散るような環境にしないことも大事だ。机の端から税金関係の書類が落ちそうになっていたら、絵を描いている気分ではなくなるだろう。そのときの気分によって、そこにあるものや視界に入るものの何が思考や感情をそぐことになるかわからない。だから、気が散るものや不快に感じるものを排除して、代わりにエネルギーを与えてくれたり、やる気が出たりするようなものを置いておこう。

## 時間を測って記録する

ぼくが知っているデザイナーの多くは、スケジュールどおりに作業を進めるためと、作業にかかる時間を適切に予測できるようになるために（そして顧客に予測時間を伝えられるようになるために）、時間を記録している。作品に取り組んだ時間と、その時間で出来た作業の記録をとるようにするといい。それほど手間はかからない。「作業記録」のファイルをつくっておいて、作業を始める前にこう書いておく。

午前8時15分　今日の作業──コミックブックの12〜13ページ。

誰にでも向いている方法ではないけれども、フリーランスで創造的な活動をしていて時間給で働いている人や、クリエイターを目指している人は、作業にどれくらいの時間がかかるのか予測できるようになることは大切だ。

作業が終わったら、事前に予測した時間と実際にかかった時間を比べてみる。ある作業については多く見積もりすぎたり、他の作業については少なく見積もりすぎたりすることはよくある。そうしているうちに、作業が遅れたりする。時間を測るようにすればスケジュールを管理しやすくなるし、プロジェクトの計画も立てやすくなるし、自分の作品に値段もつけやすくなる。貴重な投資をするのと同じように、自分の時間を扱おう。

時計は他の面でも役に立つ。エレクトロニックサウンドグループ、ザ・グリッチ・モブのジャスティン・ボレタのおかげで、ぼくも「ポモドーロ・テクニック」を取り入れるようになった。

ポモドーロ・テクニックというのは、イタリア人の大学生フランチェスコ・シリロが1980年代に考案したもので、たとえば執筆や作曲など、高い集中力を持続しなければならない作業をするときに、作業時間を効率的に使えるようにするためのシンプルなテクニックだ。まずタイマーを25分に設定して集中して作業に取り組み、その後5分間の休憩をとる。それが1ポモドーロだ（シリロが使ったタイマーがトマトの形をしていたことからついた名前。ポモドーロはイタリア語でトマトのこと）。4ポモドーロが終わったら、15分間の休憩をとる。それが終わったら、リセットしてまた最初から始める。

このメソッドは最初は学界で広く受け入れられたが、そのうちに多くのクリエイターも実践しはじめた。ボレタは押しも押されもせぬロックスターだが、このメソッドは魔法のように効果があると言っている。作業をしているときにすぐに邪魔が入ったり気が散ったりする人は、ポモドーロ・テクニックをベースにしたアプリがいろいろとあるので、それを試してみるのもいいし、自分に合うようにこのテクニックを少し変えた形で取り組んでみるのもいいだろう。

## 進み具合をチェックし合える場を

職場でクリエイティブな仕事をしている人もいるだろう。上司がいることのメリットは、仕事の進み具合を報告しなければいけない相手がいるということだ。そのかわり、自分の仕事を自分でコントロールすることはできない。

たとえば、企業内でグラフィックデザイナーをしている人ならば、何をどんな目的でデザインして、いつまでに終わらせなければならないかを指示される。それがいいとか悪いとか言っているわけではない。ただ、どちらにしてもきちんと作品を完成させる責任を負うのは大変なことだ。仕事上、進み具合を報告しなくてはならない人は、報告義務があるのは嫌だと思っていることだろう。自宅で仕事をしている人は、自分でうまく作業を進めていける方法を考えるのが大変だろう。

だからといって、プロでもアマチュアでも作品に対して責任があるという事実は変わらない。プロでないからといって責任がないわけではない。作品に対価をもらっているかどうかは関係ない。自分の作品を完成させて満足を得たいなら、自分で責任をもたなければならない。

次はこんな曲をかくべきだと、パティ・スミスに指示する人はいない。それでも彼女は多くの曲をかく。自分で自分に責任をもっている。新しい曲をかきたいと思えば、座って新曲をかく。それこそ、クリエイターの真の自主性のすばらしい面と怖い面だ。クリエイターは社会でどれほどの名声と成功を得ようと、ひとり部屋にこもって次は何を創ろうかと考えなければならない。

けれども、行きづまったときは、プロとしてやっている人でないとしても、周りの助けを借りることはできる。いつでも他のクリエイターとコラボすることはできる（第10章で詳しく述べる）。働きながら作品創りに励んでいる人も、よく他のクリエイターと情報交換をしたりしている。いま創っている作品のこととか、この先どんなふうに創造的な活動をしていこうと思っているかなどを語り合っている。作品を創る気力がなくなったりするときもあるけれど、そんなときは友だちや仲間が進み具合を訊ねてくれたりするので、それでまた元気が出たりする。自分がいま取りかかっている作品のことを誰か他の人が知っていると、とりたてて理由もないのにそれを放り出すのは恥ずかしいと感じるものだ。

作業の進み具合を話せるパートナーをつくると、うまくいくかもしれない。友だちでも配偶者でも仲間でもいいので、あなたの作品の進み具合を気にかけてくれる人をつくろう。編集者、ライフコーチ、共同創業者など、仕事のうえでのパートナーでもいいだろう。あるいは、SNSを使って同じような興味をもっているアーティストのグループをつくってお互いに申告しあうとか、アプリを使って書きこんでいくのもいいかもしれない。

もしあなたが作家なら、「NaNoWriMo（National Novel Writing Month）」に参加したらどうだろう。これは20年前に始まったプロジェクトなのだが、11月の1カ月間で5万語の小説を完成させようというチャレンジで、世界じゅうの何千人という作家が参加している。

NaNoWriMoに参加すればSNSでグループをつくったり、参加者同士が個人的に会ったりすることもできるし、お互いに作品を発表したり、参加者が目標を達成するのを応援するイベントを開いたりすることもできる。これと同じように、映画監督、劇作家、詩人、ソングライター、コンピュータプログラミングの人たち向けの組織もある。自分の分野でそういった組織がない場合は、自分でつくってしまえばいい。

大事なのは、作品の進み具合を報告する先ができたら、そのことを自分の作業プロセスにどう生かすかということだ。今日の作業目標をパートナーにメールで送ってから作業に取りかかり、終わったらまたパートナーにメールをおくる人もいるかもしれない。ビジネス向けのチャット「スラック」に参加して、定期的に作業の進み具合を書きこむ人もいるかもしれない。他のアーティストと同じ場所で作品創りに励む人もいるかもしれない。どうやって自分の進捗状況を知らせる場を設けるか、それは人それぞれだ。だが、進み具合をチェックしてもらったほうがうまくいくと思うなら、周りの助けを借りて、そしてまた作業に戻るといい。

それもこれも、結局は作品を完成させるため。用意が整ったら、とにかく作品に取りかかろう。作家のアン・ラモットが『一羽ずつ書いていこう（Bird by Bird)』の中で書いている作家に向けたアドバイスは、すべてのクリエイターにも当てはまる。「私にとっても、他の知り合いの作家にとっても、小説を書くことはけっして楽しいことではない。それでもなんとか作品を書こうと思ったら、まずはどんなにひどいものでもいいから、第一稿をあげることだ」

とにかく第一稿をあげること、と彼女は言う。とてもシンプルだ。他のクリエイターにとってもそれは同じ。自分の中でどんなに自己批判の声が聞こえようとも、いっさいの評価をせずに、何でもいいのでとにかく作品を創ること。初めて撮る写真。初めてつくるウェブサイトのワイヤーフレーム。ベンチャーでの初の試み。とにかく、いちばん難しい最初の部分に、まず取りかかろう。

## とにかくたくさんの作品を創る

これから定期的に創造的な活動をしようと思ったり、久しぶりに創造的な活動に戻ろうと思ったりしても、急にすばらしい作品などできやしない。それどころか正反対だ。長い間空室だったアパートの部屋の蛇口をひねるときと同じ。初めは茶色い水が出てきたりする。ラジオパーソナリティのイラ・グラスはこの分断のことを〝クリエイティブ・ギャップ〟と呼んでいる。頭の中でイメージしているもの――自分で創りたいと思っているもの――と、いまのスキルで実際に創れるものとの間にある距離のことだ。この分断は痛ましい。

ぼく自身は祖父のカメラを持ってケイトとヨーロッパに行ったときに、このギャップを感じた。写真への情熱はもっていたし、自分にはセンスもまずまずあると思っていたのだが、自分が思ったとおりの写真を撮る技術はもっていなかった。食事もとらずにフィルムを現像するたび、そのギャップにがっかりした。そのたびに、もうやめようかという気分になった。「アニー・リーボヴィッツはこんな経験したことがないだろう?」と思ったりして。たしかに、ほんの一握りの人は、100万人にひとりしかもっていないといわれるような、すばらしい技巧を生まれつきもっているかもしれない。けれども、残りのぼくたちは、何度も何度も作品を創らなければならない。

「それが普通だと知らなければいけない。いちばん大切なのは、作品をたくさん創ること」とグラスはアドバイスしている。「たくさん作品を創ることでしか、クリエイティブ・ギャップを埋めることはできないし、自分が目指しているような作品は創れない……とにかくがむしゃらに創るしかない」

**たくさん**作品を創れと？　それは言うほど簡単ではない気がする。だが、じつはそうでもない。結局、クリエイティブ・ギャップを埋められるかどうかは、どれだけ作品を創れるかによる。このことは科学的な研究や、ぼく自身が見てきた事例からも明らかだし、知り合いのクリエイターのほとんどが自身の経験からそう言っている。

けれども、ぼくらは量よりも大事なことがあると自分を納得させようとして、あれこれやってしまう。いい写真を撮るには新しいレンズが必要だ、とか。違うアプリを使えばもっと執筆がはかどるんじゃないか、とか。ＭＢＡをとらないとビジネスを立ち上げることができない、あるいはアプリを開発することができない、ＭＢＡをとったら収益化する方法もわかるはずだ、とか。仕事を始めるための仕事はいつまでも終わらない。

成功してきた人には、こんなことわざが当てはまる。「良工は材を選ばず」。あれこれ試してみるのはいいし、プロセスを見直してみるのも役に立つだろう。けれども、そんなことをする前に、いまあるカメラで何枚も写真を撮ってみることだ。たくさんの言葉を綴ってみることだ――後で消したいなら鉛筆で書いてもいい。衝動的にあれこれやってしまうのは、ただ取りかかるのを避けているだけ。つまり、実際に何かを創ってしまったら、いまの自分のスキルがどの程度か思い知ることになり、この先どれほど努力しなければならないのかわかってしまうので、取りかかるのが怖いだけなのだ。

たしかに怖い。けれども、怖いと思うのは普通のことなのだと知るだけで不安は和らぐ。それに、たくさんの作品を創っていれば、そのうちに自分らしさが見えてきて、自分らしいスタイルというものがわかってくるという利点もある。

プロとして足場を築いている人には、自分のスタイルというものがある。アレハンドロ・ゴンサレス・イニャリトゥが撮った映画には彼らしいスタイルがあるのですぐにわかる。躍動感のある画面、長回ししたシーン、そして強い現実感。また、ウォシャウスキー姉妹の映画は、現実を鋭く問うものでも、息をのむようなアクションシーンでも、1コマ見ただけで彼らの作品だとわかる。

彼らは毎回別の人とコラボして映画を撮っているが、どの映画にも自分らしさが出ている。人のスタイルを真似することはできるかもしれないが、あなた自身のスタイルは、たくさんの作品を創ることによってしか生まれない。

## 失敗する自分を認める

これから何かを世界に向けて生み出そうとしているとき、あなたの脳はそれを察知して怖がる。「これは危ない」と脳はささやく。そして、自分に闘うか逃げるかの判断を迫る。するとアドレナリンが分泌される。なぜ、ぼくは汗をかいているのだろう……。そして自分のこんな声が聞こえてくる。

こんなことをするのは馬鹿げている
ぼくはいま疲れている
あとでやる気になったらやろう
いまは時間がないので、どうせたいしたことはできない
誰か他の人がすでにやっているだろう。しかもぼくよりもうまく
本当にぼくはこれをやりたいのか?

こうした言葉はもっともらしく聞こえるが、これは自分を守ろうとして生物的な本能がさ

さやいている言葉にすぎない。あなたの直感が言わせている言葉ではない。最初に感じたあのわくわくした気持ちこそが直感だ。最初の作品がひどいものだったとしても、その作品をもっとよくしようと思えるのは、直感を覚えたものだからこそだ。

自分の否定的な声に打ち勝つには、それが自分を守るための反射的な作用からきたもので、自分はただひるんでいるだけなのだと知ることだ。耳をふさいで、そんな言葉は聞かないようにして、ひたすら創りつづけること。そうやって粘り強くやっているうちに、そんな声は聞こえなくなっていく。

ぼくのポッドキャストで、ジャレッド・レトがこんなことを言っていた。「ぼくが多少なりとも成功できたのは、たくさん失敗したおかげだ」。成功をつかみたいなら、失敗を怖れるのはやめよう。失敗を受け入れよう。いまやろうとしていることには、たくさんの努力が必要になってくるだろうけれども、それでいいのだと自分に言い聞かせよう。実際、何でもそうだ。何かをやろうと思ったときは、ラモットの言っていたように、初めはどんなにひどい作品であってもいいのだ。

失敗する自分を認めてあげよう。

STEP 3
EXECUTE

# 実行する

戦略を実行し
障壁を乗り越えていこう

# 第7章　考えるよりも行動を

Make It Till You Make It

**うまく人生をおくる秘訣とは、秘訣などないと知ることだ。どんな目標でも、努力をいとわなければ必ずかなう。**

**――オプラ・ウィンフリー**

正しい思考を身につけることができたら――自分はクリエイターであると宣言し、作品に取りかかり、新しいプロジェクトや新しいビジネスなどを始めたら――突然、世界が違って見えてくる。

人間の脳はパターン認識に優れているが、それにはまず情報を与えなければならない。ほとんど意識することはないが、脳はつねにあらゆる感覚からの情報を受けている。じつは、幼稚園で習った5つの感覚の他にも、人間はさまざまな感覚をもっている。神経学者は少なくとも9つの感覚があることをすでに突きとめているが、20以上ある可能性もあるという。たとえば固有受容覚（体の各部分の位置を感じる）や、髪をとかすときなどに感じる皮膚感覚などだ。そんなインプットをつねに受けている。脳は毎秒1ギガビットもの情報をつねに無意識に処理している。そして、得たデータをすべてふるいにかけて脅威や好機を探し出し、それ以外の情報は捨ててしまう。思考を変えることで、この脳のフィルターを変えることができる。

いま、それを試してみよう。あなたがいまいる部屋を見わたしてほしい。よく見て、赤いものがいくつあるか数えてみよう。さあ、やってみて。数え終わるまで待っているから。

さて、緑のものはいくつあっただろうか。

ちょっと待て、赤いものを探せと言ったのは君だろうって?

赤いものを探そうとしているときに目に入るのは赤いものだけだ。緑のものだってあったはずなのに、きっと見えなかったことだろう。

もし、世界にどれほど色があふれているか見てごらん、と言われたら、見え方はまた変わるはずだ。すべての色を見ろと脳に伝えたら、色合いや濃淡、その深みや奥行きまで感じ取りはじめるだろう。色というものを異常なほど敏感に感じるようになる。脳のフィルターは普段、細かな情報すべては意識に入れないようにしているが、そのフィルターがなくなり意識が少し変われば、色に敏感になるというわけだ。このとき、脳は色の意味や色にまつわるさまざまな情報を活発に探しているので、駐車違反切符の支払いをまだしていなかったことは忘れてしまっていることだろう。

これが作品に取り組んでいるときのクリエイティブな思考状態だ。プロジェクトを行っているときには、これと同じことが起きる。まったく新しいレンズを通してしか世界が見えなくなる。変わってしまうのは目に見えるものだけとはかぎらない。脚本を書いているときは、毎日バスの中やオフィスで聞こえる会話にも音楽性を感じてしまったりする。聞いた会話を書き留めて、毎日の会話の中に潜んでいる〝音符〟を聞き取ろうとしたりするようになる。

いま、ぼくはこの本の原稿に取り組んでいる真っ最中なので、同じことがぼくにも起こっている。どっぷりと創造プロセスにつかっていて、それと同時に創造性について真剣に考えている。ちょっと外に散歩に行っただけで、さまざまな感覚が津波のように襲って来る。色、音、匂い……。ぼくたちの脳は、**そう命じれば**、驚くほど敏感になる。

つまり、こういうことだ。第六感（21個目の感覚？）を活発にさせるためには、さまざまなものを作ったり、創造したり、クリエイティブな作品に取り組んだりしなければならないのだ。クリエイティブなプロジェクトに積極的に取り組んでいれば、直感が働くようになる。

この本の前半では、創造したいものを想像して、それを形にするための戦略を設計することについて書いてきたが、このステップ——特にこの章——では、行動することのパワーについて書こうと思っている。よく考えもせずに車がひっきりなしに通っている高速道路を横切ったり、パラシュートをチェックしもせずに飛行機から飛び出したりすることを推奨するわけではないが、創造的な活動をするときには考える前に動くことが大切だ。

　計画ばかりしていても前に進めない。計画にとらわれすぎてはいけない。完璧な小説のプロットを立ててから書きはじめるのではなく、書きたいものが整理されるまで最初のいくつかのドラフトはひどいものになることは承知のうえで、とにかく書きはじめることだ。とにかく作曲してみよう。そしてそのプロセスを楽しもう。イントロを6種類考えて、5つはボツにすればいい。やっていくうちに、もっと思いつくかもしれない。

　創造的な活動をしたいと思っているけれども、たとえば実際に絵を描いた経験がほとんどないという人にとっては、まず取りかかるというところが最も大きな障壁だろう。

　ぼくたちは人生のほとんどを行動するための準備に費やし、評価されるのを避け、その世界に飛び込むのを避けている。計画もないまま、小さくても大胆で急進的な行動をとるのは怖いものだ。たとえばそれが、小説を少し書きはじめてみたり、真っ白な紙に筆でちょっと何か書いてみたりするようなことでも。それはもう終わりにしよう。何かを創造することとは、高速道路を思い切って渡ったり飛行機から飛び降りたりするのとは違うのだ。

　行動するためには、そのものと真剣に向き合うことが必要だ。遊び半分で手を出しているようでは無理。しっかり目を見開いて歩きつづければ、軌道修正をしながらも、行きたいところに行くことができる。何を成し遂げたいのかを考えて、その目的に向かってどんな小さな一歩でもいいから前に進むことだ。

ぼくは写真の世界でこれを実践してきた。ぶかっこうで、不正確で、ぎこちないやり方ではあったけれど。自分で成功をつかみとった人のほとんどは、多かれ少なかれこのアプローチでやってきたはずだ。

たとえば、当時はまだ無名だった作家のティム・フェリスは、初めての本を出版したときに、サウス・バイ・サウスウエストやコンシューマー・エレクトロニクス・ショーなどのイベントに出席した。誰も知っている人はいなかったし、ティムのことを知っている人も誰もいなかった。彼にあったのは作品への強い思い入れだけだ。作品はすでに完成した。いまこそ、自分という人間と自分のクリエイティブ・ビジョンを示すときだ。けれど、どうやって?

まず、彼はイベントで開かれているセミナーに出席するのはやめた。本の宣伝にはなりそうにないからだ。そのかわり、講演者たちがいる談話室の近くに行って、周りにいる人たちと話をすることにした。テクノロジー業界のお偉方に混じって話をする彼を、誰も止められなかった。粘り強く何日も通っているうちに、何人かのブロガーが、話し上手で活動的な彼とそのやり方に興味をもつようになり、自然と話題は彼の初の著書『なぜ、週4時間働くだけでお金持ちになれるのか?』(青志社)におよんだ。まずタイトルが刺激的だったし、ティムの話がうまかったこともあり、多くのブロガーが、この本のことを周りに話してくれるようになり、記事やソーシャルフィードにもあげてくれた。

ティムはこの本が売れるようにほかにも多くの活動をしたけれども、最初にこの本の人気に火がついたのは、そのブロガーたちのおかげだと話している。ティムは本を宣伝したり、そのための活動をしたり、結果を出したりするのに特別な方法を編みだしたわけではない。だから、あなたも自分の作品を世に出すために、何か特別新しいことをしなければならないというわけではない。

アンディ・ウォーホルは次々と作品を描き、ひとつの作品の成功や失敗に一喜一憂しないですむようにしたことで有名だ。彼はこう言った。「アート作品を創ろうと思ってはいけない。ただ、作品を完成させることだけを考えること。その作品がいいか悪いか、好きか嫌いかを判断するのは他人に任せておけばいい。彼らが考えている間に、もっと作品を創ろう」

## 直感を信じる

さきほども書いたように、人間の体はつねに1ギガビットもの情報を感覚から受け取っている。うまく体を機能させるために、覚醒している理性が多くの情報をフィルターにかけてふるい落としたり抑圧したりして、基本的な動作をうまく行えるようにしている。そのおかげで、ぼくらは壁にぶつからずに歩けるし、崖から落ちないですむ。それでも脳の他の部分や体の各部分は、もっと大まかにではあるけれども、こうしたインプットを処理してそれを記憶している。それが〝直感〟というものなのだが、それは体が〝知っている〟こととか、ただそう感じるというようなもので、意識では認知できないものだ。

たとえば「この道の先へ行ってはいけない」「この本はおもしろそうだ」「この取引は見かけほどよくなさそうだ」というようなもの。直感についてはまだわかっていないこともあるが、人間がこれまで生き残ってきたのは直感があったからだ。直感を無視すると命が危ない。

創造的なプロジェクトを始めたら、直感を作品に生かそう。直感というフィルターを通して見れば、目標に結びつくアイディアやインスピレーションを敏感にする。視覚化と目標設定が意味をもつのは、直感があるからこそだ。直感はさながら驚異的なスーパーコンピュータだ。指示を与えてプログラムを走らせればいい。正しい指示の与え方がうまければうまいほど、結果もいいものになる。

ぼくの直感は、プロとしてのふたつの大きな成功を導いてくれた。写真共有アプリの〈ベストカメラ〉とオンライン学習の〈クリエイティブ・ライブ〉だ。手軽に写真が撮れるような時代になったことや、オンライン学習が増えてきたのを見て、これはおもしろくなってきたぞ、と心の奥で感じたのが始まりで、それから意識的に戦略を立てて実現したのがこのふたつだ。どちらも直感がやるべきだと言ったので、猛攻撃をしかけてくる否定的な声は無視した。その目的に向かって進んでいくのは、まるで磁石に引き寄せられるかのような感じだった。まさに、引き寄せられた。どちらの場合も、直感が正しかったことが証明された。

では、直感が台無しになってしまうのはどんなときだろう。答えはシンプルだ。考えすぎるときだ。知性はすばらしいものだが、それだけに頼ってはいけない。自分の心の奥深くを探って直感の声を聞けば、自分がいま歩いている道で間違っていないのかどうかわかる。心の声を聞いて、あなたの道を歩み、戦略を実行し、それを繰り返そう。

## 誰にでも苦しいときがある

クリエイティブな道には避けては通れない障壁もある。意気揚々とスタートしてから熟練のクリエイターになるまでの間には、越えなければならない高く、険しい、ぬかるんだ丘がある。荒れた土地もあるだろう。障壁を乗り越える方法を考えても無駄だ。いざ障壁にぶち当たったら、戦略を立てている時間などない。ただ行動あるのみだ。

大学院を辞めてフォトグラファーとしてお金を稼げるようになったとき、ぼくはこれですべて解決したと思っていた。独学だったし、この業界に知り合いなどいっさいいなかったけれども、ぼくは他のプロのフォトグラファーと同じように、写真を撮って、それを商品として売ることができているじゃないか、と。これで任務完了だ。そうだろう?

だが、そのうち蜜月期間は終わりを告げ、ぼくは怖ろしい苦悶の日々にぶち当たった。まだまだ先は長いとわかり、これから先どれほどの努力と苦労をしなければならないのだろうかと思ってげんなりしていた。

実際、ぼくは完璧にアウトサイダーだった。誰もぼくのことを知らなかった。フォトグラファーのコミュニティにも属していない。写真で食べていけるだけの技術と才能はあったけれど、それでもフォトグラファーとしてやっていくのはとても大変だ。何年も前、ラーメンを食べながら夢見ていた成功とは違っていた。ぼくはもっと多くのことを望んでいた。

たとえば、最高のクライアントと仕事をすること。完璧なクリエイティブ・コントロールをしてプロジェクトに取り組むこと。業界でも最高水準の価格をつけること。さまざまなことにアクセスできる権利も欲しいし、自主性も確保したいし、多くの作品を世に送り出したい。もちろん、お金は稼げるようになったけれども、仕事の目的がお金だけだったら、医学校に残っていただろう。ぼくの問題は、A地点からB地点に行く方法を知らなかったことだ。

ここで多くの人は足踏みしてしまう。あるいはもっと悪いことに、クリエイティブな仕事をやめてしまう。崖を登り切ったのに、そこはまだ山のふもとにすぎなかったのだと知って。そして幾度となく「写真で見るよりあの山はずっと大きいな」と自分が思っていることに気づく。ひとりで山を見上げ、頂上までの道のりをすべて登らなくてすむような近道はないかと考える。そしてそこから動けなくなる。

そこがぼくのターニングポイントだった。ぼくはすぐに落ち込んだり、写真の世界から遠ざかったりもした。けれども、ぼくの中の何かがぼくを押し戻してくれて幸いだった。あれこれ考えるのはやめて、とにかく動けという声がぼくの中で聞こえたのだ。頭の中のネガティブな声を聞いていたら、フォトグラファーとして次の段階へ進むことは考えられなかっただろう。プロとしてやっていきたいなら、まずはプロらしく振る舞うことから始めたほうがいいだろう、とぼくは考えた。

　ＲＥＩでの仕事や他のクライアントとの仕事で稼いだお金を、プロとして最低限必要な機材を買うのに使ったという話は前にしたと思う。ポートフォリオに入れる写真の被写体になってくれる人を探しに国内のスキー場を回ったときの旅費は、すべて自費で賄った。きちんと修業を積んでプロとして**ふさわしい**写真を**ふさわしい**場所で撮るための、業界水準の資質さえまだ

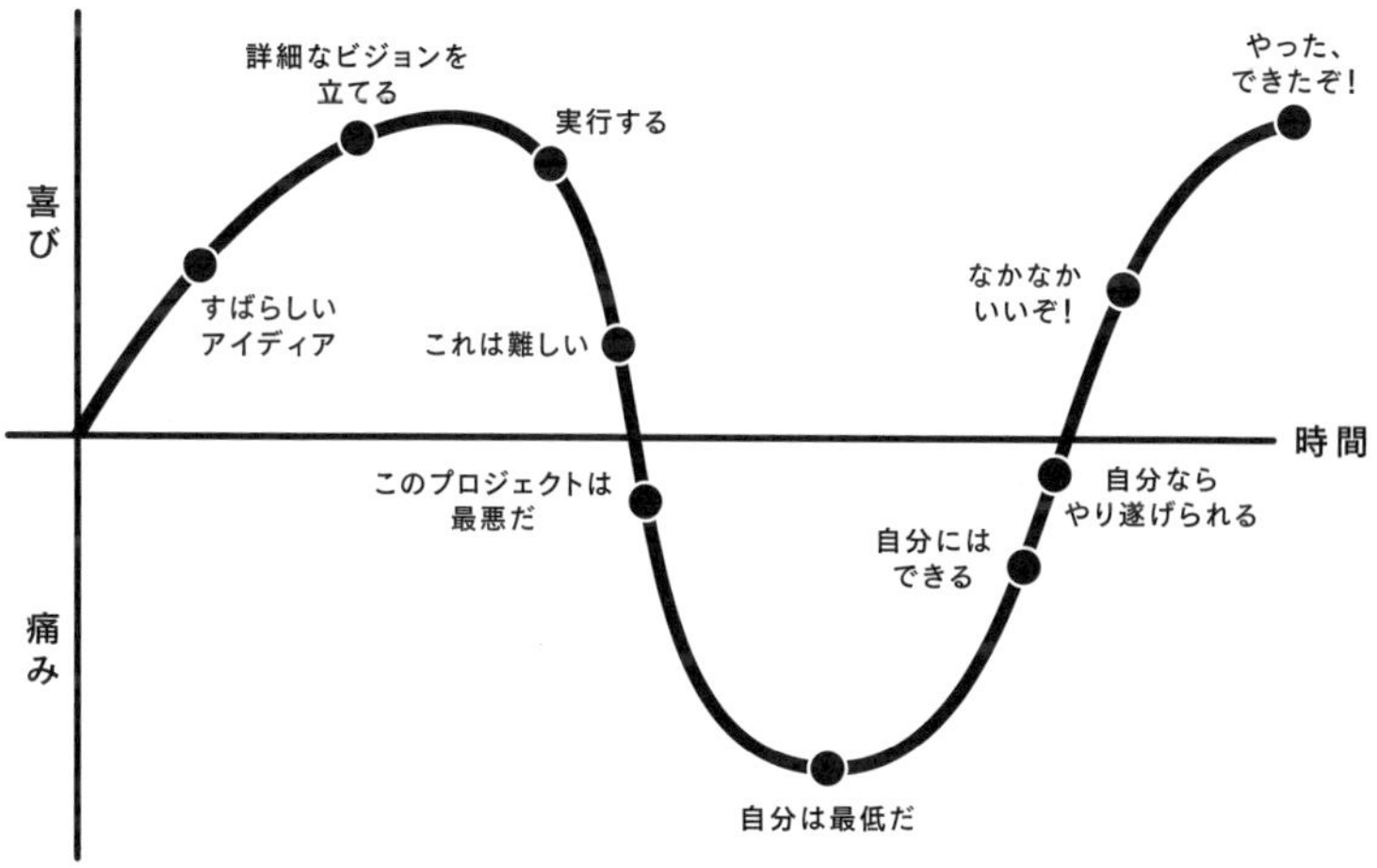

もっていないころのことだった。でも、そんなことはいっさい気にしなかった。門番から許可をもらうのを待っていたら、ぼくはいまだに門前で待っていたことだろう。

クレジットカードでためたマイルを使って現地に飛び、レンタカーの中や友だちの家で寝泊まりし、値引きしてもらうためにまとめてフィルムを買ったり、使用期限の過ぎたフィルムを買ったりした。夢に近づくためなら何だってやった。

フォトグラファーは写真を撮る。プロのフォトグラファーは写真を売る。ぼくはプロになりたかったので、何度も挑戦した。スキーの世界大会、オリンピックの予選大会、レッドブル主催のコンテストなど、行ける競技会には何だって行った。そして、そこで写真を撮っては雑誌に売り込んだ。そうこうしているうちに、突然——いま振り返ると、突然ではなかったのかもしれないが——ぼくの写真が、使える予算も十分にもっていて定評のある人気プロフォトグラファーや報道関係者の写真に並んで掲載されるようになった。彼らの写真は表紙を飾っていて、ぼくの写真はずっとページをめくっていった78ページあたり。けれども写真の横にぼくの名前が書いてあったことが功を奏して、少しずつうまくいきはじめた。

なぜ、うまくいきはじめたかって？　**つねに行動していたから**だ。

どうやって障壁を乗り越えようかと考えているだけではだめだ。ただ机の前に座って、のし上がるためのずる賢い、あっと驚くような方法を考えているようなことはなかった。ぼくのすべてが変わったのは、自分の心や直感が訴えるままに何度も何度も現場に出向いたからだ。そこへ行ったってお前の仕事はないぞ、と頭ではわかっていたけれども。何ができるだろうかと思い悩んでいたぼくが実際にフォトグラファーになれたのは、どんなに小さくても、完璧でなくても、何度もやってみたからだ。

ひとつひとつの行動が、次へのはずみとなる。ぼくはアクション・スポーツでやっていこうと決め、交流会があれば顔を出し、プロが集まる会議やパーティにも出向いた。誰かに頼まれれば、言われたとおりに写真を撮った。写真を撮りながらたくさんの質問を浴びせて、どうやってこの業界に食い込んでいけばいいかを学んだ。ぼくは夢中だった。精力的に行動した。そうやって努力していたある日、どうにか自分で道を切り拓いてきたことに気づいた。これでもう障壁は乗り越えられたんだと思った。

誰も見ていないときにやる仕事が、もっとも大事な仕事だ。プロはプロになる前からプロらしくふるまうものだ。成功する人というのは——成功の定義は人によるけれども——誰にも認めてもらえなくても、許可されなくても、称賛されなくても、現場に出ていって行動するのをいとわない人だ。

創れるようになるまで自分に言い訳をしつづけるのはやめよう。創れるようになるまでとにかく創ることが大切だ。

## マンネリから抜け出す方法

フローとは、創造性が活発になっている状態であることを思い出してほしい。最高の作品を生み出すには、フロー状態に入り、できるだけそれを長く保つ必要がある。残念ながら、簡単にフロー状態に入れるようなスイッチはない。あったらいいのに！ ステップ2でもお伝えしたとおり、フローに入りやすくしたりその状態を長く保ったりするのに役立つ方法はあるが、クリエイターであるからには、フロー状態であってもなくても、作品に取りかからなくてはならない。けれども、粘り強さが足りないと、結局いつもと同じような作品になり、行きづまってしまう。

クリエイティブにおけるマンネリは、フィンガートラップに似ている。フィンガートラップとは籐でできたチューブのことで、そこに入れた指を引き抜こうとすればするほどきつく締まってしまうのだが、指先を合わせると簡単にとれる仕組みになっている。マンネリから抜け出そうとすればするほど、はまってしまうのと同じだ。

「どうもプロジェクトがうまく進まない。きっとぼくには才能がないんだ。他の授業をとってスキルを磨いたほうがいいかもしれない。あるいは、数週間ほど休んで、インスピレーシヨンが湧くのを待っていようか」

あなたも、こんな風に思ったことがあるのではないだろうか。作品創りがストップしてしまうと、誰でもそう思う。この罠から抜け出すにはリラックスすることだ。歩いているうちに道は変わっていく。動かなければ方向も変えられない。

初期のころ、ぼくの写真もマンネリに陥った。成功もしたし、作品を見る目もあると自分で思っていたけれど、突然不安になった。ぼくが試してきた媒体は写真だけだ。たしかに、写真を撮るコツはつかめているけれど、写真がぼくの最大かつ最終的な目的地でなかったとしたら？　何年も写真の世界でやっていった挙句に、ぼくに最も向いているのが木炭画だとわかったらどうしよう。もしかしたら刺繍なんてこともありえる。やってみなければ、それもわからないのでは？（これはマンネリに陥った人の典型的な思考だ）

ひょっとすると、仕事をやめて、数週間、数カ月、あるいは残りの人生ずっと、ぼくに本当に向いているものは何なのかといつまでも考えていたかもしれない。幸い、ぼくは頭で考えるよりも行動することを選び、友だちから油絵を習った。油絵は写真とよく似ているので、やってみる価値があると思ったのだ。そしてそのとおりだった。絵を描くことでぼくは多くのことを学んだ。実用的な面でいえば、油絵具で絵を描くことで光と影をどう描き出すのかを学ぶことができ、そこで学んだことをぼくはいまでも写真に生かしている。もっと大きな意味でいえば、そうやって油絵をやってみたのはほんの一時だったけれども、ぼくが本当にやりたいことは絵を描くことではないと、すぐにはっきりとわかったことも収穫だった。ぼくの直感がそう言って、それをぼくはきちんと聞いたのだ。

もし写真をあきらめて油絵でやっていくことにしていたら、どうなっただろう。失敗しただろうか。そんなことはないだろう。ただ、それはぼくが本当にそうすることを望んでいたらの話だ。それこそがぼくの進む道であったらの話だ。さまざまなことを試してみるときは、本当の自分を見失わないようにしなければいけない。オーディションに100回行っても合格できず、本当は裏方の仕事がしたかったのだと気づいてキャスティング・エージェントになったなら、それは失敗ではない。次の目標に向かって自分の道を広げることに成功したということだ。

とにかく、油絵はぼくのやりたいことではなかった。そこで次はアクリル画をやってみることにした。アクリル画は油絵よりも早く絵の具が乾くし、ごまかしもきかない。ぼくが写真で気に入っているところは即時性なので、ある意味、写真に少し似ているからアクリル画をやってみたという面もあった。ぼくは直感にしたがってアクリル画にも集中して取り組んでみた。アクリル画からも写真に生かせる有意義なことを学ぶことができたが、やはりアクリル画も自分が傾倒したいものではないとはっきりわかった。そしてぼくは創造力のはけ口として最初に出会った写真のところに戻り、「やあ、やっぱり戻ってきたよ」と言うことになったわけだ。それからは、自分の選択に疑問をもったことはない。

ただじっと座って、油絵をやるべきか、アクリル画をやるべきか、写真をやるべきかと考えていても何の解決にもならないということを知るのが大切だ。行動することで、最も自分にあった場所を見つけることができる。

迷いから抜け出せないなら、まずは行動し、環境を変え、次は何をしてみるか考えて書き出してみよう。そうしているうちに、またフロー状態に入れる。

あなたの創造性を阻んでいるものが何にせよ、たくさんのものをつくることが一番だ。**もっとたくさん作品を創ること**。必要なのは**行動**だ。

デイヴィッド・ベイルズ、テッド・オーランドの著書『アーティストのためのハンドブック――制作につきまとう不安との付き合い方』（フィルムアート社）の中に、どこで起こった話なのかはわからないが、こんな話が載っている。

ある陶芸の先生がクラスをふたつのグループに分けた。グループAは作品の質で評価されることになっており、生徒たちはひとつの壺を先生に提出して評価を受ける。グループBは量で評価されることになっており、生徒たちはその学期中に創ったものの重さで評価される。重い方がいい評価をもらえる。

ここまで読んだところで、この後の展開はきっとわかるだろう。グループAの生徒は作品を提出することにとらわれすぎて、1学期間かけてもほんの少ししか作品を創ることができなかった。そのほとんどは面白味のない、ありきたりで**無難な**作品だった。頭で創った作品だった。これに対して、グループBの生徒たちはたくさんの作品を創った。評価されることや期待されることなどいっさい気にせず、たくさんの作品を創り、しかもその作品は質が高く、魅力あふれる作品だった。考えるよりも行動することを優先した結果だ。

この本の最初のほうで、スキルを磨きたければ作品の量を増やしたほうがいいこと、そしてそれは自分のスタイルを見つけるのにも役立つことであると書いた。アウトプットの量を増やすと、創造するためのプロセスを形づくることができる。そうすれば、何かを始めたばかりのころ、思ったような作品が創れないときに感じてしまうストレスや不安を軽減することができる。自分らしいスタイルを見つけるためにしなければならない冒険を、何度もやってみようという気持ちにさせてくれる。もう一度言う。行動あるのみ。考えるのではなく、実際にやってみることが勝利につながる。

## 作品を完成させることが大切

意識というのは、つねに自分を批判的に見ているものだ。作品を創っているときに意識に頼りすぎていると作業が進まなくなる。だから、シンプルな、何回も繰り返し行うことができるプロセスをたどることが必要だ。

**1日目**――ひとつ、作品を完成させる（小説、写真、実用最低限の商品など、何でもいい）。それに対してはいっさいの評価をしない。ただ作品を完成させる。手早くうまく創ろう。

**2日目**――前日の作品にもう一度取り組む。新しいドラフトを書いてもいいし、古いものをアップデートしてもいい。写真を現像してそれを修正してもいいし、前日書いた詩を推敲してもいい。前日の作品をベースに、よりいいものを創ろう。

**3日目**――2日目と同じことを繰り返す。

**4日目**――3日目と同じことを繰り返す。

**5日目**――これでもう十分いい作品になったとみなし、次の作品に取りかかる。完璧ではないし、理想的でもないが、ひどいものではない。実際、かなりいいものに仕上がっているのではないだろうか。世間に出してもいいくらいに。

作品を創り終えると、この作品はどうなるだろうかと考えを巡らせることだろう。門番のことは忘れよう。お金のことも忘れよう。他の人がどう思うかも忘れよう。どうせ誰も気にしない。それはそれでいいのだ。

特に最初のころは、自分のできることをやろう。自分ができる行動をして、それを繰り返そう。この段階では、賞をとることが目標ではない。自分でコントロールできるような行動をとれるようになるのが目標だ。雑誌に写真を提供するのを目指そう。だが、次の号で表紙に使われるかどうかはどうでもいい。インスタグラムに写真をアップするのを目指そう。「いいね」の数はどうでもいい。絵に署名するのを目指そう。それが美術館に飾られるかどうかはどうでもいい。作品をもっといいものにする方法については、ステップ4で触れる。とにかくいまは、自分の作品を磨きつづけること。

考えるのをやめて、行動しよう。結果はどうでもいい。ステップ1では自分の将来について想像してもらった。ステップ2ではそのために必要な習慣をつくってもらった。さあ、今度はその計画を信じて前に踏み出すときだ。立ち止まっていてはだめだ。頭で考えずにまず行動しよう。

# 第8章　学びつづける

YOUniversity

**人は思っていたよりも多くのことを――ときにはずっと多くのことを――やったり、変えたり、学んだりすることができる。可能性は私たちの周りにあるありふれた日常の中に潜んでいる。**

**――バーバラ・オークリー**

創造的な作品を生み出すにはつねに学ぶことが必要だ。やり方をよく知れば知るほど、いい作品が創れるし、作品に対する理解が深まれば深まるほど、作品はより豊かで面白味のあるものになる。つまり、メタスキル（スキルを学ぶためのスキル）を習得しなければならないということだ。シンプルに聞こえるけれども、これは大きなテーマだ。最高の作品を創るためには学ぶ方法を学ばなくてはならない。

学ぶことは人生のあらゆる事柄において基礎となるものだ。その分野で意味のある存在でありつづけるためには学ばなくてはならない。必要とされるスキルは時とともに変わっていく。それはまた、コミュニティの中でどうやって成長していくか、自分の作品にどれだけ向き合いつづけられるか、ということでもある。世界じゅうの成功したクリエイターのほとんどは、つねに学んでいるからこそ成功しているのだ。

学校に通うという幸運に恵まれた人にとって、学校は学ぶことのできる貴重なところだし大切な機会でもある。より複雑なアイディアを理解するための鍵を教えてくれるし、他の人の考え方を知ることもできる。

だが、残念なことに、多くの人にとって学校は仕事を得るために我慢して通うところになってしまった。学校はインスピレーションを得たり、成長を促してくれたり、さまざまな考え方を学べたりする豊かな環境ではなく、社会の慣習を教えることを目的とした檻のようだと感じる人もいるだろう。ぼくらは授業に出て、これからの人生を歩んでいくために必要な学歴を得ようと、なんとか卒業まで頑張る――一生勉強という考え方とは正反対だ。

ぼく自身は、自分の心の声に従ってフォトグラファーになると決めてから、やっと勉強というものに対する考え方が変わった。突然、なんとしても達成したい目標ができたのだ。ぼくのビジョンを実現するためには、知識とスキルが必要だった。けれども、プロのフォトグラファーになるために、どんな知識が必要なのかも知らなかった。どこから手をつけていいのかすらわからなかった。

高等教育や専門教育の世界では、学ぶことの意味を教えられる。けれども、幼稚園から高校卒業までは、本当の意味での学習は行われていない。ほとんどの人は、受けなければならない授業に出て、期末試験に合格するために読んだり聞いたりしたことを覚えようと必死になるが、試験が終わればそれも忘れてしまい、次の学期にはまた最初から始めなければならなかったりする。先生たちもそんな教育をしたくはないだろうが、現実はそんなものだ。

何か目的があって学ぶときや、学んだ知識を使ってかなえたい目標があるとき、何をどう学ぶかはとても重要だ。A地点からB地点にどうやって行けばいいだろうか。フィルムの現像を知らない人は、現像の仕方をどうやって学べばいいだろうか。

メタスキルを学ばなければ、どうやって学べばいいかもわからず、学ぶことすら怖いと感じてしまうだろう。学習の方法がわからなければ、どこへ向かえばいいのかわからなくなってしまう。ぼくもさんざん迷ってきた。

学ぶためのプログラムも、教えてくれるメンターもいないまま、独学で写真を学ぶのは大変だった。学んでも行きづまることばかりだったし、かと思えば突然、成長が感じられるときもあった。それでも、学校の勉強よりもはるかに自由で意味のある学びだった。何をどうやって学べばいいのか、教えてくれる人は誰もいない。教科書に沿って誰かに何かの教科について教えてもらうのではなく、自分で撮りたいと思ったものを撮ればよかった。撮るたびに新しいテクニックを学んだ。何も学べることがなかったときは、まるでパズルを解くように失敗の原因を考え、すでに絶版になっている写真に関する本を図書館で調べ、地元のカメラ店にいる店員に手あたり次第に訊いてみたり、何が悪かったのかわかるまで何度も実験を繰り返したりした。

そうやって小さなことをコツコツとやっているうちに、わからなかったことが次第にわかるようになっていった。小さな失敗をしたおかげで自分がどんなテクニックを学ばなければならないかわかったし、作品を深める機会にもなった。

そうやって次第に自分なりの学びの形ができていった。まだ知らないことはたくさんあったけれど、これから成長しなくてはいけない点もなんとなく見えてきたし、一歩一歩着実に進んでいかなくてはならないこともわかるようになった。そして、ぼくは独学の計画を立て、自分が選んだ専門分野に必要な撮影技術の習得にじっくり取り組んだ。

本とビデオを参考にしながら、自分で計画して練習を重ね、現地に赴いて経験を積むというやり方のおかげで、ぼくは一気に成長した。学校のような環境だったら、ここまで早くレベルアップすることはできなかっただろう。まったく成長できていなかったと思う。

創造的な活動をしている何百人という人々や、世界でも有数のパフォーマーたちの話を聞く機会がよくあるので、彼らがキャリアを築いてくるなかで、どうやってうまく学んできたのかを訊ねたりしている。それでわかったのは、アスリートにしろ、ミュージシャンにしろ、起業家にしろ、プログラマーにしろ、彼らはみなほとんど同じような学び方をしてきている、ということだった。

大きな成功をつかんできた人のほとんどは、自分で自分の学ぶものを決めている。学校を卒業するためにやらなければならないことをやりつつ、自分が選んだ分野のことをマスターするために全身全霊で取り組み、外部でコーチについたりトレーニングを積んだりしている。そうやって学ぶことで、仲間よりも高いレベルの成功をつかみ取ろうという意欲も湧いてくる。

さらに注目したいのは、どんなにプロとして成功して富と名声を得ようと、彼らはけっして学ぶのをやめないということだ。学ぶことをやめるのは、優れたパフォーマーにとっては愚の骨頂。学ぶのをやめるだなんてとんでもない。学んできたからこそ彼らは成功したのだ。さらに学べばさらに成功できる。学びつづけよう！

人間なら誰しも心の奥底に好奇心があるものだが、ほとんどの人はその好奇心を呼び覚ますことなく生きている。実際、従来の教育モデルは好奇心を抑え込むようなものだ。だから、ときが来れば、ぼくたちは教科書を閉じて普通の仕事をするようになる――〝普通〟がどんな意味にせよ。

悲しいことに、いまの教育システムは50年前と同じように生きて仕事をすることを前提につくられていて、創造性や個性などというものは破壊的で役に立たないものだとされている。どんなに退屈で非論理的な授業でも、静かに座って指示に従うのがいいとされている。質問をするのは生産ラインの効率を下げてしまうようなもの。ただ年号を覚え、テストの日にそれを書き出し、必ずＨＢの鉛筆を使う。すべての学校がそうではないかもしれないが、いまでもこんな学校は多く残っている。

ぼくが独学で写真を学んだときの経験をブログに書き、自分が学んだことや失敗したことを周りに公開すると、写真や自己発見や独学に興味のあるファンが増えはじめた。

プロとしてのキャリアを積むにつれ、大きくなっていくこのコミュニティの存在とその必要性を、ぼくは感じるようになっていった。好奇心や情熱をもっている人は世の中にたくさんいる。眠らないようになんとか耐え、みんなでカンニングをしたりして、いい成績をとることしか考えていなかった高校のときとはまるで違う。純粋な学びだ。ぼくがブログに書いていたのは写真のことばかりだったけれども、大きな意味で言えば、フリーランスのクリエイターとしての挑戦の日々の記録ともいえる。ぼくの周りだけではなく、知識に飢えた人は至るところにいるのだということがよくわかった。

## 新しい知識、新しい挑戦

中世の時代、教育の仕方は情報伝達の手段の変化に応じて変わっていった。当時、大切な情報をある人からある人へと伝えるにはどうしていたのだろうか。ふたつの方法があった。顔を合わせて伝える方法と、文字で伝える方法だ。

顔を合わせて伝えるには、みんなが同じ場所にいなければならない。本という形ならばどこへでも持ち運ぶことができるが、グーテンベルクが活版印刷技術を発明する以前は、本はまだあまりないうえに非常に高価なもので、一冊ずつ熟練の職人が手書きをするというとても骨の折れるものだった。たとえば鍛冶などの技能は親から子へ、親方から見習いへと伝えることができた。そういったわけで、高度な学習や研究は、本や専門家や生徒たちが一カ所に集まって情報を交換しあえるように、たとえば村の中のどこかや、大学といったところで行われるようになったのだ。

いまでは学習するときの伝達の問題は解決されているといっていい。デバイスをつなげば、誰でも知識を得ることができるし、門番の許可さえもらえば、決まった時間に特定の場所に行って、高いお金を払わなくても活躍中の専門家から直接学ぶことができる。

だが、今日の学習者たちは新たな難問にぶつかっている。**そもそも自分が何をしたいのかがわからない**という問題だ。仕事の選択肢は従来よりも幅広くなったし、ぼくたちが学校へ通っていたときにはなかったような仕事も存在している。消防士でもプログラマーでも、会計士でもユーチューバーでも、獣医でもハンドメイド作品を〈エッツィ〉に出品する人でも、好きなように仕事を選べばいい。さまざまな選択肢があり、さまざまなスキルやキャリアやクリエイティブな道があるので、何を追求していくかをまずは決めなくてはならない。

ぼくが出会った多くの若者は、いくつものことを同時にやりたいと言っていた。ウェブサイトのつくり方を学びたい、YouTubeチャンネルで作曲の仕方を学びたい、副業のウェブサイトへのアクセス数を伸ばすためのキャッチコピーのつくり方を学びたい……。これは新しい傾向だ。ぼくが育った時分や、大人になってから写真を学んでいるときは、何かを学ぶことは弱さともろさを露呈するようなものだと考えられていた。学ぶ必要があるということは、それを知らないということだからだ。そこには恥ずかしさがあった。だから、みんな周りには言わないようにしていた。「おいおい、フォトグラファーなのに、どうしていまだに〈フォトショップ〉の講座なんか受けてるんだ？ 自分の仕事がまだよくわかっていないのかい？」とでも言われそうだから。

だが、それから時が経ち、学ぶ意欲をもっていることは弱さではなく強さの証となった。選択肢は無数にある。ぼくたちはこれまでずっと、できることには**かぎりがある**、夢を追い求めることなんて**できない**と言われてきたのに、インターネットが登場したことで、それがすべて嘘だとわかってしまった。ソーシャルフィードを見てみるといい。毎日、さまざまな人が自分の情熱の赴くままに難しいことにチャレンジして見事に成功している。集中して取り組めばどんなことも可能になるという、新しい黄金時代の到来だ。互いにつながることで無限の可能性への扉が開き、その可能性を追い求めるための知識を得ることができる。

こういう時代にあって大変なのは、どの夢を追いかけるべきか決めること、そしてそのために必要なエネルギーを養ってそれに注ぐことだ。インターネットのおかげで世界じゅうの図書館にアクセスすることができるようにはなった一方、たとえば〈ワールド・オブ・ウォークラフト〉などのオンラインゲームにアクセスすることもできるようになった。知識を無限に手に入れられるようになったと同時に、気を散らすものにも無限にアクセスできるようになってしまったのだ。

この本のステップ1とステップ2では、最初の障壁を乗り越える方法を書いた。きっといまのあなたは自分の夢を想像し、それを追い求めるための行動を設計できているはずだ。次は創造性を高め、目標に向かって行動を起こす番だ。行動あるのみ。

何かを始めるときは、まず動いてみることだ。実際にやってみたり、何時間やっていても苦にならないような好奇心で満たされないかぎり、本当に何かを学ぶことはできないと学校で教わった。ぼくはフォトグラファーだけれども、レンズの使い方や被写界深度について本で学ぶ**前に**、とにかく写真を撮りはじめた。経験で得た予備知識がないと、カメラ口径の設定によって写真がどう変わるのかはわからないだろう。

さて、ここまでで、あなたは自分が何をしたいのかを見極めて、実際に行動を始めていることだろう。次はスキルを学ぶためのスキル（メタスキル）を身につけよう。ある意味、これはいちばん大切なスキルだ。最もいい学び方がわかれば、そして専門知識を自分で学ぶ方法がわかれば、これからの人生で何かを学ぶときに直面する難題の解決に、そのメタスキルを使うことができるはずだ。

この先、思ったとおりにうまくいかないことが何かあったら、〝自分大学〟に入って、自分でその学期に学ぶことを計画し、情報を管理し、〝あなたが直面した問題〟についての博士号を自分で自分に与えよう。これを何回か繰り返していれば、次に何か学ぶときに難題にぶつかっても、ひるまないようになるだろう。あなたの力になる。しかも楽しい。これが高いパフォーマンス力をもっている人の秘訣だ。いま、どの段階からスタートするにせよ、学べないことなどひとつもない。

たとえば、赤ん坊が歩きはじめるときのことを考えてみよう。あなたの子どもがまだ歩けないとする。そのときあなたは肩をすくめて「おや、ぼくの子どもは歩けないのか。じゃあ、そりに乗せてやろう」とは言わないだろう。体に障害がないかぎり、子どもは自分のペースで歩き方を覚え、走り方を覚えていく。ハイハイから始まり、歩けるようになり、走れるようになる。何でもこれと同じだ。何だって学べる。人によってその道筋は違うかもしれないけれど。

考えられるほとんどのスキルについて同じことがいえる。必要なのは、いま学んでいることを本当にやりたいというモチベーションだけ。人間は学ぶ生き物だ。だが、学ぶ力を呼び覚ますためには目的が必要だ。あなたには目的があるだろうか。

# 学び方を学ぶ

学校でやるような勉強から脱却して、繰り返し行うことのできる学びのプロセスをつくれば、無限の可能性が開ける。それには何から始めたらいいだろう。世界の第一線で活躍しているパフォーマーたちの学ぶプロセスを分析してみると、あるパターンが見えてくる。ここでは学びのプロセスを3つの段階――個人における学び、社会における学び、実践しながらの学び――に分けて説明しよう。学びたいものが料理でも、ピアノでも、ウェブサイトへのアクセス数を伸ばすためのキャッチコピーのつくり方でも、このパターンを応用することができる。

## 個人における学び

この段階で、ぼくたちは自分の欲求、ニーズ、強み、モチベーションに気づいていく。そのときに大切なのは次の3つだ。

**・好奇心の湧くものをやる**　何を知っているべきか、何をできるようになるべきか、ということにとらわれなくていい。何を学ぶのか——何を学ばないのか——を自分で決めることが、まず始めにやらなくてはならない大切なことだ。あなたが本当に興味をもっていることとは何だろう。学習には多くの時間とエネルギーを費やさなければならない。

あなたがやっていて本当にわくわくすることは何だろう。全身全霊で取り組めることは？　人生という旅において学ばなくてはならないことが出てきても、どうも好奇心が湧かないときは、別に学ばなくてもいい。自分がわくわくするようなもののために余力を残しておいて、それは誰か他の人にやってもらうとか、残りを誰かに引き受けてもらったりすればいい。自分が本当に知りたいものは何かをはっきりさせておこう。すべてを学ぶ必要はない。

**・とにかくやってみる。そしてそれを楽しむ**　とにかく始めよう。道具をもって作品に取り組もう。失敗したって大丈夫。誰だって最初はひどいものだ。

ぼくがフランス語を習いはじめたとき、フランス語を教えてくれていた友だちはぼくを座らせて、いきなりフランス語で話しかけてきた。ぼくが知っている単語は5つしかなかったけれど、そんなことはお構いなしだ。ぼくは5つの単語を使ってなんとか話そうとし、友だちの話のなかでその5つの単語をなんとか聞き取ろうと四苦八苦した。すると、ぼくの脳の新しい部分が活性化されていった。そして、アクセントなら真似することができると気づいた。意味はわからないけれども、音だけは真似することができた。

初めて写真を撮ったときも、出来映えはひどいものだった。それでもそのプロセスがとても楽しかったし、きっと自分はうまく撮れるようになるという自信があった。行動することでぼくは学びつづけ、学ぶことで関心をもちつづけることができた。好循環が生まれたわけだ。いきなり新しい世界に飛び込んでみるのも悪くない。

**・インスピレーションを大切にする**　何かを試しにやってみると、少し奇異な感じがするものだ。それでも、ひょっとすると、その大胆な筆づかいがキャンバスに面白い絵を描き出すことがあるかもしれない。〈フォトショップ〉で編集したものが、意外にいい作品になるかもしれない。すると、そのときあなたはこう思う。なぜうまくいったのだろう、と。そして、そこから要因を考えはじめる。

はっきりとした答えはわからないままでもいい。ただ、それをきっかけに、その技術を身につけられたりする。思いつきや遊び心で新しいスキルを試してみるようにしていれば、小さな発見がたくさんあるはずだ。

## 社会における学び

この段階では、個人で学んでいるときに抱いた疑問の答えを得るために、外部のソースから学ぶ。次のようなものが役に立つ。

**・さまざまなコンテンツ**　あなたが何かをしたときに、思いがけないことが起きたとする。それはなぜだろう。その根底にあるメカニズムとは？　こういうとき、ぼくはいつも本を調べることにしている。いまでは、YouTube、学習アプリ、オンライン学習、〈クリエイティブ・ライブ〉などのプラットフォームのコンテンツを見て調べることもできる。

本を読んでいるだけでは、撮影現場を取り仕切るという経験はできない。「モデルに左手を3インチ上げてもらうように言って」などという場面は本ではわからない。けれども、プロのフォトグラファーの仕事ぶりを1分間映した動画を見ていれば、それも学ぶことができる。熟練の人が作業しているところを見ることほど、役に立つことはない。これこそ、新しい形の大学と言っていいだろう。

だが、ただそうした動画を大量に見ればいいというものではない。実際に経験したときに疑問に思ったことを念頭に置きながら、そうした動画を見なければならない。そうすれば「ビギナー向け、中級者向け、上級者向け」とレベル別にされた教材を見るよりも、はるかに有効に新しい情報源から学びを得ることができる。好奇心とインスピレーションに従って、道を切り拓いていこう。

**・コミュニティ**　同じスキルを学んでいる人を探そう。そうすれば、自分が学んだことについて話せる仲間ができるし、一緒に練習を積むこともできる。オンラインでも面と向かってでもいいのでコミュニティとつながれば、学習の効果が上がる。また、そうすることでさまざまな考え方に触れることができ、いま学んでいるものに対する見方もより豊かになる。新しく身につけたスキルがどうも気に入らないというときも、コミュニティとつながることで状況が変わってくることもある。情熱は人から人へ伝染するものだ。

**・インストラクター**　もしできれば、インストラクターを見つけよう。しばらく自分でさまざまなことを試したあとに、コミュニティで人と会ってさらに成長したいまなら、いいインストラクターについて学ぶ準備ができている。そうすれば、あなた自身も教える立場の人に近づくことができるだろう。

インストラクターはひとりでなくてはいけないということはない。専門分野の違うインストラクターや、異なる見解をもつインストラクターが何人かいる小さな組織を利用してもいい。一対一の授業は高い。だから、他のステップを踏んでからやるべきだ。自分の必要性、興味、課題を理解するために学ぶのだということを忘れてはいけない。「いつもこうなるのは、なぜなのだろう?」それを理解するためだ。一対一の授業なら、あなたの疑問に答えてもらえる。

## 実践しながらの学び

実践段階では、何度も繰り返してやることでスキルを磨きあげよう。次のことが大切だ。

**・反復**　ほとんどのスキルには概念的な面と機械的な面とがある。たとえば撮影をマスターしようと思ったら、露出やシャッタースピードといった概念を理解しなければならない。加えて、自分が撮りたい写真を撮るためには、たくさんのつまみやボタンを素早く操作できるようにならなければいけない。振付師のトワイラ・サープがこんなことを言っている。「スキルは動くことで刻み込まれていく」

機械的な面におけるスキルは、基本を毎日練習しよう。カードを素早く見返すことでもいいし、包丁さばきの練習でもいい。世界じゅうのレシピを覚えたとしても、野菜のみじん切り、角切り、千切りができなければ、いいシェフにはなれない。

**・DEAR**　第2章で書いたDEARを覚えているだろうか。何かを学ぶときのプロセスなのだが、ぼくが撮影技術を短期間で身につけて業界で知られるようになったのは、この秘密の武器のおかげだ。人間というのは、模倣から学ぶようにできている。そこで、ぼくは尊敬するフォトグラファーの作品を真似ることにした。これは、誰か他の人のスタイルをそのままコピーするということとは違う。彼らのやり方を自分のやり方を模索するときの参考にするということだ。作家のジャック・ロンドンは、ラドヤード・キップリングの作品を何千ページ分も手で書き写して、ストーリーのニュアンスや文法や構文を学んだといわれている。

インスピレーションを得たければDEARを試してみることだ。まず、他の人のやり方を分析（Deconstruct）する。次に自分にはないものを模倣（Emulate）してみる。そのうえで、どれが自分に合っているか検討（Analyze）する。そして、よかったものを集めてつくった新しいやり方を繰り返す（Repeat）。

学習の成果は、パワーカーブと同じ曲線をたどる。つまり、初めは大きな進歩が見られるが、その後は緩やかな進歩となる。自分がやりたいことをやるには、どれほどの進歩があればいいだろうか。

個人的な目標を達成することができたら、それについてはもう学べたということになる。誰か他の人の基準に沿った知識を身につけても意味はない。人生は短いのだから、トレーディングカードを集めるようにすべてのスキルやサブスキルを身につけることはできない。フォトショップには何百万というツールがあるけれども、たいていの人はほんの一握りのツールさえあれば事足りる。どのツールが自分に向いているかは、先ほどあげたプロセスで確かめるしかない。

自分が必要とするレベルのスキルを身につければいいのだ。それが基本レベルでも問題ない。さあ、レースに出よう。こうやって学ぶことのいい点は、無限に成長できる可能性があるということだ。「この道具の使い方」を学ぶところから始まり「今日は6つも作品を創ったので、どれか差し上げますよ」というところまでいけば、学ぶためのメタスキルを身につけられたということだ。想像もしなかったペースで成長し、人生を変えていけるはずだ。

## 自分に合った学び方を知る

これまでに書いたプロセスを経れば、技能を身につけられるだけでなく、自分に最も合った学び方がわかるようになる。たとえば、ぼくは視覚で学ぶタイプだ。うんざりするほど視覚的だ。何かを考えるときは、自分の考えを紙に書き出して絵を描かなければうまくいかない。学校に通っているときにこのことを知っていれば、もう少し楽に過ごせたかもしれない。

ぼくは自分がそういうタイプだとわかってから、状況をうまくコントロールできるようになった。たとえば、グループでの議論についていくのが難しくなったときは、マーカーを持ってホワイトボードに書いていった。ホワイトボードがないときは、ノートを開いて聞いたことの要点を書き留めていき、自分に合った学び方ができるようにした。そうしたら、学習することが苦ではなくなった。

ぼくはまた、他の人とコラボすることで学ぶタイプだ。新しい概念を本で学んだら、そのアイディアを誰かにぶつけてみることで自分のものとすることができる。ひとりで静かに考えているよりも、はるかによくそのアイディアを吸収することができる。これはぼく独特のものだ。あなたにはあなたに合ったやり方があるだろうし、まだそれがわかっていないだけなのかもしれない。模索しているうちにわかってくるだろう。

自分のペースで新しいスキルを身につけていくにつれ、自分に合った学び方がわかるようになる。細部から始めて次第に大きなコンセプトへと学びを広げていくのが好きなタイプなのか。それとも、事実や数字よりも〝あるべき姿〟を最初にイメージしておきたいタイプなのか。それは、あなた自身でみつけるしかない。すぐにわからなかったとしても、それはあなたがいけないとか、あなたに必要な才能がないとかいうわけではない。他のやり方を試してみる必要があるというだけだ。

従来の学校は融通がきかなすぎる。いろいろな学習スタイルを認めてはくれない。教師の好みの教え方に沿って学ばなくてはならず、その逆はない。結局、工場で働きはじめたら、好きな学び方などできないのだから、とでもいうわけなのだろう。システムに自分を合わせるしかない。幸いなことに〝そのやり方を受け入れられないなら学校を辞めるしかない〟という伝統的な教育の時代は終わりをむかえつつあり、新しい考え方が定着しつつある。

この柔軟性がぼくに大きな変化をもたらした。新しいものにチャレンジするとき、ぼくは意外な方向からアプローチをして、ちょっとひねりを加えたりするのが好きなのだ。そのほうがわくわくして取り組みやすくなる。たとえば、ハッセルブラッドの中判カメラの使い方を学ぶことにしたときは、アクション・スポーツの写真を撮るときにすぐに使った。周りの人は憤慨していた。中判カメラはスタジオで使うものなのに、こんな斜面にハッセルブラッドを持ち出すなんて、と。けれども、そうすることで、スタジオの中で撮影しているだけではけっして得られないような、たくさんの気づきがあった。

## 熟達するとはどういうことか

目標が何であれ、そこに向かって努力をするときには、スキルの有無が大きな違いをもたらす。特に、もっといい作品を創りたい、腕を磨きたいと思うときには、スキルが重要になってくる。成長するにはスキルが欠かせない。だが、スキルがあるからといってその道に熟達できるわけではない。

熟達と聞くと、そこまでの果てしない道のりを思って気が遠くなってしまうかもしれない。

何かに熟達するということは、あなたが学んだものすべてを、まるきり違うレベルへと押し上げることだけれども、それはあなたの手の届く範囲にある。熟達するとは、どの分野においても最高レベルのものができるようになるということで、あなたが研究し、分析し、真似したいと思うような人たちはその道に熟達した人である。少なくとも、彼らがどうやって熟達したのかは、知る価値がある。

熟達するために欠かせない基本的なものはスキルだが、スキルだけでは豊かさや奥深さを身につけることはできない。ある言語の基本的な語彙を知っていても、流暢に話せるかどうかはまた別の話、というのと同じだ。よく使うフレーズをいくつか知っていれば、休暇で外国に行ったときにはすばらしい冒険ができるだろう。楽しい旅ができれば十分、と思う人もいるだろう。

だが、流暢に話せるようになれば、自分の才覚で複雑な話題も人と話せるようになる。ある言語を自由に使いこなせるようになれば、新しい世界——友情、文化、伝統、歴史——への扉が開く。大切なのは、熟達という域があることを知ることと、どうやったら熟達できるのかを知っておくことだ。そうすれば、自分の欲求に従って熟達への道を進もうと決めたときに、その道に進むことができる。

武道を描いた映画を観たことのある人は、熟達にまつわる固定されたイメージに気づいたことだろう。熟達した人といえば、人里離れた森の中や山頂に住んでいる老人——なぜかいつも男性――というイメージだ。勉学や修行に励み、厳しい規律の中で過ごしたのち、彼は一連のスキルを完全に習得する。そうした努力の見返りは何かあるのだろうか。さて、熟練の老人が才能にあふれた徒弟に貴重な稽古を授けたあと、長年のライバルが現れて老人を殺してしまう。徒弟は復讐を誓う……。

これは間違ったイメージだ。何かに熟達すること自体は目的ではない。熟達するとはあくまで副次的なものだ。

実際、たとえば空手などの武道を稽古している人なら、有段者が締める黒帯は修行の終わりや完結を意味するものではないことを知っているだろう。むしろ、まったく新しい学びの道への第一歩なのだ。もう一度白帯に戻ったようなもの。武道では誰であろうと、どんな級位であろうと、学ぶときはつねに初心を忘れてはならないとされる。ここが終点だと思ってしまうと成長が妨げられてしまうからだ。学びはどこまでも続く、成長するための基本的な人生のプロセスで、その点は創造性と同じであり、密接に関わってもいる。

ぼくがここで「熟達」と言っているのは、すべてを知っているとか、その材料の扱い方を知っているとかいう意味ではない。自分が何を知っていて何を知らないのかを知っているということだ。新たなものに取り組むときは、その分野で道を切り拓いていきながらメンタルマップ（あるべき姿）を描いていかなくてはならないので難しい。

だが、いったん基本をマスターしてメンタルマップを描いてしまえば、まだすべてを知らなくても、すべてがどこへ向かっているのか、互いにどう結びついているのか、それはなぜなのかわかるようになる。すると、いままでより学びの速度が上がる。はずみ車が回りはじめる。

熟達した人たちはそれを知っている。そして、いま、あなたもわかったはずだ。

ひとつのことを深く学べば――前も後ろも、上から下まで、くまなく学べば――その学びの経験から熟達するとはどういうことか、何が必要なのか、どれほど価値のあることなのかがわかるようになる。

著名なクリエイターのなかには、いくつものことに秀でた人がいるのはなぜだろう。熟達が熟達を生むからだ。前にも書いたが、レディー・ガガのことを考えてみよう。彼女はニューヨーク大学のティッシュ・スクール・オブ・ジ・アートに通っていたころ、ステファニー・ジャーマノッタという本名で、ライブハウスなどで飛び入りで歌を歌ったりしていた。その後大学を中退した彼女は、マンハッタンのロウアー・イースト・サイドのナイトクラブでピアノを弾いていた。

それを何年か続けた後、自分の作品を完成させて幸運をつかみ――もちろん十分に経験を積んだ後――音楽業界で頭角を現し、数々の賞を受賞したり、悪名や名声を得たりした。次に、彼女はファッション業界でも同じように成功した。そして次は俳優として。彼女が挑戦をやめないかぎり、他の分野でもきっとまた名人の域に達することだろう。

名誉教授、歴史家であるネル・ペインターを見てみよう。彼女は著書『64歳の大学生（Old in Art School)』で、64歳でアート・スクールに入学したときのことを書いている。彼女は数カ月の間に（数年ではない）とてつもない進歩をとげた。年若い同級生たちよりもうんと速いペースだった。それができたのは、彼女が歴史家として大成したときと同じように、強い克己心をもって学んだからだ。彼女は歴史家として学んだときと同じように、画家として学んだ。分野は違うが、熟達するためのアプローチの仕方は基本的に同じなのである。

## すべてはあなた次第

誰もあなたを助けてはくれない。新しいスキルを学ぶときに専門家の力を借りるのは役に立つが、どんな専門家も学校も、あなたを育てたり導いたりしてくれるわけではないし、あなたのクリエイティブな夢を現実にしてくれるわけではない。あなたの道を歩いているのはあなただけ。何をどうするかはすべてあなた次第だ。これはなにも悪いことばかりではない。あなたの創造性は、あなた自身が望む人生を歩むための力を与えてくれる。

教育をとりまく環境は変わってきている。美術の修士号をもっていなくても、絵を描いたり、本を出版したり、脚本を書いたりできる。ベンチャーキャピタルに勤めている人はアイディアさえよければ、あるいはプログラミングさえできれば、どんな学校を出ていようと関係ない。いま最も活気のある新しい産業では、大学など出ていなくてもすばらしいキャリアを築くことができる。最先端の企業が求めるのは知識と才能と情熱であって、卒業証書ではない。

本、ブログ、講座、ポッドキャスト、オンラインセミナーなどは、以前よりはるかによくなり、安くなり、多様になっている。お金がないって？　大丈夫。〈クリエイティブ・ライブ〉では、数十もの分野で活躍する世界有数のインストラクターたちによる、何十億分にもわたる学習用の動画を見ることができる。ほかにも似たようなプラットフォームはたくさんある。こうした安価な学習素材は驚くほど価値があるが、やる気がなければ無駄に終わってしまうだけだ。

あなたがいまもっている基礎的な力、あなたに合った学び方、学習にかけられるお金と時間に応じて、自分で何をどう学ぶかを設計し、そのプログラムを進めていけば、あなたが目指している地点に行くことができる。そのための知識はそこらじゅうにあって、あなたに吸収されるのを待っている。

専門家の助けなどなくても大丈夫。学校に行く必要もたぶんないだろう。あなたに必要なのは、ただ創って、学んで、それを繰り返すことだ。

# 第9章 成功するには失敗せよ

You Must Fail To Succeed

**リスクをとってみたら、成功するときもあれば失敗するときもあるのだとわかるだろう。どちらも同じくらい大切な経験だ。**

**——エレン・デジェネレス**

「なんてこった。電話で起こされるなんて」

2012年4月9日の早朝のこと。ぼくの電話はいつまでも鳴りやまなかった。メールも後から後からやってくる。あるニュースのせいだった。その日、フェイスブックがインスタグラムをなんと10億ドルで買収したと、世界じゅうで報じられたのだ。従業員わずか十数人の創業2年の企業に10桁の数字の価値がつくとは、いったい誰が想像しただろう。

そんなテクノロジー業界のおとぎ話をひも解いてみると、ケヴィン・シストロムとマイク・クリーガーが創業したインスタグラムが短期間に成し遂げたことには、驚きを禁じ得ない。ぼくは激しい後悔に襲われた。事態が少し違っていたら、その日の見出しをにぎわせていたのは、ぼくの会社だったかもしれないのだ。

そう思ったのはぼくだけではなかったようだ。そのニュースが飛び込んできてからものの数分で、携帯に山のようなメールがきたのがその証拠だ。ラップトップを立ち上げると、そこにはもっと多くのメールや、ツイッター、ブログポストなどへの投稿があった。自分だったかもしれない、と思ったのはぼくだけではなかった。「ああ、インスタグラムのニュースを見たよ。たしかに、うちが買収されてもおかしくなかったな。ああ、大丈夫だ。本当に大丈夫」

当時は、友だちや従業員や同僚からのメッセージを一笑に付していたぼくだが、じつのところ、気持ちを落ち着かせるのに何カ月もかかった。もしかしたら起こっていたかもしれないことばかり考えていた。いくつかの小さなミスのせいで、10億ドルの取引への道が狂ってしまったのだろうか、と。

「アーモンドチョコレートを発明したのは自分なのに、そのアイディアをチョコ会社に盗まれた」と友だちのいとこが言っている、などという話はよく聞く。あるいは「iPhoneのアイディアはおれのものだ。なにしろ昔、ポストイットにそのアイディアを書き留めておいたことがある」と言っているおじさんがいるという人もいるだろう。だが、今回のぼくの話はそんなものとは違うと言っておこう。ぼくは実際に創り出したし、成功していたのだから。ただし初めは。

２００９年、iPhoneのアプリストアがまだ出来たばかりのころ、ぼくは写真共有アプリ

〈ベストカメラ〉をつくった。アップル社からも注目され、ワイアード誌が選ぶその年のベストアプリのひとつにも選出され、ニューヨーク・タイムズ紙やUSAトゥデイ紙でも紹介され、さらにマックワールド誌でも2009年のトップ・アプリに選出された。ぼくたちはインスタグラムよりも先に市場に打って出たのだ。いってみれば市場を開拓したようなものだ。写真共有アプリがどんなものなのか、まだよくわからない人ばかりだっただろうけれど、ダウンロード数は100万を超えた。

その後どうなったのか。なぜ〈ベストカメラ〉がたんなる副業で終わってしまったのか、きっとあなたは気になっていることだろう。

だが、ぼくがここで言いたいのはそんなことではない。この章でぼくが書きたいのは、うまくいかなかったものの話や、失敗を防ぐ方法ではない。うまくいくように手直しする方法でもない。システムも壊れていないし、あなたの作品もひどくはないし、あなた自身に問題もない、すべてうまくやっているのに、好機が訪れないということは往々にしてある。この章で書きたいのはミスを防ぐ方法ではない。逆にそういう態度は創造性をむしばんでしまう。ぼくがここであなたに伝えたいのは、回復力であり、立ち直る力であり、やり抜く力だ。

ぼくはかつてリチャード・ブランソンにこう言われたことがある。「好機とはバスのようなものだ。いつも次の好機が後からやってくる」。あなたがやらなければならないのは、次のバスに乗れるように準備をすること。乗り遅れたバスを追いかけることではない。そのバスはもう行ってしまったのだから。

逆境は必ず訪れる。特に情熱的に活動しているクリエイターならば。新しいものを生み出すときには失敗がつきものだ。ひとつひとつのミスにうろたえたり、自尊心を傷つけられたりしているようでは、成功するまで活動を続けることはできないだろう。そうではなく、クリエイティブな活動をしていくなかで、つまずいてしまったり、せっかくの機会を台無しにしてしまったり、大きな失敗をしてしまったりするところを、あらかじめ想像しておいて、それに慣れておくことが必要だ。

物理学者に訊いてみれば、システムを変えるには何年にもわたるたくさんの努力が必要だと答えることだろう。変えようと思っているシステムが産業に関わるものでも、プログラミングに関わるものでも、それを変えるには創造性が必要だ。

努力なくして才能は開花しない。そんなことは知ってるって？ 重力に抗うのは最も難しい。有人宇宙船スペースシップワンの後を受け継いだヴァージン・グループのスペースシップツーの勇敢な乗組員たちは、それをやってのけた。地球から脱出できるような宇宙速度に達するには、謙虚さと根気とロケット燃料が必要だ。それこそが、この章でぼくが伝えたいこと。勝つことだけではなく、その作業プロセスのすべてを楽しめるようになるにはどうしたらいいかを伝えたい。否定的な考えがもつ重力に抗う方法や、空になったあなたのタンクを燃料でいっぱいにする方法を伝えたい。

アイディアを形にするまでの創造的なプロセスにおいては、ミスをすることや、障壁にぶつかることや、大きな失敗をしてしまうことがきっとある。それをうまく乗り越えられるようになろう。うまい失敗の仕方をしようじゃないか。

国際舞台でぼくが失敗してしまった〈ベストカメラ〉にまつわる話をすることで、読者のみなさんが大きな失敗についての眼識を得てくれることはもちろんのこと、どんな失敗でも最初からやらないよりははるかにいいとわかってもらえれば、ぼくとしては嬉しい。努力をやめれば、成功も失敗もないのだ。

## 必要なものを自分でつくる

写真の世界でも他の分野でもそうだろうが、高価な機器は過大評価されていると思う。そもそも、写真とは何だろう。技術的なことは省いて考えてみよう。大事なのは画素数やラチチュードの広さではない。瞬間をとらえるということだ。1000分の1秒という一瞬の命の輝きを閉じ込めるということ。一枚の写真には3000語あっても語りきれないほどのストーリーがある。

一枚の写真のもつ力を思い、プロや熟練のアマチュアなら最も基本的なカメラでもいい写真が撮れることを思えば、技術など二の次だということがわかるだろう。ぼくが当時カメラ付き携帯電話でチャンピオンになれたのも、そういうことだ。

当時のぼくは、写真の可能性に夢中になっていた。そこでパームトレオのカメラを試してみた。機能は限定的だし30万画素しかなかった。その後は200万画素の初代iPhoneを試してみた。どちらも機能は限定的だったけれども、ぼくは自分の将来がはっきり見通せた。大切なのはカメラのクオリティではないと思った。そんなものはすぐに変わっていくのだから。それよりも、どこでも、どんなときでも写真が撮れること、そのデバイスがインターネットとつながっていることが大事だと思った。当時は本当に楽しかった。ぼくはいろいろなカメラ付き携帯を試してみて、その結果を周りの人に話して回った。

いろいろなカメラを試してみて創造性を広げては、撮った写真をネットに投稿したが、初めはみんなから疎まれるだけだった。何か新しいことを始めるときはきまって、縄張りの問題にぶち当たるものだ。それでもぼくはやり続けた。2007年ごろ、ぼくが携帯で撮った写真がツイッターやフェイスブックで注目を集めた。技術が進歩したことで、ぼくがカメラ付き携帯で撮った写真と、プロ仕様のカメラで撮った写真を、ごく一般的な人が見分けることはますます難しくなっていた。

カメラ付き携帯の性能が急速に進歩していることはありがたかったけれども、撮った写真を他の人と共有するのに手間がかかることが、ぼくは苦痛だった。5つか6つの異なるアプリを使って画像を読み込み、編集し、それから投稿するしかなかったのだ。

このときまさに「必要なら自分でつくれ」という起業家精神が自分の中でむくむくと湧きあがった。個人的に困ることが出てきたことで、解決策を考えようと思ったのだ。「ぼくならこれを解決できるぞ！」と。

## アイディアを形にする

アップルが開発したばかりのアプリストアのおかげで、ソフトウェアのディベロッパーが自分のつくったソフトウェアを、iPhoneやiPadで売ることができるようになった。そこでぼくも、写真の読み込み、編集、共有がすべて可能なアプリを開発しようと決めた。頭の中では、いいカメラとはたんに技術的なスペックがいいもののことをいうのではなく、一生に一度きりのその瞬間を撮りそこねることのないように、いつでも持ち歩けるようなカメラのことだと考えていた。ベストなカメラとはいつも持ち歩けるカメラ。その考えから〈ベストカメラ〉というアプリが生まれた。

誰にこのアイディアを話しても、そんなコンセプトに価値はないと言われた。プリントするほどの価値もない200万画素の写真なんて、誰が撮りたいと思うんだ、と。携帯で撮った写真を共有するためのソーシャルネットワークだって？　ばかばかしい。

もしかすると、あなたならちょっと違った見方をしてくれたかもしれない。あなたなら熱心に応援してくれて、ぼくの新しいビジネスへの投資を考えてくれたかもしれない。新しいアイディアに抵抗するのは異常なことであって、もしそれが本当に疑いなくすばらしいものならば、道理のわかる人ならその価値をすぐに見抜いて応援するはずだ、という考えを、あなたなら広めてくれるかもしれない。

しかし、実際はその反対だ。よくても悪くても、はたまたおもしろくなくても、クリエイティブなアイディアはシステムを変えてしまうものだ。システムにとって、変化は脅威だ。システム、そしてそのシステムの一部であるぼくたちは、自分を守ろうとしてしまう。本当に新しいアイディアは、その変化の大きさに応じた抵抗を受けるものだ。ぼくの言っていることが信じられなければ、歴史の本を読んでみるといい。コンピュータから電球、印刷機にいたるまで、新しいものはつねに抵抗を受けてきた。だが、数年が経ち、そのアイディアによって世界がすっかり進歩すると、抵抗していたことが馬鹿みたいに思えるものだ。

19世紀の哲学者アルトゥル・ショーペンハウアーが「真実には3つの段階がある」と言ったが、それがこれにうまく当てはまる。まず馬鹿にされる。次に激しく反対される。そして最後に、わかりきったこととして受け入れられるようになる、という。初めて車が道路を走ったときは、きっと誰もが毛嫌いしたことだろう。いま思うとおかしな話だと思うが、要するにこういうことだ。あなたのアイディアを現実にしようとすると、どこかの時点で必ず、組織的な抵抗にあうということだ。

あなた自身もそんなシステムの一員だ。いってみれば、あなたは白血球のようなもので、新しいアイディアに対する世界の免疫反応の一部を担っている。つまり、写真業界がカメラ付き携帯で撮影することに抵抗するのと同じように、あなた自身が自分のアイディアに強く抵抗することもある。『成功までの長く険しい道のり（The Messy Middle）』の著者であるスコット・ベルスキーはこう警告している。

「チャンスというのは、一見しただけではチャンスとはわからないものだ」

だから、あなた自身や、周りの人の意見を早々に却下してはいけない。何のこだわりもなく相手の意見を聞けるようになろう。これは口で言うより難しい。あなたに抵抗しているのがあなた自身であれ、周りの世界であれ、**抵抗に打ち勝つことはクリエイティブなプロセスの一部**である。周りの人からの――あるいはあなた自身の――抵抗が大きければ大きいほど、未知の領域へと踏み込む可能性が高い。未知の世界についてぼくらが知っていることは、すばらしいチャンスが待っている、ということだけだ。

## やってみなければ失敗することすらできない

ぼくはアプリのつくり方を知らなかった。アイディアをいったん横に置いておいて、プログラミング教室に通うのもひとつの選択肢だったけれど、今回はプロに仕事を頼むべきだと思った。知識よりも行動を優先させることを学んだからだ。ぼくのアイディアを形にするのに、いまほどいいタイミングはないと思ったし、つくりたいもののイメージもはっきりしていた。もちろん、技術的なあれこれではなく、ユーザーに届けたい機能についてのアイディアだ。シアトルはテクノロジーの中心地なので、ぼくの弱みをカバーしてくれるような強みをもった協力者を地元で探すことにした。その人の弱みはぼくの強みでカバーすればいい(コラボレーションについては第10章で詳しく述べる)。

ぼくはあちこちに首を突っ込んで友だちにいい協力者がいないか訊ねてまわり、地元のディベロッパーのコミュニティともつながりをもった。6つほどのグループとミーティングをしたあと、ある友人が、ぼくのアイディアに興味があってそれを実現することができるという開発会社を紹介してくれた。これまでにいくつかのアプリを開発した実績もあって、そのうちの数個はまあまあの成功を収めていた。プロフェッショナルで、よく組織化された会社だ。しかも、ぼくのフォトスタジオから数ブロックしか離れていない。さらに、開発費用は将来の収入を折半する形でいいと言ってくれている。こんなにいい話は他にないだろう。

ネタバレになってしまうが、じつは、ぼくの失敗の種が蒔かれたのは、このときの契約条件だ。ビジネスやクリエイティブな活動にまつわる失敗には同じような話がよくある。無知だったり、熱中しすぎたり、世間知らずであることが原因で、最初の段階でミスをしてしまったり、図らずも賭けのようになってしまったりすると、そのプロジェクトはうまくいかなくなってしまうものだ。

だが、教訓を得られるなら失敗もまたよし、などと考えない人がほとんどだ。ほとんどのクリエイターや起業家は、自分のプロジェクトに取りかかる**前に**、これからやろうとすることをすべて自分で学び、細部まで徹底的に調べ、専門家に意見を訊いてまわろうとする。自分のアイディアを守るためには、そうするしかないと思っている。そうすればリスクを排除して仕事に取りかかれる、と。

だが、このやり方は、腕をグルグル回していればそのうち飛行機のように飛べるだろう、というのと同じで馬鹿げている。当時はアプリ開発という新しいビジネスモデルができたばかりだったことを考えると、あの契約も当時としては十分いいものだったといえる。ときには苦い経験もしなければ、教訓を得ることができない。

起こりそうな失敗すべてに備えておこうとすると、生き生きと力強くて切れ味の鋭かったアイディアも、嚙みくだきすぎて味気ないペースト状になったりすることが往々にしてある。準備することによってアイディアの活きの良さが失われてしまうと、やる気もなくなってしまう。アイディアを形にする前にあらゆる落とし穴に備えようとすると、実際に取りかかる前に、そのアイディアに魅力を感じなくなるか、結局はやめてしまうかのどちらかになる。

すばらしいアイディアのほとんどが実現しないのは、やってみる前からやめておけと自分に言い聞かせているからだ。あれこれ考える前に、もっといろいろなことをやってみよう。何もやらないより、何でもいいので何かしらやってみることが成長や好機につながる。

## 失敗にも価値がある

クリエイティブな仕事に逆境はつきものだ。逆境を完全に避けることはできない。実際に作品に取りかかりもしないうちから、問題を回避して創造プロセスを最適なものにしようとすればするほど、目標は遠くなり、実際に作品に取りかかれるのかどうかもわからなくなる。クリエイティブな活動をしていくなかで逆境に陥ったら、もちろんその場を立ち去ることはできる。

だが、立ち去るのが早すぎる人が多い。立ち去るのではなく、むしろ逆境に一歩足を踏み入れてみよう。どうやって？　行動することでだ。これからの人生で、失敗が待ち受けているかもしれないし、そうでないかもしれない。けれども、成長や好機や報いはその道を通ってこそ得られるもので、その道を回避していてはけっして得られない。

数カ月の作業の後、ディベロッパーとぼくの最高のチームは、〈ベストカメラ〉アプリのバージョン1を完成させた。比較的シンプルだが、すばらしい出来映えだった。ぼくが考えていたとおりの機能を備えていた。写真が撮れて、それを格好良く編集できて、画面を1回タップするだけでその写真を投稿できる。

ユーザー同士のインターフェースはシンプルだが強力だ。アップルのデスクトップのエコシステムで使われている、画面の下にアプリ一覧が出るコンセプトを拝借して、それを従来のカメラでいうところのフィルターのコンセプトと融合させた。つまり、カメラレンズにさまざまなガラスをつけることで、違った雰囲気の写真を撮れるようにしたわけだ。

２００９年9月、アプリストアで〈ベストカメラ〉がダウンロードできるようになった。ぼくはドキドキしていた。午前3時に思いついた〝ぼくだったら欲しい機能〟のアイディアが、実際に使える機能として出来上がったのだ。長い時間をかけて少しずつ広まっていくと思っていたのだが、72時間もしないうちに〈ベストカメラ〉のダウンロード数がアプリストア内で1位となり、あっという間に写真好きのコミュニティに広まり、その後テクノロジーのコミュニティにも広まっていった。

すると、おかしなことが起こった。昼間のテレビ番組やら、ベンチャーキャピタルやら、ニューヨーク・タイムズ紙やら、アップルのPR部門からメールや電話がくるようになったのだ。クレイジーな状況だった。わずかな期間で、ぼくたちは50万人ものユーザーを獲得したのだ。

〈ベストカメラ〉の開発で驚くような状況になったのだが、この状況がいつまで続くのかはまだわからなかった。当時のCNETのサイトは、気味の悪いほど未来を言い当てていた。「ジャービスとソフトウェア開発のパートナーが、このアプリをきちんとアップデートしてくれることを願う。その際、余分な追加料金が発生しないといいのだが」。ぼくもそのときはそうするつもりだった。

うまくいったことに興奮していたぼくだが、アプリの成功はほんの一時のこと、というのが当時の一般的な認識だった。すでに何万という数のアプリがあったわけで、ひとつのアプリがそれほど長い間使われることもないだろうと思われていたのだ。要するに、アプリだけで大きな会社をつくることができるというぼくのビジョンを、ディベロッパーは理解してくれなかったということだ。彼らを納得させることもできなかった。そうしているうちにも、〈ベストカメラ〉の成功は彼らに新しい仕事を次々ともたらしていた。彼らの事務所には〝アプリ・オブ・ザ・イヤー〟の看板が飾られ、この機に乗じて新しい仕事を獲得しようとしていた。

これがコラボレーションの危険なところだ。コラボした相手が、自分と同じ動機とビジョンをもっているとはかぎらない。彼らのビジョンは彼らの経験に基づいたものだ。それに、ほとんどのアプリは一時流行って、その後は忘れられてしまうようなものだった。携帯がライトセーバーのようになるアプリや、携帯を傾けるとビールを飲んでいるような音が出るアプリがあったことを覚えている人は誰かいるだろうか。〈ベストカメラ〉も同じようなものだとディベロッパーが考えたのも無理はない。ぼくが彼らの立場だったら、同じことを考えただろう。彼らはぼくの依頼どおりのソフトウェアをつくった後、次に進もうとしていたのだ。

コラボレーターからはほとんど協力が得られなかったが、ぼくは自分ができることをした。携帯で撮る写真を、写真の新たな未来としてだけではなく、ポップカルチャーとして宣伝したのだ。本を出版することになり、携帯で撮る写真について書いた本を初めての著書として出版し、それがきっかけとなって、テレビのトークショーに出たり、プロモーションのために書店へ行ったりするようになった。写真とは誰もが操れる言語であり、文化も宗教も国も時代も超越するものであるとみんなに知ってもらいたくて、自分にできることはすべてやった。このアプリは写真を共有するだけでなく、自分たちの日々を共有するものなのだ。

ぼくの頑張りが実を結び、このアプリのダウンロード数は増えていった――当面は。けれども、継続的にアップデートすることが負担になりはじめ、そのうえ新しい競争相手も台頭してくるようになった。ケヴィン・シストロムが位置情報アプリ〈バーブン〉を開発したが、それはあまりうまくいかなかった。そのとき彼は、ユーザーが写真を共有できる機能が気に入っていることに気づき、マイク・クリーガーとともに〈バーブン〉を改良してインスタグラムを開発したのだ。ぼくたちがさらなる成長のために時間やお金を費やしている間にも、彼らは〈ベストカメラ〉よりいいものを、700万ドルも多くの金額をかけてつくり、改良を繰り返した。しかも素早く。こうしてぼくは逆境に陥った。

## 未知の道へ

創業期は難しい時期だ。具体的に何かを立ち上げるということは、小さな決定を無数にしていかなければならないということだ。そのうちのどれかが、後々重要になってくるかもしれない――将来、成功したあかつきには。

難しい点はふたつある。まず、決めなければならないことが多すぎて、どうしていいかわからなくなってしまうことがある。そうなると、媒体や規模の大小にかかわらず、立ち上げる前からプロジェクトの存続が危ぶまれることになる。

「事業所ごとにドメインを取っておかないと、もしかしたら誰かに取られてしまうかも？そうなったら買い戻すのに1000ドルも払わなくてはならなくなるかもしれない！」

そうかと思うと、立ち上げに必死で、慌てて最初の決断をしてしまい、将来性のあるプロジェクトを台無しにしてしまうこともある。

特に経験が浅いと、こうしたジレンマに陥りがちだ。始めたばかりのころは、どちらの選択肢がより重要かとか、うまくいったときに微調整しやすいのはどちらか、といったように、物事を決めるための判断材料をほとんどもっていないからだ。

どんなプロジェクトを始めるときも、次のふたつのことを肝に銘じておかなければならない。まず、クリエイティブな仕事にリスクはつきものであり、どんなに準備をしていても完全にリスクを避けることはできないということ。何度も決定し、何度も失敗して初めて、いい選択肢を選ぶことができるようになる。大きな失敗をすることがあったとしても。

次に、下にネットが張られていることを期待して崖から飛び降りるのもいけないが、3カ月も前から飛び降りようと考えながらなかなか飛び降りられなくて、そのうち気がふれたように地面の裂け目を探して歩くようになるのもいけないということ。つまり、まともな妥協点が必ずあるということだ。フランスの哲学者ヴォルテールはかつてこう言った。「完璧にこだわっていると、いいものまで見えなくなる」

十分なリサーチをして疑問を解消するのはいいが、クリエイティブな仕事をするには行動すること、そしてリスクをとることを忘れてはいけない。

もしあなたが、リサーチを続けるほうがいいのか、思い切って飛んでみるのがいいのか迷っているなら、それはもうすでに考えすぎているというサインだ。動きはじめよう。学ぼう。結果がどうあれ、そこから学べばいい。

## 成功するために計画し、失敗したらそこから学ぶ

もし成功したら〈ベストカメラ〉を頻繁にアップデートしなければならないだろうとは思っていたが――契約にはそれも盛り込んでおいた――これほど早く成功するとは考えていなかった。だから、このアプリが軌道に乗るまでにはしばらく時間がかかるだろうという前提でディベロッパーと契約を結んでいた。彼らの初期投資費用が回収できた後の利益の配分率は、ぼくに有利になるように設定していた。だが、この想定が間違っていた。一夜にして成功した場合には、彼らが作業を続けるインセンティブがなくなるという点を、まったく考えていなかったのだ。

〈ベストカメラ〉がアップデートされなくなると、初めはこのアプリの熱心なファンがときどきネット上でつぶやくだけだったのが、そのうち文字どおり何千という人たちがアップデートを求めてくるようになった。だが、それをぼくは実現することができないというのが、つらい現実だった。ぼく自身はプログラムにアクセスすることもできない。どこかへ移動さ

せることもできない。アプリストアにアクセスして、ダウンロード数や収入を見ることもできず、マーケティングのためのキャッチコピーすらアップデートすることができなかった。ぼくは締め出されてしまったのだ。

アプリ・オブ・ザ・イヤーまで受賞して、携帯で撮る写真の将来についてのぼくのビジョンも少しは実現し、熱心なユーザーも多く獲得し、このアプリに投資してくれるというオファーもあり、さらに一生働かなくてもいいくらいの値段で買ってくれるというオファーまであったにもかかわらず、ぼくは完全に暗礁に乗り上げてしまった。

もっと悪いことに、こんな形で終わってしまったことが恥ずかしくて、ぼくはまったく動けなくなってしまった。ぼくは失敗したのだ。

実際にフェイスブックがインスタグラムを買収するまで、少し間があった。ぼくはフラストレーションと喪失感はあったものの、奇妙なほどに平静だった。穏やかだったといってもいいくらいに。携帯に届く山のような通知は無視して、ひとり静かに座り、しばらく考え込んでいた。いまプロとして最大の失敗に直面していることはわかっていた。10億ドルを取りこぼしてしまったのだから。けれども、大きな金額を取り損ねた以上に、携帯を持っている人がぼくのアプリを使っているところを見る楽しみを失ってしまったことが残念だった。〈ベストカメラ〉では、ほかにもいくつか大きな失敗をした。ひどい失敗だった。傷つきもした。10年経ってもそのことを思い返すと心が痛むと思う。あなたがクリエイティブな仕事で失敗したときも、きっと心が痛むと思う。けれども、その痛みを受け入れることができれば、そのうちその失敗も違って見えてくるだろう。時は流れるものだ。痛みも癒える。ただし、痛みを感じなければ痛みが癒えることもない。ぼくの友だちのブレネー・ブラウンが、うまい表現をしている。

「失敗したときの感情の皮をむいていくことはすなわち、不屈の精神、粘り強さ、忍耐の根底にあるやり抜く力や立ち直る力を磨くことである」

〈ベストカメラ〉は乗りこなすのが大変なものだった。一筋縄ではいかず、技術面や法的な面で長く論争を続けることになってしまった。ぼくの弁護士には、法的な理由から5年間はインスタグラムをやらないほうがいいと言われた。ぼくの写真仲間はすでに何百万人ものフォロワーを獲得していたというのに、2016年にぼく自身がインスタグラムを始めるまで、ぼくは彼らの活躍をサイドラインから見ているだけだった。始めるのも、実際には心が痛んだのだけれど（@chasejarvisで、ぜひぼくのアカウントも検索してみてほしい）。

けれども、そのときの経験は、他では得ることのできない大切なことを教えてくれた。そのときの教訓が〈クリエイティブ・ライブ〉を立ち上げて大きくしていくときにおおいに役立った。〈クリエイティブ・ライブ〉は〈ベストカメラ〉の何倍ものユーザーを獲得することができた。うまくインセンティブを取り入れながら会社をつくっていく方法を学んだし、コミュニティの要求と必要性に応じて、スピーディに、何度もポッドキャストの改良を行うようにもした。シリコンバレーの力学やベンチャーキャピタルについても学んだ。

また、プログラムや知的財産権を法的に所有するだけでは十分ではなく、実際に自分で手を出せる状態にしておくことも大切だと学んだ。〈クリエイティブ・ライブ〉の初めての講義が5万人の視聴者を集めるとは思ってもみなかったが、いまはその可能性も考慮に入れながら活動している。波に乗る準備は万端だ。

## 拒絶セラピー

立ち上がろう、そして逆境を受け入れよう。創造性においても、人生においても。ぼくは別に、巷でよく言われているように、そして世界じゅうに点在している起業家たちが繰り返し言うように、聞こえのいい〝失敗万歳〟というモットーを言いたいわけではない。失敗は最悪だ。傷つくものだし、わざと失敗しろと言っているわけではない。けれども、死や税金と同じように、失敗は避けては通れない。

実際、失敗しないようにしようと思ってやったことのせいで、うまくいかないことはよくある。失敗は成功への道を進むための踏み台だ。そのステップを踏みたくないというなら、足をすくわれてじたばたする羽目になるのは覚悟しておかなければならない。

〈ベストカメラ〉の失敗が自分のせいだと認められるようになるまで思ったより時間がかかったが、正直に言うと、〈クリエイティブ・ライブ〉のほうがずっとわくわくする。世界じゅうの何百万という人に向けた講義――各国で合計何十億分にもわたる動画を配信している――は、すでに大きな影響力をもっている。〈ベストカメラ〉の失敗を踏み台にして〈クリエイティブ・ライブ〉が成功したことによって、世界じゅうでどれだけの問題が解決され、どれだけのキャリアやビジネスが築き上げられ、どれだけの人の人生が好転したことだろうか。

初めて何かをするときは、なかなかうまくいかないものだ。大失敗をしてしまうこともあるだろう。仮に、そうならないで、最初から大金を儲けられたとしよう。シリコンバレーでも何も教訓を得られなかったとしよう。すると、成功したはいいが、その経験の浅さが、その先で破滅的な失敗を招いてしまうだろう。

将来、成功したときにうまくやっていくためのスキルを身につけるには、早い段階で失敗しておくことが必要だ。うつぶせに倒れてしまっても、立ち上がって砂を払い落とし、二度と同じ失敗をしなければいい。

ぼくからあなたに伝えられる、失敗しないための魔法のようなアドバイスはない。けれども、比較的リスクが小さくなるように、失敗に備えておく方法はたくさんある。不採用通知がいい例だ。出版してもらいたい小説を出版社に送ったり、NPOの申請をしたり、あるいはコラボレーションしたい相手にメールを送ったりしたときに、断られることは必ずある。

それを避けようとしないで、とにかくやってみることだ。できるだけたくさん、断られるという経験をしてみよう。コラボしてくれそうなひとりの人に完璧なメールを1通送るのではなく、100人にメールを送って、断られたり無視されたりする数を数えよう。50回を目指してみよう。断られる数が目標なら、最悪なケースは何だろう。期待していたよりも多くのいい返事をもらうことだろうか。

『拒絶される恐怖を克服するための100日計画』(飛鳥新社)の著者であるジア・ジアンは、会社員として働くのをやめて起業しようと考えた。ところが、拒絶されることの恐怖が心の奥深くに巣くっているために、成功するために必要と思われるリスクもとることができなかった。

そこで彼は、拒絶されることへの恐怖を克服するために、100日間の〝拒絶セラピー〟を敢行しようと決心し、見ず知らずの人に100ドル貸してくれないかと頼んだり、街角でスピーチをしてくれないかと頼んだり、クリスピー・クリームで五輪の形をしたドーナツをつくってくれないかと頼んでみたりした。実験を終えるころ、彼は、断られることはこれまで思っていたほど怖いことではないのだとわかるようになっていた。それまでの彼は、断られることの怖れから身動きがとれなくなっていたのだ。

このすばらしい実験で、ジアンは自分の恐怖に向き合うことができたのと同時に、自分の弱さも受け入れることができた。自分が克服できたことを他の人にも知ってもらおうとして本を出版したところ、たくさんの人の支持を集めることができた。成功すると、それまでに拒絶されて受けた痛みは和らぐものだ。

## 勇気、自信、熱意

最初でつまずいてしまい、逆境に直面するのが怖いと思っているなら、あなたの慣れ親しんだもののちょっと先にある、怖いけれどもそれほどリスクの高くないクリエイティブな挑戦をしてみよう。ただリスクをとるのではなく、喜びと熱意をもってそれを受け入れよう。勇気と自信と熱意を奮い起こそう。どうせ冷たい水のプールに浸かるなら、恐る恐る浸かるのはやめよう。惨めだ。歓声を上げながら飛び込もうじゃないか。

小さな目標をたて、小さなリスクからとっていこう。そうすれば負けることはない。それがうまくいったら、具体的に何かを達成したことになる。次のステップに向けてはずみがつく。もし失敗したとしても、役に立つ知識と経験を得ることができたわけであって、〈ベストカメラ〉のときのぼくのように、弁護士事務所に駆け込むこともないだろう。

毎週、新しいレシピに挑戦してみよう。ディナーパーティを開いてみよう。あなたの作品の展覧会を開いてみよう。一年間毎日、歌や俳句をひとつずつつくってみよう。誰かとコラボしたり、仕事の進捗状況を報告するようなパートナーをみつけたりしよう。失敗など笑い飛ばして失敗の筋肉を鍛えておいて、クリエイティブなプロジェクトを始めるために新たに借金などしないようにしよう――大問題になるし、金銭的な安定も得られなくなる。

いくつかのプロジェクトを同時進行させるのも、完璧主義に陥って身動きがとれなくなるのを防ぐいい方法だ。ひとつのプロジェクトだけやっていたら、その失敗が人生を左右してしまうことにもなる。いくつかのものを同時進行していたら、ひとつひとつに対してできることをし、行きづまったら他のほうをやり、またそれに戻ってきて……ということができる。

ただ、これ以上たくさんのプロジェクトをやりすぎると収入が減ってしまう、という地点があるので注意すること。けれども、リスクが小さいなら、試してみる価値はある。あなたの作品はそうしたほうがうまくいくかもしれない。

## インポスター症候群を克服する

すべての創造的失敗には、将来の勝利の種が埋まっている。ただし、掘ってみなければみつけることができない。その道がどこに続くのかは誰にもわからない。勝利はときに失敗の仮面をかぶっていることがある。何年も経ってから、長い間嘆いていた〝損失〟が、長い目で見たらじつは利益になるようなことだったと気づくこともある（一度の失敗で創造的な活動をやめてしまうなんてもったいない。たった一度の失敗で！　失敗することは負けることではない。勝者の中の勝者にも、失敗は必ず起こる）。

クリエイターになるということは、自分の中にある創造への野心を認めるということだ。

それには、怖れや自信のなさをも受け入れなければならない。はたして自分には力があるのだろうか、次のプロジェクトをうまくやることができるだろうか、と不安に思うことがあるだろう。誰でもそう思うものだ。そうした不安に陥ると極端な考え方をしてしまいがちだ。すべてうまくいくと盲目的に信じるか、うまくいくわけがないと疑うか。他の人はアイディアを形にすることができるのに、自分は人生を主体的に生きることもできないなんて、と考えてしまうかもしれない。

信じることと疑うことの間に着地点を見つけて、そこに慣れることが必要だ。創造性には難局がつきものだという事実に慣れよう。感情を鍛えよう。ジムに行ってトレーニングをすると、特に初めのころは筋肉痛になったりするものだ。2回目や3回目が最もひどいかもしれない。まだ筋肉痛はあるが、それでもバーベルを持ち上げたりして、繰り返しトレーニングをする。そうやって続けているうちに筋肉痛にも慣れてきて、気づくと筋肉痛がおさまっていたりする。そして、筋肉痛はトレーニングのプロセスの一部なのだとわかる。それが普通だ。そうしている間にも、筋肉はつねにつくりあげられていく。数カ月もするとこう思う。おい見てみろ、始めたころよりも少し強くなったぞ、と。

初めて断りの手紙をもらったときも同じだ。まずは傷つく。しかし時が経つにつれ、気にもかけなくなる。ポッドキャストで何百人にもインタビューしたおかげでわかったのは、**誰しも**自分が偽物のような気がするときがあるということだ。自分の能力に100%自信がある人なんていない。もし100％自信があるなら、いまの仕事にもすぐに飽きてしまって、別の仕事を探すことになるだろう。

高いパフォーマンスをする人は、意識しているかどうかはわからないが、つねに自分の能力のぎりぎりのところでパフォーマンスをしているものだ。いろいろな点で、自分にはまだまだ足りないところがあると思っているものだ。

ぼくがサッカーで奨学金をもらって大学に行くことになったとき、その年に奨学金をもらえたのはぼくだけだったのだが、ぼくがもらえることになったのは、高校卒業の前の年にぼくのチームがすばらしい成績をおさめたからだとわかっていた。だから、ぼくは自分に本当に能力があるのかどうか疑うようになってしまった。結局、チームの力に便乗しただけではないのか、と。大学レベルで競えるような実力がはたして自分にあるのだろうか。そう思って怖気づいたぼくはインポスター症候群に襲われた。自分が詐欺師のように感じられて仕方なかった。真実を知ったら、フィールドでみんなに笑われるに違いない、と思っていた。

大学に入ってサッカーの練習が始まると、そんな気持ちは少しずつ消えていった。そういうシステムなのだ、と納得した。強い選手を育てる高校があるのはたしかだ。大学側もそれを知っているからこそ高校を頼りにしている。ぼくがそういう高校のチームにいたことは、奨学金をもらういくつかの理由のうちのひとつにすぎなかった。

クリエイティブな道で成功するには、いくつかの要素が必要だ。それが現実だ。ぼくたちは、自分という人間の特質に注目してもらって評価されたいと考える。だが、実際は他の要素も評価に影響を与える。作品だけが評価されることはほとんどない。評価してもらうためには、まずいい作品を創ることが必須だが、ブレイクスルーできるかどうかは、人間関係のスキルがあるかどうか、セレンディピティがあるかどうか、プロモーションがうまくいくかどうかなど、さまざまな要素にかかっている。そのことを嘆かずに、受け入れなければならない。

一歩下がって全体をみわたし、自分が勝負したいと思っている分野でキャリアを築くためにはどんな要素が必要なのか考えてみよう。さまざまな要素をどうやって自分のアプローチに取り入れていったらいいか考えてみよう。そうやって考え方を少し変えることこそ、自分のレベルを上げるために役立つものだ。

## さあ、取りかかろう

創造的ですばらしいアイディアを生み出したり、現状を変えたりするのはたやすいことだとは、自分の経験からもとても言えない。けっしてそんなことはない。かつて〈クリエイティブ・ライブ〉チームのメンバーのひとりが、ぼくたちが始めたあるプロジェクトをブレイクスルーさせるのに、どれだけ大変だったかという話をしたことがあった。

「岩を押しながら坂を登っているような感じだった」と彼は言った。すると、当時COOだったマック・アザディは動じずにこう言った。「だからうまくいったんだ。すでに坂を下りはじめている石をそのまま転がしておくのは、ぼくたちのやることじゃない」

実際にやってみることもせず、楽しみを見つけることもせず、苦しみながら進むこともせず、そして何度もそういうことを繰り返したりもせず、ただそれを眺めて、そんなことはたやすいことだ、などと言う人にならないでほしい。実際に物事に取り組み、未知の世界でもしっかりと立ち、うまくいかないときでもやり抜ける人にならなければいけない。

うまくいかない自分も受け入れよう。その道程を楽しもう。自分の失敗を自分が真っ先に笑い飛ばしてしまえば、誰に笑われようとも平気だ。自分を誰かと比べて自分には何かが足りないと思うのは、間違った基準で自分を評価しているからだ。ウェストミンスター・ドッグ・ショーの猟犬部門にプードルが出ても、太刀打ちできないのは当然だ。

この心理的な罠から抜け出す唯一の方法は、あなた独自の**強み**と**弱み**を受け入れること、自分はすべてを知っているわけではないと認めること、そして自分は自分のやり方でやればいい、と考えることだ。「汝を知れ」という古い格言を思い出そう。目標は、あなたにとって最高のものでなくてはならない。誰か他の人にとっていいものや最高のものではなく。

何年もマインドフルネスを実践してきたおかげで、ぼくの頭の中で聞こえる声自体は、僕自身ではないのだという気づきを得ることができた。頭の中で聞こえる声を聞くのはやめて、さっさと仕事に取りかかろう。

# STEP 4
# AMPLIFY

# ふくらませる

あなたのビジョンをふくらませ、
インパクトのあるものを創ろう

# 第10章 自分にふさわしい仲間をみつける

Find Your People

**ひとりではほんの小さなことしかできないが、力を合わせれば大きなことができる。**

**――ヘレン・ケラー**

メタリカのような人気バンドが、世界を揺るがすようなワールドツアーのステージに立ったとき、もしあなたが幸運にもその会場にいたとしたら、才能にあふれた4人のミュージシャン、ジェイムズ・ヘットフィールド、ラーズ・ウルリッヒ、カーク・ハメット、ロバート・トゥルージロのパフォーマンスを眺めながら、考え抜かれたイリュージョンの世界に引き込まれていることだろう。

このライブにおいて4人が重要な存在であることはたしかだが、彼らとてこの一大エンターテインメント組織の一部にすぎない。100人以上の高いスキルをもったスタッフが夜な夜な、毎月のように、どの大陸へも、バンドと共にツアーを回る。照明担当、交通整理スタッフ、特殊効果の技術者、サウンドエンジニア――メタリカのメンバーがバンドについて話すときは、スタッフ全員のことを念頭に置いている。バンドというより大隊だ。「フォー・フーム・ザ・ベル・トールズ」や「ナッシング・エルス・マターズ」は楽器と数本のマイクとアンプさえあれば演奏できるが、スタッフがいなければ彼らはぼくたちの知っているメタリカではありえないし、すべてのトップ・パフォーマーにも同じことがいえる。

あなたはロックの神様では（まだ）ないかもしれないが、人間はみな社会的な動物だ。人とのつながりの中で生きていく。クリエイターでもそれは同じだ。内向的な人であろうと外向的な人であろうと、あなたを受け入れてくれる人やコミュニティからのサポートやインスピレーションがあって初めて、辛い時期を乗り越えることができる。

サポートやコラボレーションやコミュニティは必要だが、独自の道を歩むこととのバランスをどうとればいいのか悩むことがあるかもしれない。そんなときは自分を振り返って考えてみよう。道を歩いているのにどこにもたどり着けそうもないと感じるようなら、コミュニティに参加して自分と同じことに情熱を傾けている人を探して付き合ってみるといい。さあ、袖をまくりあげてコミュニティと関わろう。コラボレートしよう。遠慮している場合ではない。

そのときは相互に恩恵のある関係を築かなければならないが、因果応報と考えればわかりやすいかもしれない。因果は巡る。自分がしてほしいことを相手にもしよう。相手が自分に何かしてくれることを期待して行動するという意味ではない。「背中をかいてくれたから、あなたの背中もかいてあげよう」というような取引のことをいっているのでもない。そういうことではない。ただ、相手に何かしてあげよう。差し出そう。相手の役に立つことをしよう。相手に会おう。そうする中からすばらしいコラボレーションが生まれる。たとえすぐには実現しなくとも。

創造的な活動をするときに、とにかく信じてほしいことがもうひとつある。あなた自身がソーシャルチャンネルでもっとコメントや〝いいね〟が欲しければ、あなたの敬愛する人のソーシャルチャンネルにあなた自身もコメントしたり〝いいね〟をしたりしよう。あなたが主催するイベントにもっと多くの人に来てもらいたいなら、あなたの本をもっと多くの人に読んでもらいたいなら、あるいはあなたの歌をもっと多くの人に聞いてもらいたいなら、あなた自身も他の人の主催するイベントに行ったり、いま出版されている本を読んだり、新しくリリースされた曲を聞いたりしよう。そしてその感想を広めよう。あなたが望むようなファンに、あなた自身がなろう。

創造的な活動をするときに、コミュニティはとても役に立つ。仲間と交流したり、もっと大きな創造的エコシステムにつながったりできることもさることながら、それ以上の意味がある。コラボレートするクリエイターを慎重に選べば高いレベルに照準を合わせることができるが、コミュニティとつながっていれば、さらに高いレベルでの活動、作業スタイル、そして喜びを得ることができる。

あなたとコラボしたいと初めて声をかけてくれたソフトウェア開発者、サウンドエンジニア、振付師では十分ではない。あなたがわくわくするようなスキルや才能をもったコラボレーターを見つけよう。相手にとってもあなたのスキルや才能がわくわくするようなものでなければならないのは言わずもがなだ。ひとりの人と息の合った作品を創るのには多くの努力が必要だ。相手が複数ならばなおのこと。

けれども、いいコラボは努力するだけの価値がある。互恵的なコラボをすれば、力強くエネルギーにあふれた作品が出来上がる。相性のいい相手は、ともに歩く人というより、ともに狩りをしてくれる人のように感じられるだろう。

他人をこんなふうに信じるのは怖いことでもある。自分の心を開かなくてはならないし、作品が〝完璧〟になる前にそれを見せるということだから。みんないろいろなことを言う。自分のすばらしいアイディアを相手が持ち逃げしてしまうのではないだろうか、とか。

だが、安心していい。誰もあなたのアイディアなど欲しがらない。万が一、誰かがあなたのアイディアを盗んだとしても、問題はそれを実現できるかどうかだ。だから何も怖れることはない。いまは小説家でさえ執筆の過程をネットで公開している時代だ。それでも彼らは何百万部も書籍を売り上げている。

あなたのアイディアがあなたにとって価値のあるものであるのは、あなただけがそのアイディアを思ったとおりの形にすることができるからだ。秘密保持契約を結ぶプロジェクトもわずかながらあるが、ほとんどの場合、コラボする相手とアイディアを共有するのを怖れる必要はない。あなたには彼らのフィードバックやサポートが必要だ。低レベルのプロジェクトに秘密保持契約《NDA》を結ぶのは、デートをする前にDNAテストを受けてくれと言うようなものだ。

森の中のキャビンにひとりで1カ月ほどこもって、傑作を仕上げて帰ってくるのがクリエイターというものだろうって？　それは蜃気楼だ。そんなものを追いかけていたら、知らぬ間に首までどっぷりと泥沼に埋まってしまうことだろう。

偉大なアーティストなら、創ったばかりの粗削りな作品を、信頼のできるコラボレーターや仲間に早く見てもらおうと思いながら、キャビンから帰ってくるはずだ。ぼくたちはどうしたって周りの人との関わりが必要だ。自分と似たような人や、根本からまったく違う影響力や興味をもった人との関わり、自分の活動を気に入ってくれている人との関わり、正直なフィードバックをくれる人との関わり。他のクリエイターと関わることで、ぼくたちは自分らしさを出せるようになる。

もちろん、会うと元気になったり心丈夫になれたりする知り合いばかりではないだろう。創造的な作品を創る妨げになったり、皮肉や自分の思い込みを言ってぼくたちの気を重くしたりする人もいるだろう。クリエイターになるためには、すばらしい人たちと知り合い、有害な関係は解消して、健全で自分の支えになるような人間関係を進んで築けるようにならなければいけない。作家であり、人を奮起させるような話し方のうまいジム・ローンは、あなたが最も長い時間を過ごす5人の平均的な像があなただ、と言っていた。仲間は賢く選ぼう。

## ベースキャンプを選ぶ

コミュニティはそれぞれ違う。あなたに合うコミュニティも合わないコミュニティもあるだろう。最初に温かく迎え入れてもらえなかったとしても、あきらめてはいけない。けれども、無理に認めてもらおうとする必要もない。そうではなく、探しつづけよう。もっといい雰囲気の、あなたのベースキャンプになりそうなコミュニティを。杭を立ててテントを張れそうな場所を。ベースキャンプが定まればいつでも頂上を目指すことができる。足場はしっかりと固めなければならない。

ぼくはまず初めに、アクション・スポーツのコミュニティにクリエイティブの旗を立てた。スケートボードで遊んでいた子どものころから、スケートボードの世界には親しみを覚えていた。アクション・スポーツ界には励まされたり支えになってくれたりするものがたくさんあった。初めてスケートパークに行ったときからそうだった。80年代半ばのスケートカルチャーでぼくが好きだったのは純粋なところだ。

当時、急激に成長した競技だったけれど、それでもまだ主流な競技ではなかった。スケートボードが好きだから集まっている人ばかりで、スポンサーが欲しいがために来ている人はいなかった。夏は毎日のようにクリエイティブなモードで過ごした。パンクロックを聞きながら朝食を食べ、お昼時には借りてきた道具でスケートボードをやるためのハーフパイプを仕上げ、午後いっぱい新しい技を練習し、コツを友だちと教え合ったりしたものだ。

スケートボードの基本的な技のひとつにオーリーというのがある。これは手を使わずに板と一緒にジャンプする技だ。より高度な技をやるためには、まずオーリーを完璧にできるようにならなければいけない。オーリーができなければ、それ以上成長することができなくなる。スケートボードのコミュニティで大切にされていることは創造性、成長、メンターシップ、そして技を愛する心だ。

幸運にも、ぼくはそんなスケートボードのコミュニティにおおいに助けられた。誰かが成功すると、それはコミュニティ全体にとっての勝利だと考える風土があった。だから、ぼくに技を教えてくれる年上の子どもや仲間は簡単にみつかったし、心強かった。

当時、スケートボードの世界は、いろいろな年頃の子どもが一緒になって技の練習をしたり互いに助け合ったりしている、社会でも珍しい世界だった。いや、いまだってスケートパークに行ったら、30歳も歳の離れた人たちが一緒に練習しているだろうと思う。

スケートボードは一例にすぎないけれども、コミュニティに行けば、その中でどうやって自分の存在を示せばいいのか、わからないことがあればどのように質問をすればいいのか、周りの人を苛立たせないためにはどうすればいいのかを学ぶことができる。周りの人とうまくやれなければ、彼らからのサポートを得るのも難しくなるだろうから、コミュニティでうまくやっていくスキルを身につけなければならない。だからと言って、ルールやヒエラルキーがないというわけではないし、誰もがつねにいい人であるともかぎらない——ざらりとした感じの不愉快な状況になったときもある。ぼくは気にしなかったが。

けれども、スケートボードのコミュニティの根底にあったのはインクルーシビティ（誰もが参加できること）とクリエイティビティ（創造性）だ。そんなスケートボード・シーンが、ぼくという人間を形づくるのに大きな役割を果たした。コミュニティや仲間を得ることができる安全で友好的な雰囲気のベースキャンプをもつことは、スキルと同じくらい大切なのだ。

数年後、ぼくがカメラを持って山へでかけるようになってからも、スノーボードを始めとするアクション・スポーツが頭の片隅にあった。スノーボード・シーンも開放的で自由で友好的な雰囲気だ。誰にでも質問しやすいし、誰もが喜んで質問に答えてくれる。世間の注目も高まっていたし、美しい景色の中でただ自分の好きなことをやることに誰もがわくわくしていた。

ぼくはそのエネルギーが気に入った。アクション・スポーツは駆け出しのフォトグラファーだったぼくにとって、ダイナミックでおおいに刺激を与えてくれるベースキャンプになり、よりよい写真を撮ったりコミュニティを築いたりするのにおおいに役立った。有名なアスリートは何百人といたが、トップ・フォトグラファーは数十人しかいなかった。つまり、ぼくの面倒をみてくれるメンターになってくれそうなフォトグラファーはいないということだ。だが、そんなことは構わなかった。仲間をみつけることができたから。

アクション・スポーツは主流なスポーツになっていき、ぼくの仕事も増えていった。ぼくは写真業界のコミュニティに参加しようと考えた。もっとさまざまなことを学んだり、刺激を受けたりするいい機会になるだろうと思ったからだ。創造性や自己表現やＤＩＹ精神に基づいたコミュニティなら、アクション・スポーツ界と似たようなものだろうと無邪気にも思っていた。

だが、違った。もちろん、仲間に入れてもらうためには一生懸命に経験を積むことが必要だとわかっていたが、写真業界の人たちはぼくのことを、やる気にあふれ努力を惜しまない若手として温かく迎えてくれたり、会話にも入れてくれたりするに違いないと思っていた。だが、そんなことは起こらなかった。彼らはどこからか紛れ込んだ猫を見るかのような目でぼくを見た。ぼくは熱心に質問をしたり無邪気に意気込みを語ったりしたが、誰も関心をもってくれる人はいなかったし、敵意すら向けられた。

そのころ、プロのフォトグラファーの世界は分解寸前で、変化に怯えていたのだ。技術面でのイノベーションが次々と起こり、ぬるま湯のようだった世界が脅かされつつあった。ぼくが参加したイベントでは、部屋を埋めつくした不機嫌そうな年配の白人男性たちが、将来を憂いて不平をこぼしていた。

残念なことだが、性別、人種、年齢の違う人はほとんどいなかったし、新顔や新しいアイディアを温かく迎えようとか友好的に接しようといった雰囲気はなかった。ぼくたちのような新参者は変化の象徴なので、経験豊富なベテランたちはぼくたちを認めようとはしてくれなかった。こちらは彼らの功績におおいに敬意を表したいと思っていたのだけれど。

当時、写真業界の人たちは変化に反発して戦々恐々としていて、いままでのやり方に固執していた。年配のプロフォトグラファーは、写真を撮る人が多くなりすぎていると思ったらしい。彼らは新参者に自分たちの地位を脅かされることのないように、技術を教えたりアドバイスをしたりするのをやめ、情報交換さえしないことにした。梯子をつくったものの、自分たちが登ったらさっさと梯子を引きあげてしまったわけだ。

なんとも近視眼的な考えとしか思えない。もし、あなたの撮った写真を見ただけで、あなたのすばらしいテクニックを盗むことができる人がいたとしたら、そのテクニックはその程度のものということだ。顧客は**あなた**という人間に撮ってもらいたいのであって、照明の効果がいいからとか高級レンズを持っているから撮ってもらいたいわけではない。自分の撮影方法を隠そうとすると、もっと大きな問題に直面することになる。

そう、だからぼくはこの業界に一石を投じたわけだ。さらに、ぼくは自分の写真の知識や考え方を、展示会のパネルや、フォトグラファー志望の人のオンラインページで公開したりもした。ぼくは時代の流れがどちらに向かっているかわかっていたし、その変化の一翼を自分も担いたいと考えていた。すると、複雑な気持ちを抱えていたプロのフォトグラファーたちが、すぐに敵意をむき出しにしてきた。ぼくという存在は、彼らが怖れていた変化の象徴だったのだ。

すべてのものは変わりゆく。写真業界も例外ではない。デジタル技術の波の訪れによってさまざまなコミュニティでネットが使われるようになり、情報がより広く拡散されるようになるにつれ、コミュニティはより温かく、オープンで多様性にあふれたところになった。すでに地位を確立しているフォトグラファーにとって、これまで何十年とやってきた自分たちの世界が急に変わってしまうのを見るのがどれほど忍びないことなのかは、想像に難くない。彼らの大半は、変化についていけなければおしまい、という状況だっただろう。立場は違えど、そのうちぼくはベテランのフォトグラファーとも友人になった。彼らからは写真の歴史を学ばせてもらったし、ぼくからはこの業界の将来についてぼくが知っていることを話したりした。

クリエイターにとって、コミュニティからのサポートは欠かせない。すぐに参加できるコミュニティは少なくともふたつある。

まず、あなたが取り組んでいる専門技能のコミュニティ(たとえば〝写真〟)、それからあなたが特化している分野のコミュニティ(たとえば〝アクション・スポーツ〟)だ。このふたつのコミュニティが重なるところが、あなたにとって中心となるコミュニティということになる（たとえば、ぼくの友人のジミー・チンのような〝アクション・スポーツ・フォトグラファー〟）。

中心となるコミュニティがどこかを知っておくといい。なぜなら、そのコミュニティにいる人たちなら、細かなことまで互いにわかりあうことができるからだ。

たとえば、あなたが子どものセーターを編んでいるとしたら、編み物好きのコミュニティや、ハンドメイドの子供服を売る起業家のコミュニティに参加することができるだろう。子どものセーターを編む他の人たちを競争相手と見るのではなく、あなたの中心となるコミュニティのメンバーだと考えて、しっかりと関係を築こう。セーターを必要としている子どもは世の中にた

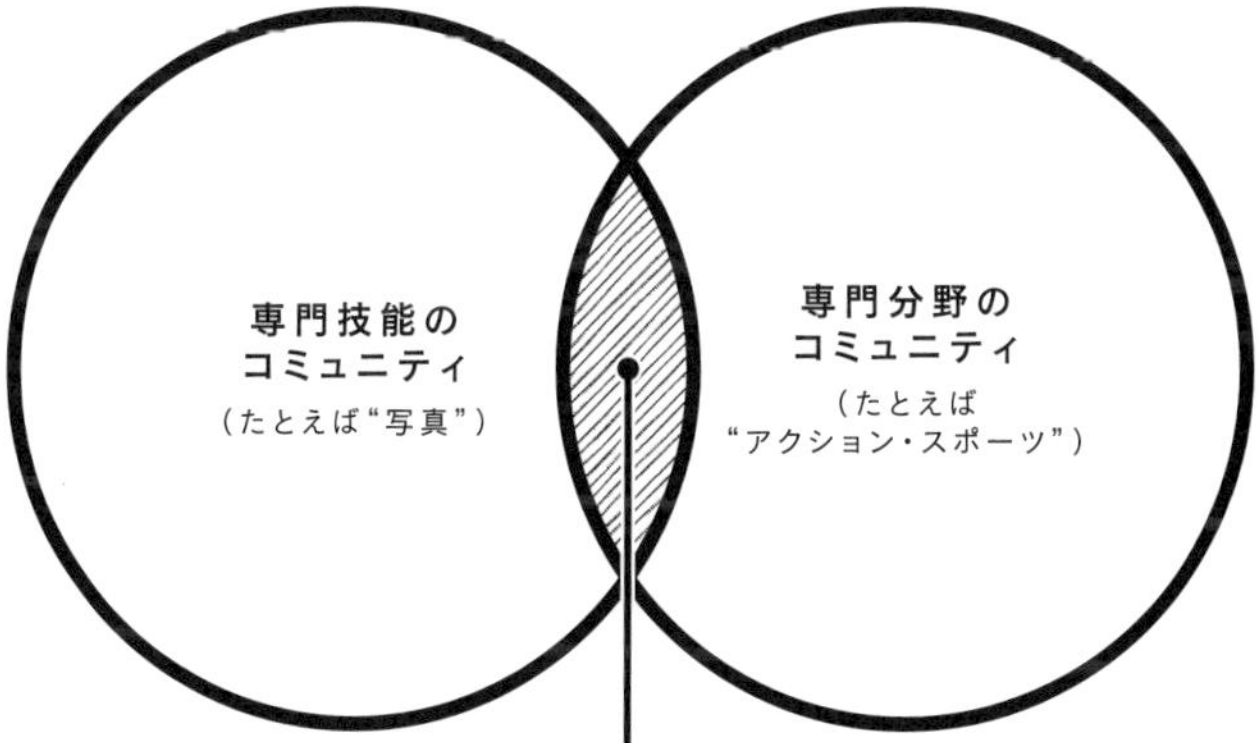

くさんいる。一緒にやったほうがより大きな成果が望める。

編み物のコミュニティに参加すれば、編み物好きが集まる場に行くようになったり、編み物に関するブログを読んだり、オンライン上の編み物のコミュニティに参加したりするようになるだろう。それとは別に、起業家のコミュニティに参加すれば、それとはちょっと違ったイベントやブログ、オンラインのコミュニティに参加することができる。編み物好きのコミュニティと起業家のコミュニティでは、雰囲気も人数も人気もサポート体制も大きく違ってくるはずだが、どちらにも利点はある。

専門技能のコミュニティと専門分野のコミュニティの両方に属することになるだろうが、より友好的な雰囲気で、あなたを温かく迎えてくれるほうをベースキャンプに選ぶといい。始めたばかりという人にとってはなおさら、ベースキャンプが必要だ。

## 顔を広げる

コミュニティに属するのを好まない人もいるかもしれない。コミュニティに加わるのは、ぼくにとっても簡単なことではなかった。けれども、参加してみて周りからあれこれ指摘されるのも大切な経験だ。どんなコミュニティにもいやな奴はいるものだし、自分が思ったとおりのコミュニティなど存在しないが、かといって、まったく変えることができないコミュニティというものもない。

あなたと同じような人が集うコミュニティなわけだし、あなたが変わるかもしれないし彼らが変わるかもしれない。どのコミュニティにも独自のライフサイクルがあって、その中でのあなたの役割も変化していく。あなたの働きかけによってコミュニティ自体にも変化が生まれるだろう。マハトマ・ガンディーが言ったといわれる有名な一言が、このことをよく言い表している。「世界を変えたいならまず自分が変わること」

どのコミュニティをベースキャンプにするか決めたら、次はそこに参加する番だ。誰かが会員証や肩書をくれるわけではないけれども、あなたがそのコミュニティに参加して、日々その価値を高める活動をしていれば、そのうちメンバーから一目置かれる存在になれるだろう。コツをつかんで、そのベースキャンプで自分の地位を確立できたら、他のコミュニティにも参加することを考えるといい。一度経験したことだから、次はもっと簡単にいくはずだ。

新しいコミュニティでのあなたの役割は、自分の存在感を示しつつコミュニティに貢献し、周りの人を支え、付加価値を与え、自分にできることを進んですることだ。イベントに参加して、さまざまな人に会おう。そして彼らの意見を聞き、質問をし、自分の視野を広げよう。アクティブに活動していれば、コラボする相手や、仲間や、アドバイザーにも出会える。公開オーディションをしているバンドに加わるようなもの、といったらいいだろうか。新加入メンバーとして自分の地位を確立しなければならない。

　批判のひとつやふたつはあるだろうし、テクノロジーの変化や経済の低迷に直面しても、最後まで周りの人と一緒に頑張る心づもりがあることを示さなければいけないこともあるだろう。けれども、そうすることで自然と信頼関係を結ぶことができるようになるし、自分の努力に見合ったものを受け取れるようになる。

　そんなことをする時間はないと思っている人は「自分にとってそれがどれほど必要か？」と考えてみてほしい。なぜなら、あなたが望むようなクリエイティブな人生をおくるためには、こうしたコミュニティが欠かせないからだ。真空状態では何も生まれない。俳優はひとりで映画を制作することはできない。友人がいなければ、スタートアップを起こしてもソフトウェアのベータ版をテストしてくれる人がいない。自分のスタンドアップ・コメディーを見てもらってフィードバックをしてほしいと思っても、見ず知らずの人は来てくれないだろう。人はあなたのことなどどうでもいいからだ。

　特に初期のころは、それほど多くなくて構わないが、あなたのことを気にかけてくれる人をもつべきだ。最初にそこをおろそかにしてしまうと、あなたの才能の多寡にかかわらず、すぐに厳しい現実に直面することになるだろう。

〈クリエイティブ・ライブ〉を共同で設立したとき、ぼくは写真業界ではすでに名前が知られていたし、１００万人以上が使っているアプリを開発した実績もあった。けれども、オンライン学習の分野では、ぼくはまだ新参者だった。これまでもそうだったけれども、このコミュニティでもぼくは自分の居場所を築いていかなければならなかった。当時は〝エドテック（テクノロジーの進化によって教育環境を変えていくこと）〟に注目が集まっていたころで、無料で見ることができるオンライン学習講座はほかにもたくさんあったけれど、ぼくたちの考えはいけると思った。新しい視点をもったものが必要だと感じていたからだ。

従来と同じような講座やテストを提供するのではなく、ぼくたちなら驚くようなテクノロジーを使って、よりよい教育を提供できる。ぼくたちならコミュニティづくり、双方向性のコミュニケーション、デモンストレーションのライブ配信、そして中身の濃い文脈学習などを提供できる。その当時のオンライン学習コミュニティは、ぼくたちが〈クリエイティブ・ライブ〉で始めた革命とはまったく対照的。この分野ではもっといろいろなことができる、とぼくは思っていた。

他のコミュニティでの経験があったからこそ、ぼくは自分が加わり、参加し、その価値を高めることで、コミュニティの未来を形づくるのに貢献できると思っていた。ぼくなら〝卒業証書〟をもらうことだけが授業を受ける目的ではないと仲間に伝えることができる。ぼくたちはテクノロジーを使って、全体をより深く学ぶことができる学習、そして夢中になれる学習を提供しようと考えた。自分に合った学習を自分のペースでできる、貴重な場をつくりたいと思っていた。

変化と気づきをもたらすためには、それなりの地位が必要だ。ある程度の地位を手に入れるためには、そのコミュニティに長期間しっかりと参加しなければならない。そこで、ぼくはいろいろなことを馬鹿にしないでとにかくやってみることにした。テレビや他のメディアに出たり、世界じゅうで開かれている会議に出席したり、そこで基調講演をしたりした。外から一石を投じたところで、オンライン学習のこれからを築いていこうとしている人が、ぼくの話に耳を傾けてくれることはなかっただろう。自分のビジョンをはっきりと示したいなら、袖をまくってまずそこに参加し、内部から価値を加えていかなければならない。

それには謙虚さも必要だが、楽しいことでもある。周りから認められるまでは、とにかく自分の存在を示さなければならないけれども、次第に自分の居場所ができてくるはずだ。周りから認めてもらえたら、自分のビジョンに沿った景色をもっと楽に描けるようになる。

## とにかく参加する

起業家でも、画家でも、模型飛行機の製造者でも、あるいはその他のさまざまな職業の人でも、実際に仲間と会う機会があったり、クラブがあったり、業界団体があったりするだろう。同じ興味や情熱をもった人は自然と集まるものだ。こうした機会をチェックしておいて、自分がいちばん気に入りそうなものをみつけるといい。

そして、ここが大事な点なのだが、そこではたくさんの人に話しかけてみること。部屋の隅に立っているほうが気が楽だと思うかもしれないが、そんなことをしていたらコミュニティにうまく入っていけない。それに、実際に人と会って目と目を合わせて話すことは大きな力になる。

もし、あなたが社会不安を抱えていて、自分の居場所から一歩出て集団の中に入るのに少し助けが必要なのだとしたら、無理をする必要はない。少しずつできるようになればいい。けれども、ぼくの提案を無視すると決めてかかる必要もない。ここで得た気づきを生かして、その障壁を乗り越えたり、迂回したり、突破したりできるような新しいスキルを身につけることだ。繰り返して言うが、実際に参加してみることは役に立つのはいうまでもなく、成功するための鍵である。

もちろん、オンラインでもコミュニティに参加してみるといい。ただし、それは社会的な交流を避けるためであってはいけない。あなたの分野で活躍している一流の人や仲間をフォローするのにSNSを活用しよう。そしてオンラインで彼らの会話に加わろう。気の利いたコメントや質問をするのは、「いいね」をしたり絵文字を送ったりするよりはるかに意味がある。なにより簡単に手に入れることのできるチャンスだ。一日にほんの数分の時間をとるだけで、コストをかけることなく自分のネットワークを広げることができる大きなチャンスだ。

自分は大勢のなかの無名のひとりにすぎないと感じるかもしれないが、ほとんどの人はそんなことをしていない。よく考えた示唆に富むコメントをすれば、きっと目に留めてもらえる。相手が忙しくて、すべてのコメントに返事をしてもらえることはなかったとしても。大事なのは、つねに価値を高めつづけることだ。あなたが参加することでそのコミュニティの価値が高まるが、一方であなた自身も、その分野で活躍している人の会話をよくフォローしていれば、価値のあるものをたくさん受け取ることができる。

ぼくはこうした方法で何百人にも出会った。なかには友だちと呼べるようになった人もいる。彼らはまさしく、いまのあなたと同じ立場にいた人たちだ。彼らはぼくの投稿にコメントをくれたり、ぼくの投稿をシェアしてくれたりすることから始めた。そして定期的に意見をくれた。彼らに直接会ったことがなくても、ぼくは彼らを知っていると感じるようになった。そのうち、彼らとどこかのイベントで実際に会うことがあり「インターネットでやりとりをさせてもらっている○○です。やっとお会いできて嬉しいです」と彼らは言った。よく知っているユーザーネームを聞いて相手が誰だかわかり、ぼくも実際に会えてとても嬉しく感じたものだ。

ぼくも彼らに親しみを覚えた。彼らがずっとぼくのコミュニティに参加してくれていて、付加価値をつけてくれたのを知っている。じつは、ぼく自身も尊敬する人に同じことをしてきたのだが、これはとても効果的な方法だ。そこから、いい友人が何人もできたし、ここ何年かの間、刺激的なコラボも実現している。長い時間をかけて努力をすることが大切だ。

じつにシンプルなことなのだ。相手に興味をもってもらいたければ、まず自分から相手に興味を示すこと。そこに加わりたければ、ネット上でもネット外でも、まずどこに行けばいいかを調べて、その場にできるかぎり出向くこと。

もしあなたが1950年代に作家、アーティスト、あるいは知識人として活躍していた人なら、パリに移住してサン＝ジェルマン＝デ＝プレにある老舗のカフェ、ドゥマゴで時間を過ごしていれば、そこでシモーヌ・ド・ボーヴォワールやジャン＝ポール・サルトルらと会うチャンスがあったかもしれない。初めは同席するのを許されなかったかもしれないが、よく顔を出すようにしているうちに、同席させてもらえるようになったなんてことがあったかもしれない。

コミュニティはそんなに難しいものではないが、時とともに変化していくものだ。あなたのヒーローであるアーティストが若いころに出入りしていた場所に憧憬を感じて、そこで時間を費やしたりしてはいけない。

**いま、**同じ興味をもっている人が集っているところに行こう。インターネットが普及したおかげで地理的な問題は解消されたといえるかもしれないが、他のクリエイターたちと実際に会うことはかけがえのない経験だ。いまでは中小都市でも、活気のあるアーティストのコミュニティをサポートしてくれているところがある。あなたが参加しているコミュニティがどの程度の規模なのかはわからないが、それを大きくしていこう。

あなたの住んでいる地域にコミュニティが存在しないならつくればいい。他の人の創造活動の手助けをするところから始めるといい。あなたのスキルを無償で提供してそのコミュニティを軌道に乗せよう。あなたはきっとすぐにコツをつかんで、もっと活気のある創造的なエコシステムの基礎をつくる手助けができるようになるだろうし、それは回りまわってあなた自身の作品にも役立つようになる。

コミュニティをつくること自体がそもそも創造的な活動だ。クリエイターなら必ず直面する障壁にぶち当たったとき、あなたの作品を支援してあなたを支えてくれる、活気があって頼りになるコミュニティがなければ、長きにわたって成功しつづけることはできないだろう。

## コラボレーション

コミュニティに参加して自分の居場所を見つけることは、まだ第一段階にすぎない。コミュニティに参加することの最大のメリットは、他のクリエイターに会ってコラボする機会を得られることだ。

もっと広く知られるべきだと思うのだが、創造性にはコラボレーションが必要ということは案外知られていない。ぼくの初めてのクリエイティブな作品『怪傑ゾロの息子たち』は、近所の友だちの力がなかったら日の目を見ることはなかった。映画『アメリカン・ビューティ』で10代の若者がビニール袋が風に舞っているだけの映像を10分間も撮っていたが、それと同じような顚末になっていただろう。ぼくの創造的なビジョンを形にするにはコラボする相手が必要だし、あなたにとってもそうだろう。

コラボレーションはいまでもぼくの作品で大きな位置を占めているし、アーティストとしての自分の枠を広げる方法として気に入っている。ぼくのフォトスタジオや〈クリエイティブ・ライブ〉には、いろいろな人が異なるノウハウを持ち寄ってくれる。デザイナー、ディベロッパー、レタッチャーら、チームのメンバーのひとりひとりが、違った角度からぼくのビジョンに貢献してくれる。実際、コラボレーターがいなければ、ぼくは作品を創ることができなかっただろう。

ぼくがこの本を執筆しているいまも、妻のケイト――すばらしいクリエイターで、長年にわたるぼくのコラボレーターだ――が原稿を書くのを助けてくれていて、ぼくが行きづまると適切な助言をくれたり、とりとめのない話をまとめるのを手伝ってくれたりしている。

また、ぼくは自分の専門分野以外の人とコラボする方法を探してもいる。ぼくは一眼レフカメラの動画撮影機能を使った実験的な撮影をしたりしていたのだが、もっと新しいことをやりたいと思って、すばらしい才能をもったコマーシャル・ディレクターのウィル・ハイドと彼のスタジオに、コラボレーションの打診をしてみた。一緒にミュージックビデオの撮影をするのはどうだろう、と。

ウィルは自分のポートフォリオを築くために、コマーシャルではなく、もっとクリエイティブなことをやりたいという思いを抱えていた。これは彼にとってもいい機会だ。そこで、ぼくらはシアトル出身のインディーズバンド、ザ・ブレイカーズのミュージックビデオを共同で監督、プロデュースすることにした。リスクを抑えながら新しい作品にチャレンジすることができる、またとない機会だ。ザ・ブレイカーズのメンバーも、実験ということで、無償でミュージックビデオをつくってもらえることに何の異論もなかったし、特にこだわりもなかった。当時のぼくには照明についての知識がなかったので、これはとてもいい機会だった。とにかく、学べることがたくさんあった。

自分の専門分野以外の人とコラボするのは怖くもあるが、力をもらえる。ぼくは知らないことは知らないと言えるようになったし、コラボレーターもそうしてくれる。そうすれば新しいことを学ぶチャンスになる。ぼくが提供できるのはぼくが知っていることだけだ。このミュージックビデオの制作に使える予算は限られていたので、アグレッシブで、きつい撮影スケジュールになった。顧客から料金をもらえるわけではないので、コストはなるべく抑えなければならなかった。

無茶なスケジュールのなかで、ぼくとウィルはすぐに何か新しいやり方でコラボレートする必要があると考えた。当時、ビデオ制作は写真撮影とはまったく違う方法で行われていた。細かく切って撮っては特殊加工を施すというように、長編映画を製作するときのやり方が踏襲されていた。当然、撮影ペースは遅すぎる。

それに対して、ぼくのチームはさまざまなロケーションに行って撮影をするチームなので、素早さとフットワークの軽さが必要だ。けれども、オーディオ関係やビデオ撮影に関しての経験は不足している。そこで、互いの弱みをカバーして強みを生かすには、もっと柔軟なやり方をする必要があるとぼくたちは考えた。誰もが自分の仕事は喜んでやろうと思っていたし、必要があれば周りの手助けをすることもいとわなかった。

もし、高価な機材や高機能の機材を使っていたら、誰もが自分の役割に固執していたことだろう。けれども、ぼくたちはそれぞれ自分の役割だけにこだわらず、互いに協力することにした。ぼくたちはエゴがまかり通る自分たちだけの世界に閉じこもっているのではなく、このミッションにふさわしいフットワークの軽さと効率さを身につけ、全員が協力し合った。

タイトなスケジュールだったが、ぼくたちはなんとか期限までに予算内でミュージックビデオを完成させることができた。思ってもみないビデオができ、バンドのメンバーたちは驚いていた。残念ながら、このバンドが爆発的に売れることはなかったが、この経験から双方のスタッフは多くのことを学ぶことができた。

ウィルは少ない予算のなかで合理的なやり方をしているぼくのスタッフから、価値あることを学んだと言ってくれた。ぼくのほうは、映画のセットの構造や作業の流れを学ぶことができた。共同で監督をしたので、ぼくはビデオ撮影のスキルをすぐに身につけなければならなくて、教えてもらったらその場ですぐに実践しなければならないことがほとんどだった。

ぼくにとっては試練だった。ウィルの25万ドルもするカメラを使って、超スロー映像を撮る機会もあった。当時、ウィルの撮影技術や撮影機材は、ぼくのはるか先を行っていた。このときに得た知識のおかげで、ぼくはその後コマーシャルを監督する仕事をいくつも受けることになり、何百万ドルという収入を得ることもできた。

あなたも外に出て誰かとコラボレートしよう。自分の力量など気にせずに、実世界に出て実際に人と共同で作品を創って、そこからいろいろと学ぼう。見ていてわくわくするような作品を創る、最高のコラボ相手を探そう。そして、うまく計画し、意思疎通をはかり、互いの強みを生かせるように作業を分担することを学ぼう。経験から学べることをすべて吸収することも大事だが、まずは自分がプロジェクトの価値を高めるためにできることをしよう。

自分と同じか自分よりもっと力のある人、そして情熱のある人に囲まれると畏縮してしまうかもしれないが、そんなときはこう考えてみよう。

「Aクラスの人はAクラスの人と仕事をする。BクラスのBはCクラスの人と仕事をする。偉大になりたければ、最高の仕事をしているすばらしい人のなかに入っていこう。思った以上に背伸びをすることになっても。自分のレベルを上げるいちばんいい方法は、周りの人のレベルを上げることだ」

## 友人や家族との関係

ここまでコミュニティについて書いてきたが、とても大事なことをまだ書いていなかった。ほとんどの人は、すでにひとつかふたつ、コミュニティをもっている。そのうちのひとつは家族だ。ここでは、自分が生まれ育った家族というコミュニティでの人間関係について考えてみよう。

友だちのなかには、こちらを落ち込ませるようなことを言ったり、こちらに疑いの目を向けたり、皮肉を言ったりする人がいるのは誰でもよく知っているだろう。ぼくが耐えられないものがあるとすれば、それは皮肉だ。あれは毒のようなもの。皮肉屋になってはいけない。皮肉屋は周りの人が最悪の状況に陥るのを望んだり、いつも失敗が起きるのではないかと考えたりする。そう考えていると、その通りになってしまったりするものだ。

夢というロケットを宇宙速度に到達させるためにはロケット燃料が必要だが、皮肉な考え方をしていると消火システムが働いて、地球の引力に負けてしまう。私生活で周りから敵意を向けられたり否定されたりするのを我慢したり、そうした周りからの声が正直な声なのだと思ったりしてはいけない。〝友だち〟と称する人からの皮肉や疑いの言葉に耐える必要はない。はっきり言ってやろう。

「ぼくは生まれ変わったんだ。いまやミッションをもったクリエイターなんだよ。もちろん、転んでしまうことも失敗してしまうこともあるだろうけれど、ぼくは自分のビジョンを実現するまで何度でも起き上がるよ。そのミッションが完了したら、次のミッションを目指す。ぼくをサポートしてくれたり、応援してくれたり、信じてくれたりする人とならこれからもつき合いを続ける。もしきみがそうしたいというなら、ぼくのことを応援してくれ。だが、ぼくにケチをつけるようなら、きみとはもうオサラバだ」

そう言っても相手がピンとこないようなら、新しい友だちをつくろう。

クリエイターとしてのポテンシャルをいかんなく発揮したいなら、外の世界へ出ていって、いろいろな指摘を受け、混沌としたなかで自分の人生を切り拓いていかなければいけない。有害な人間関係を続けていては、こうした探求はできない。彼らは狡猾だ。忘れてはならないのは、彼らがあなたに抵抗するのは、彼らが自分のクリエイティブなひらめきをあきらめてきたからなのだということだ。

あなたが変わろうとすればするほど、彼らはあなたを強く引き戻そうとする。なぜなら、あなたを見ていると、かつて自分があきらめてしまったことを思い出してしまうからだ。他人の創造性を再び目覚めさせるのに費やしている時間やエネルギーはない。あなたはあなたの道をもう歩みはじめているのだから。

だが、クリエイターになったばかりの人にとって、これはとても難しい。ぼくたちが勝負に出ようとすると、友だちだと思っていた人が、思いがけず必死にぼくたちを止めようとする。きみは本当にその世界でやっていきたいと思っているのか、と。だから、あなたが望んでいる世界にすでにいる人と友だちになろう。

さあ、これであなたは新しい友だちをつくり、創造的なコミュニティで新しい仲間を得たわけだ。では、家族とはどのような関係を保っていけばいいだろうか。理想的なのは、すべての親族が、あなたの新しい（見直された）創造的な興味についてよく知っていて、認めてくれて、心から懸命に応援してくれている状況だろう。だが、現実には、たとえわかってくれない人がいたとしても、その人たちをあなたの人生から締め出すことはできない――それは健全な選択ではない。

家族はあなたの人生にとって大切な存在だし、彼らを置いていくことはしたくないだろう。だから、家族と一緒に歩んでいけばいい。それにはこんな方法がいいだろう。自分がこれから何をするつもりか、それがどんなにすばらしいのかを話して聞かせるのではなく、実際にそれに取り組んでいる姿を見せよう。

背中を押されようが押されまいが、作品に取りかかろう。家族が起きる前に起きて、机で作業を始めよう。毎朝起きると、家族は作品に取り組んでいるあなたの姿を目にすることになる。あなたの情熱と一途な気持ちを行動で示そう。作品創りを進めよう。もの書きはよくこう言う。「話すのではなく行動で示そう」と。あなたを愛してくれている人なら、決意を表明するよりも、これまでとは違うあなたの行動を見せたほうが納得してくれるだろう。

創造性を解き放ったことによって、あなたの精神面、感情面、健康面にいい影響があることがわかれば、家族はきっとわかってくれる。わかってもらえない場合は、しっかりと話し合う必要があるだろう。愛情と謙虚な気持ちを忘れずに、そして何より正直な気持ちで相手と話し合おう。「ぼくの幸せのためには、どうしてもこれが必要なんだ。創造したいという欲求に従いたいんだ。家族のサポートがほしい」と。

コラボレーターや仲間がいれば自分の強みも生かせるし、サポートを得ることもできる。サポートしてもらうのは自分が弱いからではないということを受け入れると、人間として大きな強みとなる。クリエイティブなコミュニティに参加したら、あなたのこれからの旅を支えてくれる人たちといい関係を築こう。そうしたら、次は、もうひとつの大切なコミュニティについて考えはじめなければならない。あなたの作品を見てくれる人のコミュニティだ。

# 第11章 観客を獲得する

Build Your Audience

**あなたは自分が率いる人たちを選ぶことができる。リーダーとして行動することで、あなたについていきたい、と彼らに思わせることだ。**

**——セス・ゴーディン**

あなたにもこんな経験がないだろうか。数えきれないくらいの時間をかけて何かをつくったあと——製品でも、新しいウェブサイトでも、アート作品でも、仕事のプレゼン資料でもいい——それを世の中に発表して、しかるべきところで、しかるべき観客に見せたとする。あなたは息をつめて状況を見守る……が、何も起こらない。何の反応もない。心の中をすきま風が吹き抜けていく。あなたの作品を気に留めてくれる人は誰もいない。

あなたは他のクリエイターをうらやまし気に眺める。なぜ、彼らの作品は注目されるのだろう。それ以上とはいわなくても、同じくらいすばらしいはずのあなたの作品が、こんなに苦戦しているというのに。

あなたは時間を巻き戻してどこがいけなかったのか考えるが、これといってない。本に書いてあったことや、専門家やその業界の第一人者が言っていたことはすべてやった。まず想像して、計画して、うまく実行した。できるだけ宣伝もしたし、すべてのソーシャル・プラットフォームでアカウントを開設したし、適切なハッシュタグもつけたし、すべてやった。なのに、何の通知もこない。いったい、どうなっているのだろう。他のみんなは周りの注目を集めているのに、なぜ自分の作品は注目されないのだろうか。

彼らは予算が多いからだとか、大きなチームをもっているからだとか、不当な手を使ったからだとか言い訳をしたくなるところだが、原因はそこではない。たしかに、それらは役に立つだろうが、注目を集める秘訣は観客にある。

第10章で、あなたが興味をもっている分野のコミュニティをみつけて、そこにいる人たちと友人関係を築き、サポートしてもらったり、その仲間集団を軸に成長していったりしようという話をした。

こうしたコミュニティは、あなたの中に眠っているクリエイターを呼び覚ますのに役立つが、世の中にインパクトを与えたいと思ったら、そのコミュニティにいるだけではだめだ。あなたに必要なのはあなた自身の観客だ。**あなたの作品、あなたの価値観、あなたの創造性**に特に興味をもってくれるファンだ。

あなたの観客は、あなたと同じようにユニークで活気のある人だろうし、そうでなくてはならない。この章ではそんな観客を手に入れて、貢献したりサービスしたりしながら彼らを引っぱっていく方法を書こうと思う。あなたを見てくれる集団をつくる方法だ。あなたが参加している他のコミュニティの人がまずは観客になってくれるだろうが、そのうちあなたについていこうというファンが現れるだろう。

いまはまだ誰にも知られていないとしても心配することはない。何かを始めるときにいいことは、上がるしかないという点だ。これからあなたのフォロワーになってくれる人の数は、初めのフォロワーの倍になるだろう(こんなに増えるのはこの時期だけだろうが)。

観客と呼ぼうが、コミュニティと呼ぼうが、集団と呼ぼうが、フォロワーと呼ぼうが構わない。あなたのアイディアやクリエイティブな作品を発表できる場をみつけようと思ったら、多様性がありながら同じ興味をもった人たちのグループに入っていって、あなたの作品を見てもらったり、それを周りに広げてもらったりするといい。

クリエイターにとって観客というのは、世の中にインパクトを与えるための最も大切な資産である。創造性があなたの人生を色彩に富んだものにしてくれたのと同じように、観客はあなたの世界に色彩を与えてくれる。

## エネルギーの配分

初期にやるべきことは、ありったけの時間とエネルギーを注いでものを創ることだ。技術の習得や発言力を磨くことも絶対に必要だ。けれども、弾力性があって生産性の高い創造活動を習慣的にできるようになれば、そのうちいろいろなものが変わりはじめる。質のいいものをたくさん創れるようになるにつれ、それを周りの人に見せたいと思うようになる。

そのうち、上司に自分の考えを伝えたり、新しく投稿したブログを両親に読んでもらったり、自分の書いたものをベーススキャンプの人たちに読んでもらったりするだけでは満足できなくなってくるだろう。もっと幅広い人たちに、自分のメッセージを聞いてもらいたいと思うようになるはずだ。

作品をただ宣伝すればいいということでもない。多くの人に作品を見てもらって彼らにインパクトを与えたいと思っているなら、宣伝するのは大変だけれども大切だ。けれども、ただものを創って、データベースに名前のある人たちに宣伝すればいいというものではない。それは観客というものがわかっていない人のすることだ。

実際、クリエイターになったばかりの人たちがよくやる最大の間違いは、ものを創ったらすぐに宣伝しなければいけない、と思い込んでしまう点だ。なかには、創造する段階をおろそかにしたまま、〝インフルエンサー〟になろうとして宣伝に勤しむ人もいる。インフルエンサーになれば、いや、少なくともある程度影響力のある人になれば、自分の言動にみんなが注目してくれるはずだ、と。

けれどもそれは間違いだ。宣伝するのは、しっかりと基礎を固めてからでなくてはならない。あなたが何者か、まだ誰も知らない。そんなことは当たり前だ。

作品で世の中にインパクトを与えたいなら、もの創りと宣伝にかけるエネルギーは、自分の目標を達成するために使う全エネルギーの半分にしておかなければならない。もう半分は、あなたの作品を見てくれる観客を獲得することに使おう。成功するためには、あなたの作品を気に入ってくれる大勢の観客が必要だ（ただし、人数のことはまだそれほど気にしなくていい）。観客を獲得するには、どうやったら彼らの興味を引きつけられるかよく考え、意義のある話ができるようにならなければいけない。

創造的で、本物の、心のこもった作品だったとしても、あの手この手でフォロワー数を増やすことだけを目的にして創るのはやめよう。あなたの作品そのもの、それを創る過程、あなたがその作品を創る理由、そのすべてを愛してくれる本物のファンを獲得しよう。新しい製品、新しいウェブサイト、新しいアート作品、あるいは新しいパフォーマンスを創造する前も、その最中も、その後も、つねに観客を獲得するように努めるべきだ。創造的な活動と並行してコミュニティをつくること。どちらも一貫して行わなくてはいけない。
気が重くなってきただろうか。ちょっと深呼吸してみよう。観客を獲得するには、とにかく忍耐が必要。長い時間がかかるので、自分のペースでやろう。成功したクリエイターたちは、いったいどこでこんな活発なコミュニティをみつけたのだろう、と不思議に思うことがあるかもしれないが、それは違う。そもそも彼らはそのコミュニティをみつけたのではない。

**自分で**つくったのだ。

実際、成功している人というのは、コミュニティを確立するまでに5年以上は費やしてきているはずだ。あなたがまだ名前しか知らないというクリエイターにしてもそうだろう。急に有名になったクリエイターはどこからともなく現れたような気がするものだが、実際はその前に何年も地道に努力を重ねていた時期があるものだ。いまではぼくらが知る主流派になっているが、そのずっと以前から、彼らやその作品は、コミュニティではよく知られていたはずだ。必ず大躍進しようという気概をもって何年もやってきたわけだ。いま、あなたが目にしている彼らの成功を後押ししたものは、彼らのコミュニティだ。

クリエイターは、何よりもまず作品を創造する。だが、誰かに認めてもらいたいならば、作品を創りながら将来の成功のための基盤を固めていかなければならない。いま、大成功しているアーティストや起業家のことを考えてみるとわかる。

彼らにも誰からも注目されない時期があったはずだ。何年もかけて、彼らはいろいろなコミュニティに参加し、ベースキャンプを築き、辛抱強くそれらの付加価値を高めていき、そしてとうとう周りから注目されはじめ、応援してもらえるようになった。彼らは少しずつ、自分に注目してくれる人と人間関係を築いていった。そしてとうとう転換点を迎え、自分の作品に興味をもってくれる熱心なコミュニティが（傍目には）突然、出来上がったというわけだ。

だが、そこが終点ではない。自分や自分の作品に注目してくれる観客を獲得しても、そこで終わってはいけない。火花が散ったからといって火が燃え広がることはない。成功とは、そこまでは順調に観客を獲得できているということを示すものにすぎない。だから、その努力を**続けなければ**いけない。

ただ座ってお金や称賛が転がり込んでくるのを待っていたり、ある程度観客やフォロワーが集まったら、その場を活用すればいいなどと考えていたりするうちに、あっという間にその世界で忘れられてしまうだろう。あなたのコミュニティも消えてしまうだろう。だから、つねにハングリーで、謙虚でいよう。観客を獲得するために必要なことを続けてやろう。

セス・ゴーディンは毎日欠かさずブログを更新する。すると、それを見た人は、彼から間違った教訓を得てしまう。いい作品を公開することを長く続けていれば、必ず注目されてブレイクスルーできることをセスが証明してくれている、と思ってしまうのだ。だが、それは真実ではない。セスに訊いてみるといい。

彼は誰よりもコミュニティの力を知っている。本の配送の仕事をしていた時期、ヤフーで働いていた時期、そして今日に至るまで、彼はずっと自分の仲間を築くことに力を注いできた。彼はさまざまなコミュニティの付加価値を高めてきて、最終的には自分の作品につながるコミュニティをつくった。彼はけっして栄誉の上にあぐらをかくことはなかった。

いまも、彼は受け取った電子メールにはすべて返信しているという。講演も頻繁に行っているし、オンラインのワークショップを行っているaltMBAといった、彼のコミュニティをサポートするようなプロジェクトもいくつも立ち上げている。たしかに、彼は毎日ブログを更新し、次々と本を出版しているが、そうした活動はじつは全体の半分以下にすぎない。

徐々に変化はしているが、ぼくのポッドキャストはもともと、写真のコミュニティに付加価値を与えたいと思って始めたものだ。成功した起業家や有能な人が他のコミュニティからこの業界のコミュニティに入ってきてくれることはなかったので、これまでフォトグラファーは成功、個人的な成長、創造性などについて深く考える機会がなかった。だから、ぼくはその価値観をこの業界に持ち込むことができると考えた。

そこでぼくは、ニューヨーク・タイムズ・ベストセラー作家や、ピュリッツァー賞、グラミー賞、アカデミー賞などを受賞したアーティストや有名な起業家たちにインタビューをすることにした。そして、写真業界の人ならきっと訊いてみたいだろうと思うような質問をした。

ひとつはっきりさせておきたいことがある。観客を獲得するのは有名になることとは違う。コミュニティの規模――観客数、クライアント数、仲間の数、フォロワー数――が大切なのは、あなたがそれを望んでいる場合だけだ。

たとえば、あなたが鍛冶職人だとする。地元の腕のいいシェフがこぞってあなたのつくった包丁を欲しいと言ってくれるなら、あなたは最高の鍛冶職人だ。あなたが振り下ろすハンマーの一撃一撃に意義がある。あなたの作品を受け入れてくれる観客がいて、作品の対価として受け取るものにあなたが納得しているのなら――注目を集めるだけという場合もある――あなたの努力はうまくいっている。そのまま続けよう。

あなたの知っている有名なクリエイターは、たとえ製品や作品創りに熱狂的に取り組む人であっても、コミュニティを開拓するのに多くの時間を割いている。ただ作品を公開して幸運を願っているだけではないのだ。彼らは自分がなぜその作品を創ったのかわかっているし、いい作品を多く創ってもいるが、それだけでなく、その作品が誰に共感を覚えてもらえるか、どこのコミュニティで注目を集められるか知っているし、その場へどうやって自分の作品を公開すればいいかを知っている。最高の食事も、**誰に**食べてもらうかが重要だ。

## 自分なりの観点をもつ

第3章で述べたとおり、周りから抜きん出るためには、まず何よりもオンリーワンの存在になることが必要だ。だが、このコンセプトを理解できても、実際に〇〇（自分の目指しているものを当てはめよう）として世の中でうまくやっていくのはなかなか難しい。

いったん世の中に出て、あなたがベースキャンプにしているコミュニティなど、いくつかの既存のコミュニティでの自分の地位を確立したら、今度はまったく新しいコミュニティの中心的な存在にならなければいけない。あなたの力で動かし存続させていくコミュニティだ。

**あなたが**率いていくのだ。

コミュニティを率いるのは、なかなか落ち着かないものだ。第4章で、ぼくは冷水を飲むのを習慣にしているという話をした。もし、あなたも同じような習慣をもっているなら、これについて何か意義のあることを言えるだろう。周りから抜きん出た存在になろうと思ったら、黙っていてはだめだ。勇気と、少なくともある程度の自信と、最低限の情熱が必要だ。

2004年ごろ、ぼくは〈ブロガー〉に自分のアカウントをつくって、自分のクリエイティブな日々を公開することにした。雪崩から生還したことで、生きているうちにもっといろいろなことをやりたいと思うようになったのだ。他の人がクリエイティブな毎日をおくるためのヒントになれればいいと思っていた。ぼく自身、周りにそんな存在がいたらいいのに、とずっと思っていたからだ。

それに、ブログは自分の見解を表明する習慣を身につけるいい機会になる。ぼくはそのときすでに、技術ではなく、自分なりの観点をもつことこそが、クリエイティブな世界で成功を収めるための基礎になると考えていた。ブログでは写真よりもぼくが綴った言葉のほうが大きな役割を担っていたけれども、アーティストとしての自分の観点を示すことができる場になった。ためらわずに自分が思っていることを言葉にしようと思った。

ぼくのサイトはお世辞にも見た目はよくなかったし、写真にとって最適な環境とはいえなかったけれども、意義はあった。完璧なツールはいらなかったし、あるもので十分だった。

大学院に通っていたころは論文をたくさん書いていたけれども、自分が思っていることをわかりやすい言葉で（戯言にならないように）伝えるにはどうすればいいかを、学ばなければならなかった。簡単にはいかなかった。まずもって何をどのように書けばいいのかまったくわからなかった。何を書いてもぎこちない感じで、堅苦しいものになってしまった。

そのうち、ぼくは日々遭遇するさまざまな問題について思うことを書くようになった。撮影セットについて間違った意向が伝わっていた件とか、ある撮影で技術的にとても苦労したこととか、クライアントの管理について苦い教訓を得た話とか。

そうしているうちに、ぼくの文章もよくなっていき、フォトグラファーとしての経験を書くようになっていった。当時はまだ息苦しかった写真業界に対して感じていたフラストレーションについても書いた。そのころ、毎日憧れのプロフォトグラファーに連絡をしてコラボレーションしてくれないかと頼んでいたのだが、一度も返信をもらったことがなかった。

この業界では、撮影のコツは企業秘密として周りの人には公開しないのが慣例になっていたことについても書いたし、地元の図書館のカード目録を見て絶版になった写真集を見つけ出しては、写真の勉強をしていたことなども書いたりした。

そうしているうちに、少しずつ自分なりの観点というものが出来上がっていった。書くことを通して、自分は何者なのか、何をするために生まれてきたのかわかるようになっていった。ぼく自身は、他のクリエイターが成功する手助けをするのを楽しいと感じていたけれど、クリエイティブ業界はクリエイターへのサポートが欠如していると思った。

実際にやってみることで、自分が何に向いているのかを知ったり、多くのことを学べたりするものだ。それなのにこの業界は閉鎖的だった。だから、ぼく自身はできるだけオープンでいようと思ったし、気取らないでいようと思った。

そんなことを、ぼくはブログに投稿するというプロセスを通して考えるようになった。文章自体はぎこちなかったり、わかりづらかったり、不明確だったりしたけれども。どこかの洞窟にこもってひらめいた考えを書いたわけではない。自分の作品を創りながら自分の観点を学んでいき、そしてここが重要な点なのだが、そのときに自分が考えたことや感じたことを周りの人に伝えたのだ。

ブログを始めたのは、ぼくの写真スタジオを宣伝するためではない。フォロワーの数が増えていっても、投稿を読んでくれた人が未来のクライアントになってくれるだろうという幻想は抱かなかった。ただ、価値を高めること、ぼくを必要としてくれている人たちの役に立つことだけを考えていた。他の人の役に立つものとは何だろうか。

たとえば、ぼくはデジタルカメラを野外での撮影に使ったり、最先端のカメラをもって山に撮影に行ったりした。スタジオの中では誰もがデジタルカメラを使っていたが、繊細な機材でも（当時としては）独特で斬新な方法で外に持ち出すことが可能だということを示して見せたのだ。中判のデジタルカメラや、耐久性に優れたメモリーカードや、丈夫なラップトップコンピュータのケースなど、ぼくが新しいものを取り入れたり、新しい製品の市場を開拓したりするのを、みんなが見ていた。

ぼくにとってはどれもが実験だったが、そのことを言葉にして公開することで――うまくいったときも、教訓を得たときも、両方書いた――ぼくの小さな実験室は、クリエイター仲間がネット上で集まり、互いにつながる場所になった。

そうこうしているうちに、テクノロジーも進化した。ぼくはすぐに、動画共有サイトのグーグル・ビデオやViddlerなどのツールで動画の撮り方を公開した（当時はまだYouTubeはあまり一般的ではなかった)。そうやって創造的な作品の幅を広げていき、他の誰も提供していないような情報を提供するようになった。

たとえば、ぼくが海外で撮影をするときにもっていく機材一式を公開したりもした。ヒマラヤで撮影するときに大切な機材をひとつでも忘れようものなら目も当てられない。

ぼくはまた、自分のビジネスを構築する一方で、日々学び、成長し、人生においてさまざまな経験をしている一フォトグラファーとしてのライフスタイルを、一部だが公開した。2005年には、数は少ないけれども有能なスタッフを雇うことができた。フルタイムで雇ったビデオグラファーには、ぼくの撮影がうまくいっているときもいっていないときも、その様子を撮ってもらった。

ぼくたちはエキゾチックなところに行ったり、車の中で寝泊まりしたり、外でキャンプをしたりしたし、ヘリコプターをチャーターして見晴らしのいいところへ行ったりもした。そのときの様子の多くを記録して公開したところ、クリエイター仲間やクライアントの間で評判になった。

当時は、こんな風にライフスタイルや冒険やアドバイスを公開したものはあまりなかったのだ。ちょうどYouTube、フェイスブック、その他のツールが出てきはじめたところだったので、ぼくはそれらを使って実験的なことをいろいろとやった。メッセージを広く届けるために何でもやったのだ。

他のフォトグラファーのように、ただ黙々とクライアントから頼まれた仕事をしているだけだったら、ぼくはいまだに日銭を稼ぐだけのフォトグラファーで、自分の創造的な潜在能力を発揮させることもできていなかっただろう。自分の作品を公開することで、ぼくは批判を受け入れることができるようになった。それがその先、世界じゅうのさまざまな企業とコラボレーションをすることにつながった。ブログのおかげで、興味深いさまざまなオファーを受け取るようにもなった。

「香港まで飛行機でお送りしますので動画に出演していただけますか?」ああ、もちろんオーケーだ。ぼくが提供した価値を気に入ってくれたぼくのコミュニティは、ぼくの考え方に沿って少しずつ大きくなっていった。そのコミュニティの人たちは、後にぼくが築くことになる〈ベストカメラ〉や〈クリエイティブ・ライブ〉などを支える存在になってくれた。

数年後のことになるが、ワイアード誌を共同で創刊したケヴィン・ケリーが、今日の世界でクリエイターとして成功するためには、熱心なファンが1000人いればいい、と言ったことがあった。そのとき多くの人は彼をあざ笑ったが、ぼくはそれまでの経験から、彼の言葉が正しいことを知っていた。

そのうち、大企業のクライアントと大きなプロジェクトを手掛けるようになったぼくは、こうしたブランドの製品と、ぼくの観客とを結びつける方法を考えるようになった。ひとつの仕事をただやるより何倍もよさそうだ。そこで、双方をひとつに統合して何かできないかと考え、ぼくのフォロワーにぼくのクライアントの製品やサービスを使ってもらい、その姿を写真に撮ることにした。

ニコンがデジタル一眼レフカメラのD90を発売したときがいい例だ。動画撮影機能を兼ね備えた画期的な一眼レフカメラの価値を知ったぼくは、大喜びで自分の体験を観客と共有した。この技術を使う世界で初めてのプロフォトグラファーになるのは、わくわくする体験だった。観客もぼくと同じように興奮してくれた。この製品は彼らにとっても興味深く価値のあるものだった。ぼくは撮影した動画にストーリーを添えたりして、撮影の舞台裏を新しい形で見られるようにし、彼らは喜んでこれを広めてくれた。

たとえてみれば、ぼくのコミュニティはいわば盛大なディナーパーティの場のようなもの。ぼくはそこに魅力的でほれぼれするようなゲスト（ブランド）を招いて、コミュニティのメンバーに会わせたわけだ。その場はおおいに盛り上がり、洞察に満ちた楽しい時間になった。ほかにもそのディナーパーティに参加したいというブランドがいたが、断らざるをえなかった。結果的に、ぼくのコミュニティはぼくがブランドの価値を高めるためにどれほど努力したかわかってくれたし、ぼくが支援したブランドの人たちは、しっかりとした協力体制のもとでコラボレーションをすれば、コミュニティがどれほど熱狂的に反応してくれるのかを知ることになった。まさしくウィンウィンの関係だ。

確かな腕、物事を動かす力、そして自分をさらけ出した作品が、ぼくというブランドとなり、仲間も増えていった。すでにあった顧客基盤に加えて、この仲間たちがユニークで貴重な機会を提供してくれた。すると、クライアントの求めに応じるためだけに写真を撮らなくてもいいのだと思えるようになり、ぼくはクライアントからの依頼を断ることもできるようになった。

だが、断れば断るほどクライアントは一緒に仕事をしたがる。すると、こちらからクライアントを選べるようになる。いままでなら受けていた仕事も断ることができるようになり、自分が本当にやりたいと思うことや、自分の観客をサポートするような仕事が、それまでの倍くらいできるようになった。こうして強力な好循環が生まれた。

## 信頼を得るために必要なこと

コミュニティから寄せられる信頼ほど、ありがたいものはない。あなたは信頼を勝ち取り、それを全力で守らなければならない。

ECプラットフォーム〈ショッピファイ〉の創設者兼CEOのトビ・リュトケは、信頼を蓄電池にたとえている。あなたのコミュニティに新しい人が入ってきたとき、彼らのあなたに対する信頼度、つまり信頼の蓄電池は50%充電された状態だ。50%しか充電されていない携帯電話では一日もたない。すぐに充電しないと、いざ使おうとしたときには電池が切れているかもしれない。

トビが言っているように、あなたがコミュニティの人と交流するたび、双方の蓄電池は充電されるか消耗されるかのどちらかだ。では、信頼の蓄電池はどのように充電すればいいだろうか。ブレネー・ブラウンは『立て直す力 RISING STRONG 感情を自覚し、整理し、人生を変える3ステップ』(講談社)のなかで、信頼を築くための鍵となる要因をいくつか挙げている。それは、頼りになる存在であること、説明責任を果たすこと、誠実であること、寛容であることだ。あなたがコミュニティでとる行動のひとつひとつが、信頼を築くか損なうかを決める。

では、クリエイターはどうすればコミュニティの信頼を得ることができるだろうか。まずは、真実を述べること。本当のことを、隠さず述べよう。たとえば、少しでもクライアントに関連したことをコミュニティで述べるときは、はっきりそのことを知らせよう。たとえ、あなたが純粋に彼らにいいものを勧めようとしている場合であっても。

次に、あなたの本当の姿を見せること。彼らがあなたの世界の一員になろうとやってきたのは、あなたの価値観が彼らの価値観と合っているから。だから、彼らと交流するときは、親しい友だちに対するのと同じように、本当のあなたの姿を見せよう。

次に、約束を守ること。コミュニティのために何かをすると宣言したら、必ずそれを最後までやろう。もしうまくいかない場合は、よく説明しなければいけない。

最後に、あなたのほうから与えて与えつづけること。あなたの観客はあなたが利用するためにいるのではない。あなた自身が彼らを啓発し、育て、維持しなければいけない。

では、どうやって観客を維持すればいいのか。価値を与えつづけることだ。インスタグラムで100人ほどのフォロワーができると、すぐに何かをフォロワーに売ろうとしたり、スポンサーから依頼を受けてインフルエンサーになったりする人が多い。ぼくはブログに1000回以上も投稿し、閲覧数が何百万回にも達してからやっと、何かを勧めたり、売ったりすることを考えるようになった。〈ベストカメラ〉は3ドルでダウンロードできる写真共有アプリだが、これが初めてぼくが観客に売ったものだ。

また、ぼくは他の人のブログに定期的にコメントしたり、SNSでやりとりをしたりしていたけれども、自分のブログへのリンクを貼ることはしなかった。ぼくは長い期間、ただ辛抱強く、しっかりと、小さいけれども成長を続けるコミュニティに価値を提供しつづけてきた。

実践する方法は、新しいツールができたり消えていったりするのに合わせて変わっていくが、コミュニティ構築の哲学はつねに変わらない。あなたのほうから与えることだ。〈クリエイティブ・ライブ〉では、コミュニティに価値のあるものをたくさん提供してきた。世界的なフォトグラファー、デザイナー、起業家たちとともに、最高のクリエイティブ講座を公開してきた。世界じゅうの誰もが、無料で、最初から最後までこうした講座を視聴することができる。

オプラ・ウィンフリーがトークショーの観客全員に車をプレゼントしたのと同じとはいえないまでも、これもすばらしいことだと思っている。〈クリエイティブ・ライブ〉がこれほど多くの人が熱心に参加するコミュニティになったのは、偶然ではないのだ。

あなたの創造的な活動が歌うことでも、踊ることでも、編み物をすることでも、料理をすることでも同じ。あなたが他者に与えるものは教育的なものでなくても構わないが、価値のあるものでなければいけない。価値のあるものを与えるのは、そう簡単なことではないけれども、いったんうまくいきはじめれば、さらにやりつづけようという意欲が湧いてくるものだ。

コミュニティをもっと効率的に構築したいならば、成功している人のやっていることをよく見て、DEAR（分析、模倣、検討、繰り返し。第2章を参照のこと）を実践するのが一番いい方法だ。一流のパフォーマーはどのような戦術をとっているだろうか。これは別にあなたのほうが人間として劣っているということではない。ただ、自分の道を歩みながらも、他の人から学ぶべきだということだ。

ただし、自分らしさは失わずに。第二のリアーナになる必要はない。あなたらしくいよう。

他人のメッセージや観点をそっくりそのまま真似てはいけない。ただ、彼らを見てメカニズムを学び、あなたの努力がもっと簡単に実を結ぶような戦術を学ぼう。

観客を維持するためには価値のあるものを与えつづけなければいけないが、ぼくはそれを自分の学びと成長の機会だと考えるようにしている。ぼくはつねに、依頼を受けてする仕事と、ぼくの個人的な興味からやる仕事とのバランスをとるように心がけている。

個人的な仕事は、どんなアイディアが受けそうか、いろいろと楽しく試してみる場だし、依頼されてやる仕事は、求められるものを実践する能力に対して報酬を受け取るもの。つまり、高収入を得られる商業的なプロジェクトをやるためにアート作品を創っているわけではなく、もっとたくさんのアート作品を創るために稼げるプロジェクトをやっている、というわけだ。

ただ自分の好奇心やコミュニティのために作品を創るときは、クライアントや締め切りのことを考える必要もなく、作品のことだけを考えていられる。自分の心に何も引っかかるものがなく、コミュニティが共鳴することもないような作品ならば、他の作品に取りかかればいい。

コミュニティのために作品を創っていれば、あなたのポートフォリオも出来上がっていく。稼げる仕事をしたいならば、まずは自分の能力を証明しなくてはならない。どの業界のクライアントも、無名の人に賭けてみることはないだろう。ぼくはわずかでも報酬がもらえるようになるまでに、何百という動画を制作したし、自分で監督した短篇映画を何本も制作した。

それには多くの時間とコストと注意力を要したけれども、クリエイターとしての新しい可能性を広げてくれる経験になった。こうやって個人的な仕事をしたおかげで、プロとして最大のブレイクスルーを迎えられたわけだ。

自分のウェブサイトに興味のある分野を書きこんだり、提供できるサービスを書きこんだりしただけで、誰かがチャンスを与えてくれると思ったら大間違いだ。普段はポートレートを撮っているけれども本当は車を撮りたいと思っているなら、早速家を出て車を撮影しにいこう。自分のビジネスにはそうやって投資をしていくものだ。世間に向けて、自分ならどんなことができるかをアピールしよう。あなたのコミュニティはその実験室になる。

観客の注目も、一朝一夕に集められるものではない。明日から自分の作品を見てくれる人を獲得しはじめようと思っている人は、それを肝に銘じておいたほうがいい。日一日と物事は厄介になっていくのが常だ。

もちろん、自分にとって最も都合のいいタイミングというのもあるだろうし、少ないながらもあなたの作品を楽しみにしてくれている観客もいるだろうけれども、思い立ったが吉日、というのはおそらく真実だ。

コミュニティは何といっても、あなたにとって貴重な資産だ。最大の誠実さをもって、大切にしよう。ぼくは自分のクライアントを自分の観客に会わせるようにしている。その逆ではない。ここは気をつけなければいけないところだ。コミュニティは企業というものが苦手だ。なぜなら、企業は利幅や財源のことばかり考えているものだからだ。

皮肉なのは、企業側はコミュニティを探しているということだ。なかには、それをよく心得ている企業もあり、彼らは活発なコミュニティを築いて、自分たちの製品についての意見をもらったりしている。

信頼の蓄電池を充電しつづけよう。コミュニティの信頼を得ておいてよかったと思うことがきっとあるはずだ。信頼を失えば、この先ずっとそのことを後悔することになる。信じてほしい。ぼくのチームには合言葉があって、ある仕事がうまくいかなくなりそうになったら「子犬をつぶさないで！」と言うことにしている。ここで子犬といっているのは、いいアイディア、クリエイティブなコンセプト、ぼくの何百万人という仲間が共鳴してくれるぼくらしさのことだ。

ジョン・スタインベックの『ハツカネズミと人間』（新潮社）を読んだことがある人なら、どんなに子犬をなでたくても、力加減がわからなくて、うまくなでられない人もいるのだとわかるだろう。ぼくが企業と仕事をするとき、たいてい彼らはぼくにクリエイティブ・コントロールを保証してくれるのだが、そのうち、彼らの要求が度を越してくることがある。そんなときはクライアントを座らせてこう言うことにしている。

「ぼくに仕事を依頼したということは、何か斬新なことをしてほしいということですよね。そうであれば、自由にやらせてもらえなければ、お支払いいただくものに見合ったものは創れません。お望みどおりのものは創れないでしょう。ぼくのコミュニティも協力してくれないと思います」
子犬をつぶしてはいけない。

## 自分のビジョンを見失わない

観客の数は、初めは少なくていい。ほんの少しでいい。自分にこう問いかけてみよう。自分の作品をいちばん熱心に支持してくれる仲間は誰だろう。その仲間とつねに、できれば毎日やりとりするにはどうしたらいいだろう、と。定期的にやれることだけをやろう。

コミュニティを持続させるには、持続できるような形にすること。あなたの活動を気に入ってくれている少数の人とともに、信頼性とあなたらしさを確立することに力を注ごう。それがうまくできれば、そのうちもっと多くの人が、あなたとあなたの作品に引きつけられるようになる。

広告の仕事について考えてみよう。広告やスポンサード投稿を恥ずかしがる必要はない。ターゲット層に向けて、いいものを創ればいい。あなたの作品を気に入ってくれるのがどんなタイプの人なのかわかっていれば、彼らから直接メッセージをもらういい機会だ。

けれども、広告の仕事はコミュニティの人たちのためにする仕事ではない。広告の仕事をすればコミュニティを獲得することができると考えるのか、まだ活動を始めたばかりのころに広告の仕事に移っていく人が多い。だが、それでコミュニティを獲得することはできない。たしかに一時的には注目を集めるかもしれないが、コミュニティのメンバーを獲得することはできない。広告の仕事をやろうかどうしようか迷っている場合は、やらないほうがいい。

自分の直感を信じよう。広告の仕事をして、コミュニティに製品の宣伝をして、それで稼いだほうがいいのかどうか迷っているなら、あなたの直感は、それをやってはいけない、と告げている。

活動がうまくいきはじめたら、エゴに振り回されないように気をつけよう。これまで多くの人に注目された経験がないのなら、あなたは注目されることに夢中になってしまうかもしれない。しっかりと目を見開いて、大事なことを見落とさないようにしよう。あなたらしくあることと、誠実でいることだ。これは、たとえコミュニティから望まれていることと違っても、自分のビジョンを見失ってはいけないということだ。

**あなたは、あなたの道を歩みつづけなければならない**。あなたのフォロワーのなかには、もうついていけない、と思う人も出てくるだろう。彼らは最初にあなたに引きつけられたころの、過去のあなたが忘れられない。あなたは日々成長しているというのに。それはそれでいい。

だが、あなたはクリエイターであって、インフルエンサーではない。インフルエンサーは自分を支持してくれる人を引きとめておくためには、どんなものにもなる。だが、クリエイターは自分の道を歩みつづける。そして、その道中では、そのときどきにふさわしい人たちが支持してくれる。

コミュニティが成長していっても、ベースキャンプのことは忘れてはいけない。他のコミュニティも大切なことに変わりはない。放り出してはいけない。これまでと変わらずに出向いて、そのコミュニティに貢献する新しい方法や、他の人とコラボレーションする新しいやり方をみつけよう。そうすれば、コミュニティはあなたの成功を後押ししてくれるし、将来に向けて新たな力をくれる。

## 実際に人と会う

SNSをうまく利用すれば、快適なリビングルームにいながらにして、コミュニティを確立することができると考えている人もいるだろう。けれども、それは真実ではない。多くの政治家が苦い教訓を得るのを、これまで何度見てきたことだろう。実世界に存在する人々の前に出ていかなければいけない。ステージに立たなくてはいけない。あなたの代わりはいない。

REIがシアトルにある旗艦店に飾るためにぼくの写真を買ってくれたあと、REIの経営者たちから、お店を取り巻くコミュニティで話をするように頼まれたことがある。ぼくがアウトドアのアクション・スポーツを専門にやっていることを知っていたからだ。そのためにぼくはスキーショップで働いたり、スキーヤーやスノーボーダーと一日じゅう一緒にいたりしていたのだから！　ぼくもそのコミュニティの一員になりたいと思っていたからだ。

結局ぼくはその仕事を引き受けた。そこで、ぼくとぼくのチームの面々は、雪崩と天気の予報を発信しているノースウェスト・アヴァランシュ・センターへの寄付金を集めるためのイベントを開き、会場に来てくれた人にも雪崩の危険性について伝えることにした。

毎年、ぼくは自分の作品のスライドショーを開いていて、フライフィッシング、クライミング、スキー、スノーボードなど、前年に妻のケイトと一緒に撮影したもののなかからベストショットを選んで開催している。今回も、イベントを告知するために、ぼくはチラシをいろいろなところに置いたし、会場は盛況だった。まず、ぼくの冒険談を話し、それからDJがかけてくれるBGMに合わせて写真をスライドショーにして見せ、とても楽しい時間になった。数百人と顔を合わせて交流できたし、大事なことのために資金を集めることもできた。

どんな形でもいいので、コミュニティの人たちの前に出ていこう。大きな会議からコーヒーショップでの集まりまで、どんなイベントにも出ていこう。オンラインで自分と同じ分野で頑張っている誰かとつながったら、実際にその人と会ってみよう。非営利教育団体のトーストマスターズ・インターナショナルに参加して、登壇してみよう。地元の起業家たちとも関わってみよう。それから、自分でイベントを開いて人を集めてみよう。

参加して、話して、質問したり、質問に答えたりしよう。価値のあるものを提供しよう。少しずつだが確実に、あなたのコミュニティは形ができていくはずだ。

## 自分自身のメンターになる

自分や自分の考えを支持してくれる人たちの存在を確立するもうひとつのメリットは、貴重なアドバイスやサポートを得られることだ。

〈クリエイティブ・ライブ〉の5回目か6回目のワークショップが終わったときのこと、ぼくはスタッフを連れてピザを食べにいった。今回の配信もうまくいったことにみんな興奮して、互いにハイタッチをしたりした。

「これからのビジョンを話し合おう。〈クリエイティブ・ライブ〉の将来をどのように考えている？」ぼくはスタッフに訊いた。「これからどんな風に展開していけばいいと思う？次は誰に講師をしてもらおうか？」

彼らが真っ先に挙げたのは、アニー・リーボヴィッツやアン・ゲデスなどの人気フォトグラファーだった。

「たしかに、彼女たちのような人には、ぜひこのプラットフォームで講座を開いてもらいたいね」とぼくは答えた。「だけど、ぼくたちは〈クリエイティブ・ライブ〉だ。創造性という大きなカテゴリーのもとで活動している。だから、もっと幅広く考えてみよう」

すると、誰かがイギリスの実業家、リチャード・ブランソンの名を挙げた。「おっ、いい案じゃないか」

ぼくも起業家として、彼から大きなインスピレーションをもらったひとりだ。彼は初めから反逆児のような人で、音楽業界には関わったことがなかったにもかかわらずレコードレーベルの「ヴァージン・レコード」を立ち上げ、既存のレコード会社が見向きもしなかったセックス・ピストルズなど、将来性はあるが物議をかもしそうなバンドと契約を結んだ。

さて、時間を早送りしてみよう。コミュニティを確立する活動の一環として、ぼくはロンドンで開かれるクリエイターや起業家たちの集まりに参加することにした。そのイベントについては事前にほとんど何も知らなかったため、当日になってぼくの席の両隣に、ピーター・ガブリエルとリチャード・ブランソンがいたことにたいそう驚いた。

すぐには話もできなかった。彼らはお互いにすでに知り合いだったようで、ぼくはほとんどの時間、聞き役にまわっていた。イベントの終盤になって、ぼくはピーターと写真について言葉を交わし、好奇心旺盛なリチャードはぼくに質問をしはじめた。彼は投資先を探していたところだったようで、ぼくは図らずも、そんな人とつながりをもつことができた。その後、リチャードは〈クリエイティブ・ライブ〉に投資してくれるとともに、信頼できるアドバイザーにもなってくれた。いまでも、新しいアイディアやサポートがほしいときは、いつでも彼や彼のチームに意見を求められる。

誰もがメンターが欲しいと考えている。ライトセーバーの振り方やフォースを操る方法を教えてくれる緑色の肌をした小さな生き物のような存在が。ぼく自身も、写真を始めたころはそう思っていた。ぼくが伸ばした手をとって、成功に導いてくれる人が誰かいるに違いないと思っていた。何をどうやって学べばいいのか、そしてそのあとはどうすればいいのかを教えてくれるに違いない、と。

ぼく自身がクリエイティブな道を進み、フォトグラファー志望者からメンターになってくれないかと言われる立場になってみて初めてわかったのは、ぼくらが考えているメンターシップというものは、有害なおとぎ話にすぎないということだ。

思っていたようなメンターになってくれる人はいないのだ、と気づいてから、ぼくは本を頼りにするようになった。シンプルな解決策だ。写真のビジネスをうまくやっていく方法を学ぼうと、ぼくは『写真ビジネスのためのガイドブック（*The Business Guide to Photography*）』を読んだ。驚いたことに、ぼくが疑問に思っていたことの答えがすべてそこに書かれていた。パーティで出会った有名なフォトグラファーに詰めよって、助けを求めなくてもいいわけだ。本はすばらしいメンターだ。ページをめくれば、歴史上最も優れた人たちの考えを学ぶことができるのだから。

ぼくは本で得た学びと、出会ったさまざまな人からもらったアドバイスを組み合わせて、まるでフランケンシュタインのようなメンターを組み立ててきた。あなたが抱いているようなロマンチックなイメージのメンターではないけれども、現実のメンターとはそんなものだ。

リチャード・ブランソンの隣に座っているとき、思い切って彼に話しかけてみろ、と自分の直感が言った。きっと彼は次世代の起業家を支援したいと思っているはずだ、と。けれども、ぼくがようやく彼と話をできたのはイベントの終盤だった。そこから彼のチームとのつながりができた。そして、〈クリエイティブ・ライブ〉がシリーズBの資金調達（経営が軌道に乗り安定した時期に行う）を行う際には、リチャードに投資話をもちかけることができた。そのときは、ヴァージン・チームにとって役に立つような付加価値をつけることができたし、ぼくが何年も前に写真のコミュニティをつくったときのような、貴重な機会を提供することができた。

ぼくはまず自分から価値のあるものを提供することで、自分の尊敬する人たちとつながることを学んできた。何かを創ることを通じてつながる場合もあるし、クリエイティブなアイディアを提供する場合もあるし、シンプルに相手が創っているものに興味をもって助けになる場合もある。ぼくがまだ駆け出しのころにアドバイザーになってくれた人たちとは、ブログに彼らのアイディアについて考えたことを書いたことがきっかけで知り合った。ぼくが彼らに注目したからこそ、こちらにも注目してもらえたのだ。

これはいままでもコミュニティをつくるための極意といえるだろう。ぼくには毎日のようにやりとりをしているけれども会ったことのない人が、かるく10人はいる。彼らはぼくをサポートしてくれ、付加価値を与えてくれる。ほんとうにありがたい（もしいま、彼らのうちの誰かがこれを読んでくれていて、ソーシャルチャンネルでいつものように共有してくれているなら、きみのサポートに感謝する）。

もし、いまあなたがオハイオの自宅でスウェットを着て椅子に座っているなら、いますぐネットにつないで敬愛するクリエイターのつぶやきをリツイートしよう。気のきいたコメントをして、そのクリエイターの投稿をシェアすることを2年間毎日続けてみよう。ただし思慮深く。相手が嫌がるようなやり方はしないこと。相手はどんな人であっても構わない。そのうち相手もあなたのことを認識するようになるだろう。

そのうちに実際に会う機会があったらどうするか。話したいと思っていることが、あなたの心のなかにきっとあるはずだ。あなたがその人のことを尊敬するようになったきっかけ、その人から学んだことなどを話せばいい。そうすることで、ほんのわずかでも、シンプルで意味のあるつながりをもつことができる。それが大切だ。

ぼくにはヨーダはいない。でも、コミュニティにはアドバイザーがたくさんいる。ぼくはいろいろな人のアドバイスを聞くことにしている。それぞれ独特なアドバイスだが、貴重な観点を教えてくれる。

ぼくはコミュニティを築くときと同じように、何年もかけてこうした関係を築いてきた。やりとりできる関係でなくても、その人をSNSでフォローしたり、その人の書いた本を読んだりすることはできる。一流のパフォーマーの多くが、アドバイスやアイディアやインスピレーションを何の躊躇もなく共有してくれるのは、とてもありがたいことだ。本やブログを読んでも、それを十分に活用しきれていなかったり、あの人はメールを送っても返信してくれないなどと苦々しく語ったりする人が多いのには驚く。その人は、きっと次作の執筆やブログの執筆に忙しいのだろう。

熱心なメンターに巡り合えたらなんと幸運なことだろう。だが、それをあまり期待してはいけない。それは欲が深いというものだし、自分が受け取ることばかり考えて自分から与えることをしないというメンタリティであって、これはコミュニティを新しくつくるときには悪影響を及ぼす。いまや偉大なパフォーマーたちが、自分の知識やアドバイスを無料で公開している時代だ。あなたがもっと学びたいと思えば、いくらでも学ぶことができる。

たとえば、〈クリエイティブ・ライブ〉の講座に参加してくれれば、数日間インストラクターや他の生徒ともみっちり話をすることができる。絆が生まれる。本当だ。ぼくたちの講座に参加するのはいつでも無料だが、同じような機会でも料金を支払わなくてはならない講座、セミナー、指導者などもたくさんある。あなたの尊敬する人たちと永続する関係を築くのに、これ以上いい機会はない。

いつか誰かがやってきて、あなたの作品の構成を見てくれたり責任を負ったりしてくれないかと考えるのも、もうひとつのメンター幻想だ。いままでメンターが現れるのを待っていたという人は、もう一度ステップ2に戻ってこの本を読み直してほしい。

ぼくたちはつねに、誰かに解決の糸口を探してもらいたいと思っている。だが、それでは振り出しに戻るだけだ。あなたの道を歩んでいるのはあなた自身。作品創りから逃げることはできないし、キャリアを築くことからも逃げることはできない。行くべき方向を自分で決めて自分で行くしかない。

賢くなろう。自分で自分のメンターになろう。本を読もう。人の話を聞こう。そして学ぼう。学びのもとは無数にある。そのうえで、誰かの役に立ち、付加価値をつけ、尊敬する人とのつながりをもとう。会ったことのない人だけを頼りにするのではなく、これから先あなたを支えてくれるアドバイザーとそのアドバイスの網を広げていこう。

あなたの観客を獲得し、彼らと進んで交流すること——規模が小さくても、あなたのスターには遠く及ばなくても構わない。それこそが、ぼくがいままでに出会った、自分は成功していないと思い悩んでいるクリエイターの99％の人に欠けているものだ。

活発なコミュニティを形成できたら、あなたのクリエイティブな作品を次の段階に押し上げる準備は整った。もう一つ上のステージに行き、自分の作品をただ共有するのではなく、世の中に送り出そう。作品をただ公開すればいいというわけではない。自ら舞台に上がって、全世界の注目を集めよう。コミュニティの支えがあれば、周りから抜きん出た存在になれるチャンスだ。さあ、勝負のときだ。

# 第12章 作品を世に送り出そう！

Launch!

**貢献できるものをもっている者は、貢献するというリスクを負わなければならない。**

**――メイ・ジェミソン**

さあ、いよいよ本格的に表舞台に立つときがきた。ブログに新しい記事を書いたり、新しい曲やストーリーをアップしたりするのとはわけがちがう。もっとちがった形の、あなたやあなたのコミュニティ、そしてあなたが歩むクリエイティブな道にとって、とりわけ重要な何かをつくるときだ。それは新しい小説かもしれないし、新しいアルバムかもしれないし、新しいビジネスかもしれない。とにかく大きなことをやってみよう。何カ月も何年も集中して取り組まなければならないようなプロジェクトを。

言っておくが、創造的な活動の結果をあなたがどうしようと、その作業をすること自体に本質的に価値があり、やりがいがある。自分の描いた絵を自分の部屋に飾ろう。自分がつくったものに囲まれて暮らすのは楽しいものだ。さらに次のステップに進みたいなら、可能性は無限にある。

〈クリエイティブ・ライブ〉を立ち上げるとき、ぼくはすでにその手のことならよくわかっていた。それまでにもコミュニティで何度も大きなプロジェクトを立ち上げてきたので、手慣れたものだった。それでも、とても緊張していた。その当時に撮った写真を、ぼくはいまでも持っている。空のコーヒーカップがいくつも並んでいる写真とか、髪に変な寝癖のついた人の写真とか、これから廃れていきそうなもののリストを書いたホワイトボードの写真とか。ぼくらはなかば熱狂的に、疲れ果てるまで写真を撮りまくっていた。大きなプレッシャーがあるときというのは、そんなものだろう。正念場とはこういうものだとわかったのはよかったと思っている。

この章では、大事な作品を世に送り出すことについて述べる。何回もやっているうちにうまくできるようになるものだが、そのときの不安な気持ちが完全になくなることはない。ケリー・マクゴニガルも『スタンフォードのストレスを力に変える教科書』（大和書房）で述べているが、そんなときは誰でも神経質になるものだ。なぜなら、それだけ自分の時間や労力を注ぎ込んできたものだから。

結果を気にすると、ぼくたちの体は警戒モードに入り、目標を達成したときに備えようとする。作品を世に送り出すときに不安にならないとしたら、まだその作品には十分な時間と労力を注ぎ込んでおらず、世に出す段階にはいたっていないということだ。誰かに注目してもらいたいなら、その作品の力を信じるしかない。

この章はステップ4の最終章だ。ここまでで、あなたは自分の仲間やコラボレーターをみつけてきたはずだ。あなた自身のコミュニティを確立し、あなたの作品を気に入ってくれる人たちをみつけたことだろう。次は、あなたの限界を押し広げてくれた作品を、勇気を出して世に送り出すときだ。作品はあなたが手を止めないかぎり完成しない。世の中の人と共有したときに完成するといってもいいだろう。

だが、誰もあなたに教えてくれない真実がある。作品を世に送り出せば終わり、というわけではないということだ。クリエイターとしての人生の、エキサイティングで新たな章が始まったにすぎない。まだ、あなたの創造的な活動が世の中で認められ、あなたの創造力が広く知られはじめたところなところにすぎないのだ。

## 周りの反応に一喜一憂しない

自分が創ったものに誇りをもっていて、自分のアイディアや信条に同調してくれる支持者がいるなら、なぜ作品を発表するのをためらってしまうのだろう。きっと多くの人が気に入ってくれるだろうに。それでも、ぼくたちはどうしても物陰に隠れたくなってしまう。作品をみんなに見えるように高く掲げるのではなく、力なく床に落として、そっとその場を立ち去ってしまいたくなる。

　堂々と作品を見せるのをためらってしまうのは、心の中に「恥ずかしい」という感情があるからだ。自分はまだまだだ、と心の中で陰湿な声が聞こえて恥ずかしくなってしまうのだ。もし失敗したら、それはぼく自身が失敗作ということだ……。作品が気に入ってもらえなければ、世間の人はぼくのことも嫌いになるだろう、と。

　羞恥心はどんな人にとっても足かせとなりうる。なかには人よりもその気持ちを強く感じてしまう人もいるが、まったくそういう気持ちを抱かない人はいない。だが、ぼくらは生まれつきそういう感情をもっているわけではない。恥ずかしいという気持ちは小さいころに植えつけられて以来、汗で濡れたTシャツのように体に張り付いて離れないものだ。確かな証拠があるわけではないけれど、羞恥心はあなたの野望の妨げとなるし、創造性を失って息苦しい人生を歩むことにもなる。

　子どものころのこんな思い出がある。ぼくたち家族はウェディングパーティに出席していた。ぼくは8歳くらいだったと思うが、とても楽しい時間を過ごしていた。ケーキカットや、花嫁のガーター・トスなど、結婚式の小さな儀式のひとつひとつに驚き、心を引きつけられた。さあ、いよいよ花嫁がブーケ・トスをする時間だ。大勢の人が彼女の背後に集まる（どんな人たちが集まっていたのか、ぼくはよく見ていなかった）。みんなとてもわくわくしているようだ。なんだか面白そうだぞ。花嫁が肩越しに後ろを見てブーケを投げるそぶりを見せると、みんな前のめりになっている。

わかった、これはゲームだ！　ぼくの出番だ！　ぼくは普段からスポーツをしているから、これはみんなの注目を集めて褒めてもらえる絶好のチャンスだ。いつもはあまり褒められることはないけれど。ぼくがどれだけ素早く動けるか、どれだけ高くジャンプできるか見せてやろうじゃないか。ぼくはステージの左側から20フィートほど全力疾走して、お手本のようなジャンプをした。タイミングもバッチリ。ぼくは空中でブーケをつかみとると、体の側面で着地してそのままダンスフロアを滑っていって止まった。未婚の女性やブーケ・トスを見守っていた人たちは唖然としている。

ぼくは得意げに体からほこりを払い、パーティの招待客らの前に立つと、腕をいっぱいに伸ばしてトロフィーのようにブーケを掲げ、満面の笑みを見せた。

シーン。それからみんなが笑いはじめた。こちらを指さしている。

ぼくの顔は真っ赤になった。実際はほんの数秒間だったのだろうが、永遠とも思える時間が過ぎたあと、ぼくの父がこちらに向かってくるのが見えた。父はぼくからブーケを取りあげると、微笑んでうなずきながら、そのブーケを花嫁に返した。ブーケ・トスをやり直すことになり、部屋には再びお祭り気分が戻ってきたが、目にいっぱい涙をためたぼくは、父に部屋の隅に連れていかれた。何が起こったのかまだよくわからなかったが、自分が何かいけないことをしたことはわかっていた。

厳しく叱ることもできただろうが（父は滅多に怒らない人だ）、父はそうはしなかった。そのかわり、身をかがめてぼくの目を見ると、ブーケをうまく取ったことを褒めてくれた。それでぼくは気持ちが軽くなった。それから父はぼくの何がいけなかったのかを説明してくれて、ブーケ・トスとはどういうものかを教えてくれた。ぼくはばつの悪い思いを抱えていたけれど、心の中で抱いていた感情は罪悪感であって羞恥心ではなかった。ぼくがやったことは悪いことだったけれども、ぼく自身が悪い子だということではない。ぼくに問題はない。ただ、間違えてしまっただけなのだ、と。

もちろん、いつもこんな風にいくわけではないだろう。ぼくもあなたと同じように恥ずかしい思いをしたことはたくさんある。もし父があのとき違う態度をとっていたら、その数年後に家族で旅行に行ったとき、ぼくが2000人の見知らぬ人の前でブレイクダンスを踊るようなことはなかっただろう。父には感謝している。

あなたが作品を世に送り出しても誰も見向きもしてくれなかったら、羞恥心から「ぼくはだめだ」と思ってしまうことだろう。けれども、忘れないでほしい。**あなたとあなたの作品とは別物**だ。作品はあなた自身やあなたのスキル、好み、価値観、信条を映すものであるから、この事実を飲みこむのは難しいかもしれない。たしかに、創造するには自分をさらけ出さなくてはならないし、作品を人に見せるときは、さらにそれが必要になる。けれども、何度もやっているうちに平気になる。怖いと思いながらも作品を公開するたびに、あなたの作品はますます価値のあるものになるチャンスを手に入れられる。

ぼくも何度も恥ずかしいと思ったことがある。両親にプロのサッカー選手になるのをあきらめると言ったときも恥ずかしかったし、その後、医学校や大学院に進んだときもそうだった。ケイトも家族もぼくの決断を支持してくれて、とてもありがたかったが、それでも羞恥心は完全にはなくならなかった。その気持ちは自分で処理するしかなかった。自分でその感情にメスを入れ、癒し、何度も繰り返すうちに、そうすることがうまくなっていった。

ぼくたちクリエイターは、自分自身を育て大きくすることを学ばなければいけない。特に創造性にかかわる部分では。この本をそのためのマニュアルだと考えてもらえたら嬉しい。ここに書いたさまざまなツールは、父があのウェディングパーティでぼくにしてくれたのと同じことをあなたにもしてあげたい、と思って書いたものだ。あなたの背中を押し、周りとちょっと違った存在になる方法を教え、あなたを再びダンスフロアに送り出したい。そこであなたが創るクリエイティブな作品には、何倍もの可能性が開けている。

羞恥心を抱いたまま活動をしていると、自分の頭の中で聞こえる否定的な声を信じやすくなってしまう。けれども、それは本当のあなたの姿ではない。ぼくは瞑想をするようになってから、自分と自分の思考とは別だ、ということを学んだ。何年も瞑想をしているうちに、自分の中の恥ずかしいという気持ちをよく観察できるようになり、そういう気持ちを抱くたびに、惑わされてはいけないと思えるようになった。

作品を世に出すときの心もとない気持ちや、結果的に恥ずかしい思いをしてしまったときの対処法はいろいろとある。ブレネー・ブラウンとポッドキャストで話をしたとき、彼女は財布の中に大切な人の名前を書いた小さな紙をいつも入れている、という話をしてくれた。他の人の意見が重くのしかかってくるたび、彼女はその紙を見てこう思うのだそうだ。「自分はこの人たちをがっかりさせただろうか。いや、させていない。それなら、私は大丈夫」

創造性を極めようと思ったら、すべての人を味方につけることはできない（ましてやSNSでたまたま知り合った人など）。あなたが創ったもののすべてに、ポジティブなフィードバックばかりがくるわけではない。逆に、褒められる**だけ**の作品には気をつけたほうがいい。最高の作品ならば、ポジティブなものもネガティブなものも含めて、強烈なリアクションがあるものだ。イソップ物語にもあるように、全員を喜ばせようとすると、結局ひとりも喜ばせられなくなってしまう——あなた自身も含めて。

ものや値段によっては、少数の人達を喜ばせる作品を創ることでお金を稼げるキャリアを築くこともできる。本当のファンができたら、ネット上やその他の場所で聞こえてくる中傷の声は忘れてしまえばいい。自分の好きな作品を創ることに集中し、その作品をしかるべき場所に送り出し、あなたのファンに見てもらおう。もちろん、そうできるようになるには時間がかかるが、大切なのはそこではない。肝心なのは、周りの人の反応がどうあれ、作品を発表しようという気持ちをもつことだ。

周りから抜きん出て、作品を発表しようという気持ちをもてるようになり、いざ作品を世に送り出したら、その他のこと――あなたの作品を見た人たちからの反応――は、暴風雨のようなものだ。今日は荒れ模様でも、明日には晴れるだろう。あなたの作品は変わらずそこにある。

## 作品を発表するときの心構え

第4章で、クリエイティブな考え方を育て、不安に立ち向かい、インポスター症候群をやり過ごし、行くべき場所ではなく自分の情熱によって導かれるほうへ行こう、という話をした。早くこの章が読みたくて第4章を飛ばしてしまった人がいたら、前へ戻ってぜひ読んでみてほしい。そして、ぼくが勧める方法をぜひ実践してほしい。ここで述べることを実践するのに必要な考え方を学べるはずだ。

作品を発表するのに必要なのは、その作品を創りはじめたときと同じくらいのしなやかで強い心、同じくらいの鍛錬、セルフケアに向けるのと同じくらいの注意力が必要だ。ありがたいことに、ぼくたちはすでに作品を創ることを通して、筋肉を鍛えるのと同じように、そのための能力を鍛えてきている。

さあ、次はそのしなやかで強い心をさらに上の段階に押し上げるときだ。小さなことから何度もやってみることによって、作品を発表するための心構えができていく。たとえばTEDトークの舞台に立ちたいなら、最初から応募しようと思ってはいけない。大勢の人の前で話をするスキルを磨くために、たとえば地元の即興演劇のグループに加わるのはどうだろう。コミュニティの会議で、短いスピーチを無料でする機会を見つけるのもいいだろう。ほかにも飛び入り参加で舞台に立ったりするなど、とにかく見知らぬ人の前に立つ経験を積み重ねよう。

たとえ相手が配偶者や仲間であっても、習慣的にクリエイティブな作品を発表するとなると、躊躇してしまうのも無理はない。小さなことから初めて、それを継続してみよう。たとえば本を出版したいなら、ただ6カ月間、部屋にこもって執筆するのではなく、アイディアを友だちやメンターやSNSで共有するところから始めてみよう。それから短篇にチャレンジして、その後は長文のブログを書いてみよう。

いってみればウェイトトレーニングのようなもの。少しずつ段階を上げていくのだ。そうでなければ筋肉を傷めてしまう。定期的に何か小さなものを発表していれば、創造するための筋肉もほぐれて、作品を発表したり、高いレベルの作品創りに取り組んだりできるようになる。人生の中でこれほどリスクが高く、そのぶん得るものも大きいものはほかにない。

成功は一瞬のものだが、失敗もまたいつまでも続かない。あなたの作品がどんな反応を引き出すにせよ、たとえそれが称賛の嵐だったにせよ、それはそのうち過ぎ去るということを忘れないでいよう。

作品を発表する心構えとしては、自分らしくあることと、自分をさらけ出す覚悟をもつことが大切だ。このふたつを身につけるためには時間も訓練も必要だ。成功は偶然起こるものではない。誰にでも訪れるものでもない。成功とは宝くじに当たるようなものだと考えている人は、作品が世に広く認知される前に、その人がどれだけの努力をしているのかを知らない人だ。

ブレネー・ブラウンがＴＥＤトークで一躍名声を勝ち取ったのは、そのずいぶん前から訓練を重ね、自分のコミュニティを確立してきたからだ（ＴＥＤトークやＴＥＤｘトークでスピーチをした人は何千人もいるが、ブレネーほど成功した人が何人いるだろうか）。ティム・フェリスは一冊本を出版するにあたって、その何カ月も前からポッドキャストのインタビューを何十回も受けたりして何段階もの戦略を練っているし、自分の労働の対価を得るためにできることをすべてやっている。彼は自分自身の最高の盟友だ。

あなたもそうあるべきだ。成功というのはいつだって氷山の一角にすぎない。この章では成功の陰には何があるのかを述べようと思っている。

## 応援してくれる人をみつける

山の頂上に着いても、道程はまだ半分残っている。

何も月並みなことを言おうと思っているわけではない。アメリカ人女性として初めて、酸素ボンベなしでエベレスト登頂と下山に成功したメリッサ・アーノット・レイドと、アフリカの最高峰であるキリマンジャロに登ったことがある。山頂まで上りつめるのはわくわくする体験だったが、山頂に着いたとたん、まだ大変なチャレンジが待っていると、彼女がぼくに諭してくれたのだった。

空気が薄かったせいなのかもしれないが、あと半分も道程が残っているということを、ぼくは実感できなかった。同じように、自分の作品を創ることはできても、それを発表しようと思ったら、ちょっと見ただけではわからないけれども、同じくらいの努力が必要になってくる。自分の作品で世の中に衝撃を与えたいと思ったら、自分を売り込んで、あなたを支持してくれるコミュニティ——いってみれば作品を打ち上げる発射台だ——をつくって、作品が衝撃を与えられるように手助けをしなければならない。

ぼくからのアドバイスだって？　作品を創るときは柔軟で批判を怖れずに。作品を発表するときは果敢に、大胆に。

あなたがクリエイティブな道を進むことに家族や友人が賛成してくれないときにすべきことは、すでに述べた。あなたのコミュニティにしても、すべての人があなたの作品を気に入ってくれるわけではないだろうし、あなたと同じくらいの熱量をもってその作品を支持してくれないかもしれない。それはそれで構わない。けれども、ぼくたちがやってしまう最大の間違いは、自分の作品に見向きもしない人を振り向かせようとしてしまうことだ。

彼らのことは忘れよう！　あなたのやることにポジティブな反応をしてくれる人に集中することが、あなたのやるべきことだ。そのつながりを大切に育てていこう。あなたを応援してくれる人がほんの一握りの人であったとしても、それで構わない。

〈ヒューマンズ・オブ・ニューヨーク〉のブランドン・スタントンを覚えているだろうか。彼にはいまや2000万人ものフォロワーがいるが、彼が初めて投稿したポートレートは誰からも〝いいね〟をしてもらえなかったし、コメントは大学の友人からの1件だけだった。

長い目で見たら、いまはまだ種まきの時期なのだと考えることは、いつだって大切なことだ。あなたのことをまだ知らない何百万人もの人々のことや、あなたを批判する人のことを気にかけるよりも、ほんの少数でもポジティブな光を当ててくれる人に注意を向けるほうが、学ぶところは多い。

もちろん、それはたやすいことではない。心の中に強い羅針盤がなければできない。

〈ベストカメラ〉を立ち上げたときのことを思い出す。あのときほど孤独を感じたときはなかった。ぼくのチームやコミュニティのせいではない。実際彼らの多くはすぐに支持してくれた。孤独を感じたのは、このプロジェクトを一緒に立ち上げたコラボレーターに、初めからほぼ見捨てられた形になったからだ。ディベロッパーのサポートがないことを気にして、そのことばかり考え、自分を憐れんだり屈したりするのは簡単だっただろう。苦労したけれども、ぼくはテレビやネットなどのメディアに出つづけて、自分が信じたプロジェクトを広める機会を逃さないように頑張った。やってもやらなくても結果は同じだったかもしれない。けれども、自分と自分の作品のために、ここぞと思うときには表に出ていった。そうやって作品のために表に出ていくたびに、次にやるときには少しずつ楽にできるようになっていった。

## シェアリング（発表／共有）・サイクル

ただ作品を創っているだけで十分だ、という人もいるけれど、ぼくは作品を発表したり宣伝したりするのは、たんなるマーケティングではないと思っている。創造性を大きく育てるために必要な機能だ。自分は自分の作品を価値のあるものと思っている、と自分自身に示す方法でもある。

実際、健全で生産性の高いクリエイティブな人の人生を見ると、あるサイクルがある。創造→発表（共有）→宣伝→コミュニティを広げる→（再び）創造。生産性が高く、成功している著名なプロクリエイターは、たいていこのサイクルに従って活動しており、ときには、並行的に違うプロジェクトについても同様のサイクルで活動を行っていることもある。

作品を発表するとは、ただ送信ボタンを押すことではない。宣伝したりコミュニティを広げたりするのは、能動的に自分で動かなければならないプロセスで、作品を創るときと同じくらいのエネルギーを要する。会心の作品を創るのには何年かかってもいいけれども、機運をつかもうと思ったら、宣伝のスケジュールは慎重に決めなくてはならない。そのうち、自分の気持

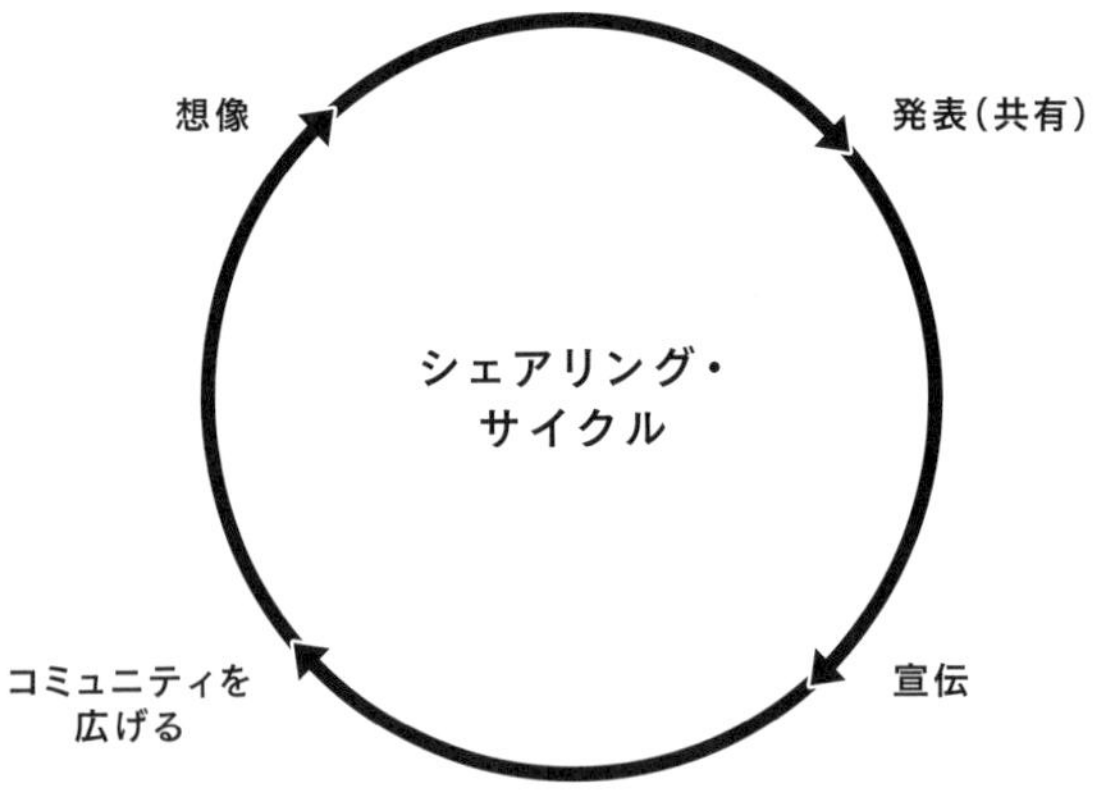

ちや感情を宣伝することに向ける方法がわかってくるだろうが、それには何度もやってみることが必要だ。

宣伝をしているうちに、あなたの作品に救われたとか、感化されたとかいう人たちを助けているような気分になってくるのは、宣伝のいいところだ。誰かに向かって作品を投げるというより、あなたが彼らを作品のほうに導くのだ。どうも今日は創造的な活動に集中できないな、という日に宣伝をするといいだろう。

誰もがそれをやっている。どんなに有名で成功したクリエイターであっても、作品を発表せずに、ただ創造活動だけをしているわけにはいかない。公開日を迎えても、長編映画の宣伝は続く。有名な俳優たちを見てみるといい。彼らの生活は魅力的だが、その働きぶりもたいしたものだ。HD形式を使用して行う撮影の何カ月も前から準備する。そして過酷な撮影に何カ月もかける。その後は公開に向けた準備として、各国のメディアを回ったり、自身のソーシャルチャンネルを利用して人々の関心を集めたり、スペシャル・インタビューを収録したり、そのほかビデオのリリースに向けた宣伝をしたりするなど、映画にかけた労力をバックアップするためのさまざまな活動をする。あなたも、クリエイターとしてのアイデンティティを保ったまま、作品を宣伝することができるはずだ。

あなたのお気に入りのバンドを思い出してみてほしい。昨夏、あなたの地元でライブをしただろうか。それは最新のアルバムを売るための宣伝だ。そう考えながら見てみると、宣伝というのはとてもシンプルで自分でもやれそうだという気がしてくるから面白い。ぼくたちのお気に入りのロックスターは、ステージ上で、自分の愛する楽曲をぼくたちと共有してくれているのだ。媒体は違っても、あなたの作品を発表する場はある。たしかに、音楽には他のクリエイティブな作品にはない、パフォーマンスという要素があるのでやりやすいだろう。けれども、あなたが創ったものを発表するときに、同じ考え方でやってみることができないわけではない。

もし、クリエイターであるあなたが、スタジオの中で作品を創ることにこそ価値があると思っていたり、作品を創るプロセスそのものだけで満足したりしているなら、このシェアリング・サイクルはあなたには不要なものだ。ぼくから言うことは何もない。けれども、わずかな例外を除けば、作品の種類が何であれ、あなたの作品を公の場で発表することは、創造的な活動の励みになるような、意義のある、貴重な瞬間だ。

実際、偉大なアーティストがなぜ偉大になれたのかといえば、彼らが自分の作品を多くの人に体感してもらうことに時間とエネルギーを注ぎ込んだこともひとつの要因だろう。自分の作品にこめられたメッセージを広めるための努力は作品の延長線上にあるものだし、クリエイターとして成長、発展するために必要なものだ。表に出て自分の作品を語り、説明し、それについての質問に答え、作品に寄り添いつづけることは、ただ作品を棚に飾っているだけでは得られない、作品についての理解をより深めるという内面的な活動をしていることだともいえるだろう。

## 作品を発表したくないとき

安心してほしい。作品を発表する方法が初めからわかっている人などいない。初めは誰だって不安な気持ちになるものだ。でも、あなたがどうしても作品を発表したくないと思っているなら、こう自分に問いかけてみてほしい。自分は正しいものに取り組んでいるだろうか、と。

この本を順を追って読んできてくれたなら、あなたはここまで、自分が本当にやりたいと思っていることに照準を合わせて努力してきているはずだ。いくつかの章を飛ばして読んできたなら、ここで後戻りしてその部分を読んでみてほしい。なぜなら、あなたは自分の本当の創造的な欲求がまだわかっていないかもしれないからだ。

大学院に通っていたころ、ぼくは自分の創造性を駆使して論文を書いてやろうと思って必死だった。だがそうやって努力をしたにもかかわらず、出来上がった論文を友人に見せたいとは思わなかった。そのうち、それは自分が誇りに思えるようなものではなかったからだと気づいた。ぼくが本当にやりたいと思っていたのは写真を撮ることだったからだ。

そのとき置かれていた状況下で、できるかぎりのことをやっていたわけだけれども、ぼくが歩んでいた道はぼく自身が歩みたい道ではなかった。自分では気づかないふりをしていたが、ぼくには他の野望があり、わずかな時間ではあったけれども、自主的にアートに取り組んでいた。何も創らないよりはよかったものの、そんな中途半端なものでは何の役にも立たなかった。

けれども、いま思えば、こうしてささやかな抵抗をしていたのがよかったのだろう。自分は間違ったことに取り組んでいる、大学院は辞めよう、と思ったのは、自分が論文を発表することに誇りをもてないことに気づいたからだった。

自分の作品を愛していれば、その作品は世に出ていくべきだという気持ちになるものだ。自分の作品が人々を幸せにしたり、考えるきっかけを与えたり、社会変革を促したり、充実感を与えたり、楽しませたりするだろうと信じていれば、その作品を**売る**という感覚にはならない。自分が真に誇りに思える作品を宣伝したり、発表したり、人に見てもらったりするのは、下劣なことでも自分勝手なことでもない。あなたが求めているのはただ見てもらうことではなく、心で作品を感じてもらい、人と人とのつながりをもちたいということだろう。

作品に対する愛情があれば、作品に注目してもらいたいと思うものだ。同じように、ぼくたちは自分に対しても愛情をもち、優しくするべきだし、自分が創るものを愛することを学ぶべきだ。もちろん、何かを創るたび、次はもっとうまくできる、と思うのが常だろう。その気持ちはなくならないだろうし、この本を書いているいま、ぼくもそんな思いにとらわれている。けれども、それはぼくがまだクリエイターとして成長しながら活動しているということの証だ。

どんなプロジェクトのどんな段階にいるにせよ、自分が創るものに対して愛情をもち、それが他の人にとっても価値のあるものだと思うのは大切なことだ。もしいま、あなたがそう思えないなら、再調整したほうがいいというサインだ。この本のステップ1に戻ろう。必要ならもう一度読んでみることだ。自分はこのために生まれてきたのだ、と思えるようなものがみつかったら、精神的な抵抗を感じることはなくなっていくだろう。

## 自分の野心を認識する

創造的な表現活動は、運動やマインドフルネスと同じくらい人間の健康にとって大切だ。数十年前、ジョギングは変わり者がやることだった。けれども、社会では、定期的に運動をするのはいいことだと考えられるようになっていった。創造性も心身の健康にとって大切だと、見直されつつある。

それが真実だとすると、ただ作品を創ってそれを引き出しにしまっておくのがなぜいけないのか、と思うかもしれない。瞑想するためのツアーになど参加しなくとも、自分で定期的に瞑想することはできるし、マラソン大会やクロスフィット・ゲームズに参加しなくても、毎朝7分間の運動をすればいいじゃないか、と。

あなたの創造力を外に向かって表現するのには理由がある。自分の創造力を維持するために、つまりもっと人間らしくあるために作品を創るのはすてきなことだ。創造力を使うのは新鮮な空気を吸うのと同じように気分がいい。創造力を使うことは、それ自体実用的なことでもあるし、それによって生きる気力をもつこともできる。

作品を創ることがあなたの人生にとって欠かせないものになれば、楽しいし満足感も得られる。それはビジネスを起こすことでもいいし、おもしろ動画を友だちに見せることであってもいい。作品を人に見せることで人とのつながりをもてたり、作品に磨きがかかったり、強くなれたり、自分の好きなことがうまくできるようになったりする。作品を世に送り出すのはそのサイクルの一部だ。次の創造へとつながり、一段上の満足感を得ることができるようになる。

世界中の何千人というクリエイターと話をしてきたなかでわかったのは、ぼくたちは腕が上がるにつれて、そして自分の作品への愛情が高まるにつれて、自然とその作品を見てくれる人が欲しくなったり、その力を発揮させてやりたくなったりするということだ。作品を発表することで自分の作品に対する理解が深まるものだが、それは発表することで作品のポテンシャルが見えてくるからだ。

たとえば、あなたの作品が、自分が経験した痛みを表したものだとすると、それを発表することであなたは自分の感情を処理できるようになるし、その作品が誰かの慰めになるかもしれないし、誰かが同じような過ちを犯さないようになるかもしれない。

マリアンジェラ・アベオは弟を亡くした悲しみから、近しい人の自殺によって傷ついた人たちのポートレートを撮り始めた。彼女のプロジェクト〈フェイシズ・オブ・フォーティチュード（気丈な人たち）〉は、自分のメンタルヘルスや、亡くなった人のことや、自分が生き残ったことについて、臆せず安心して話せる場を提供している。そういう場所は本当に必要とされていた。どんな形であれ、経験を共有することで傷が癒えたり、他の人とつながることができたり、自分の痛みを処理できるようになったり、他者を鼓舞できたりするものだ。

そんな大それたことは考えていないなどと思わなくてもいい。創造するための筋肉を鍛えるときと同じように、小さなことから始めれば、自然とそういうことができるようになる。たとえば、新しくマインドフルネスを始めたときは、10日間も瞑想プログラムに通うなんて、とゾッとするかもしれないが、瞑想の恩恵を得るためにそうしなければならないとは誰も言っていない。ぼくの妻のケイトは友だちの影響で瞑想を始めたのだが、毎日5分間の瞑想を数日間行うプログラムに通ったあと、マインドフルネスの講師になった（数年前に初めて瞑想をしたときは、瞑想の講師になるなんて馬鹿げていると本人も思ったらしい）。

積極的になろう。自分自身に嘘をつくのはやめよう。あなたが心に秘めているビジョンがニューヨーク・タイムズのベストセラー作家になることなら、それに全精力を傾けよう。文章教室に通ったり、ブログを書いたり、小説を出版社に送ったりして、出来るだけ多くの不採用通知を積み重ねていくことだ。

あなたはまだ道を歩みはじめたところかもしれない。まだ恥ずかしくて作品を発表することができずにいて、自分のところにとどめておきたいと思うなら、そうすればいい。腕が上がるにつれて、気持ちが変わるかもしれない。料理を始めたところなら、しばらくは自分や家族のために手の込んだ料理をつくるのを楽しめばいいだろう。そのうち、ディナーパーティを開いてコース料理を出すなど、もっと複雑な工程もこなせる能力が自分にはあるだろうかと考えはじめるかもしれない。その挑戦がうまくいけば、ケータリング・サービスも視野に入ってくるかもしれないし、こないかもしれない。

大きなことでなくていい。木炭画を描くことが趣味なら、オリジナルのクリスマスカードを家族や友人に毎年贈ることがあなたの新しい習慣になるかもしれない。アニメの『サウス・パーク』はもともと動くクリスマスカードとして始まったものだ。

つまり、こういうことだ。あなたにも野心があると思う。ぼくたちの多くは、それを胸の中にしまっておくように教育されてきた。それを認めることさえ怖れてきた。けれども、自分の野心を、誇りをもって表に出せばいいのではないだろうか。そうしたら、どれほどぼくらは生き生きと生きられることだろう。

## 作品を発表するためのエネルギーを養う

そうはいっても、作品を発表するのは簡単なことではない。エネルギーが必要だし、心身ともに余裕がなければできない。作品を創ることと、それを宣伝することの両方をやろうと思ったらたくさんのことが要求されるので、体の健康、栄養、マインドフルネスは特に重要だ。消耗するにまかせていたら、いざビジネスを起こそうとしたり、大きなミーティングであなたのビジョンを語ろうとしたり、本を出版しようとしたりしたときに、力が出ないだろう。何か新しいことに挑戦するときは、さらに大きなエネルギーがいるものだし、作品を発表することは、あなたにとって新しい経験だろう。

トニー・ロビンズのセミナーに参加した人は、大きな成果を上げている。ぼくは何度か、セミナーでトニーと一緒に仕事をさせてもらったことがある。そのたびに新しい発見があった。なかでも最も印象的だったのは、彼がセミナーの参加者のエネルギーを引き出していく姿だった（そして、自分で自分のエネルギーを引き出す方法を参加者に教えていた）。

新しい習慣を身につけるとか、大きなリスクをとるなどの変化を人生に起こすためにはどれほどのエネルギーが必要か、彼はよく知っている。そのために、彼のセミナーではジャンプして回ったり、火の上を歩いたりする。ぼくたちの神経システムを書き換えるのに、最もよく効果が出る方法なのだそうだ。こういうことをすると、エネルギーが体に湧いてくるのがどんな感じかわかって、必要なときにエネルギーを呼び起こせるようになるという。

ぼくは何も、作品を発表するたびにダンスパーティを開けと言っているわけではない。まあ、開いても害はないだろうけれども。

ポッドキャストでスイスのデザイナー、ティナ・ロス・アイゼンバーグと話をしたとき、彼女はけっして忘れることができないような、すばらしい知恵をぼくに授けてくれた。「熱意は自信に勝る、そして、より価値のあるものである」ということだ。自信とは自分のなかにつくりあげていくものだ。成功を繰り返すことでできていく。作品を完成させてそれを発表すると、たとえ周りからみて成功とはいえない結果であったとしても、それは自信になる。自分で自分の人生をコントロールしているという感覚をもてるし、始めたことを完成させることができたと思える。その感覚は絶対に大切で必要なものだ。

これに対して、熱意は他者に自信とエネルギーを吹き込むものである。だから、その効果ははるかに価値のあるものとなる可能性を秘めている。もしあなたが10人、いや100人を興奮させることができたとしたら、あなたの作品の周りに、いったいどれくらいの効果、価値、エネルギーのネットワークができていくことだろうか。

熱意と、あなたの自信があれば、あと必要なものはちょっとした勇気だ。何度も繰り返すことで自信が生まれ、熱意によって自分が奮い立たされるが、そもそも何かを始めなければそうしたこともできない。始めるときに必要なのが勇気だ。始めるのが怖いようなことを始めることができる能力が、勇気だ。この3つを組み合わせることができたらどうなるか。きっとすごいことになる。

自信、勇気、そして熱意は、誰にとっても成功するための鍵だ。どうやって世の中に出ていくのかにも影響する。「えっと、これはわたしの作品なんですけど。あのー、気にいってもらえるといいなあ、と思ってます。では、失礼します」と言うのか、「これが私の作品です。フィードバックをいただけると嬉しいです」と言うのかの違いだ。勇気と自信と熱意をもって作品を発表し、いいスタートを切ろう。

## 成功することがすべてではない

うまく発表できたからといって、作品が**成功するとはかぎらない**。それに、**成功しなければならないということもない**。ここは大切なところだ。何もかもうまくやっても結果が出ないことはある。しっかりした心構えとエネルギーをもっていれば、クリエイターとして失敗しても立ち直ることができる。それがなければ、すぐにぼろぼろになってしまうだろう。マイケル・ジョーダンが現役生活のなかでミスしたシュートがいくつあるかご存知だろうか。9000本以上だ。

野球をみても、伝説的な打者の平均打率は3割だ。つまり、3回に1回しかヒットを打てないということ。有名な起業家の伝記を読んでみれば、ほとんどが失敗で、その合間にほんのいくつかの大きな成功があったことがわかる。人は話をするとき、自分の失敗については矮小化して語り、成功したことについては長々と語る傾向にあるので、逆ではないかとつい思ってしまうのだが。

作品を創り、それを発表し、何もかもうまくやっても、成功する保証はない。〈ベストカメラ〉は大きな成功を収めたけれども、最後にはぼくの最大の失敗となってしまった。多くのものが泡と消えた。この失敗からぼくが学んだ教訓が、〈クリエイティブ・ライブ〉成功の鍵となった。どんな失敗からも学びを得ることができる。失敗しても自信をもち、すべての失敗に教訓やチャンスがあると信じよう。まだ知らないことを失敗から学ぶことは、世界共通の方法だ。

この本の目的は創造性とは何かをあなたに伝えることではなく、創造性をどう生かすかを伝えることだ。どんなに理屈を知っていても、実際にどうやるかが肝心だ。つねに創造性を駆使して作品を創り、それを発表し、結果に向き合っているうちに、この教訓がどれほど大切かわかってくるだろう。

あなたも、たったいまからやってみよう。5年あるいはもっと前の失敗を振り返ってみよう。失業したり、恋人と別れてしまったり、経済的に行きづまったりしたときのことを考えてみよう。いま振り返ってみれば、その失敗の真の姿が見えるのではないだろうか。いまのあなたの礎を築いたものである、と。

いま、あなたが直面しているものにどんな意味があるのかわからないとか、そこから教訓を得ることなどできないと思っているなら、それはまだ十分に時が経っていないからだ。窮地に陥っているときは混乱して怖いものだが、大局的に見てみたり、苦しい時にも笑顔でいたりすれば、そういう態度が必ずやあなたを救い、どんなときにも前に進んでいける。

何かを創造するとき、あなたが創造しているのはたんなるアート作品や、商品や、ビジネスではない。あなたが創造しているのは**可能性**だ。そのすべてに気づくことはできないかもしれないが、可能性はたしかにそこにある。そこから好循環が生まれる。自分に生まれながらにして創造性が備わっているとわかれば、自分で自分の人生を切り拓いていけるようになる。最初は怖いかもしれないが、自分が何を怖れているのかがわかれば——結果を気にしているから怖いのだ——まったく新しい世界への扉が開ける。

# 最後にひと言 Read This Last

スティーヴンズ・パスはシアトルから東に車で数時間行ったところの峠にある、小さいけれどもすばらしいスキー場だ。ぼくはそこでスキーをしながら大きくなった。冬の間は土曜日になると、いつもバスに乗ってスキー場に向かったものだ。ぼくはそこで写真の腕を磨きながら、友だちと楽しい時間を過ごした。

そこでフォトグラファーとして雇ってもらえたのは本当に幸運だった。当時、そのスキー場では、若い家族連れからトップスキーヤーやトップスノーボーダーまで、幅広い層の顧客を獲得することを目的にリブランディングを考えていたので、それからの5年間、ぼくはビジュアル面からリブランディングに貢献した。

そのころに撮った写真が、ぼくに世界への扉を開いてくれた——ニュージーランド、ヨーロッパ、アジアなど——大きなブランドとの仕事に結びついたわけだが、スティーヴンズ・パスはぼくの最も大切なクライアントだった。そこで地元のヒーローや新しく知り合った友だちの写真を撮るのは、とても楽しかった。カスケード山脈の美しい景色に囲まれた、自分にとって意味のある場所で、大好きな人たちの抱えている問題を創造力を駆使して解決することは、ぼくなりの挑戦でもあった。そこでのぼくはまるで水を得た魚のようで、これ以上ないくらい幸せな時間だった。

クライアントから多くの仕事を請け負っている人なら、感じのよいクライアントのありがたさがわかるだろう。自分の好きなことを、すてきな人たちに囲まれてできることは当たり前ではないのだと、ぼくはいつも思うようにしている。

プロジェクトが進んでいくうちに、ぼくはスキー場でマーケティングを担当していた若きディレクター、クリス・ルドルフと親しくなった。彼は友人たちの間では〝いつでも頼りになるクールな奴〟と呼ばれていた。根性があって、愉快で、負けん気が強いところは、ぼくとよく似ている。創造性を体現したような男だ。自分の人生を切り拓くため、そして周りの人の人生を最高のものにするためなら何だってやる男だった。なにしろ彼のトラックのバンパーには「ペットの犬が望むような飼い主になれ」と書かれたステッカーが貼ってあったくらいだ。

競争相手も多かったのでとても無理だと思っていたようだが、彼はこのスキー場でとてもクリエイティブな仕事につけることになった。持ち前のやり抜く力と抜群の発想力で、彼はこの名も知れぬ小さなスキー場をあっという間に、アスリートやフォトグラファーや映画制作者といったウィンタースポーツのエリートたちが密かに訪れる場所にしてみせた。クリスとぼくは、すぐに意気投合した。ぼくがスキー場から離れているときも、大雪情報に備えて連絡を取り合っていた。大雪情報が出ると、どこで撮影をしていても、ぼくは撮影スタッフを引き連れて飛行機に飛び乗ってスキー場に戻り、最高にいいコンディションのスキー場を撮影した。

何度も通っているうちに、ケイトとぼくは、クリスと彼が長年付き合っているガールフレンドのアンとも親しくなった。手つかずの雪をかぶったゲレンデの写真を撮るために舞い戻るたび、ぼくらは撮影の後に一緒に食事をしたり、暖炉のそばでビールを飲みながら互いの近況を語り合ったりした。

2012年の冬のある日のこと、ぼくはウィーンでの撮影を終えたあと、〈クリエイティブ・ライブ〉で働いてくれる人を探すために、急いでバルセロナへ向かった。スペインに着いた日の夜、ぼくはホテルの部屋でシアトルにいるケイトと電話で話しながら、冬の嵐がきてスティーヴンズ・パスが一面、新雪に覆われたというわくわくするようなニュース記事を読んでいた。理想的なコンディションのスキー場の姿を撮るために、何もかも放り出して現地に向かうことほど楽しいことはない。

ケイトと電話で話していると、不吉なツイートが投稿された。「スティーヴンズ・パスで雪崩。スキーヤーが巻き込まれた模様」。背筋がゾッとした。

最新情報が次々と投稿され、雪崩が起きたのはスキー場のバックカントリーで、ほとんどの人は立ち入らない場所だとわかった——そのエリアをよく知っている者以外は。ぼくはそのスキー場で長い時間を過ごしてきたし、アクション・スポーツ界の知り合いも多いので、雪崩に巻き込まれたスキーヤーは、ぼくやケイトの知り合いである可能性が高かった。電話をつないだまま、ぼくたちは最新情報がないかとSNSやニュースサイトを探しまくったが、それ以上の情報はなかった。ぼくはクリスにメールを送った。マーケティング・ディレクターの彼なら救助情報の詳細を知っているかもしれない。「大変なことになったな。君のことを心配している。すべてうまくいくことを祈ってる」

地球の裏側から状況が明らかになっていくのをただ見ているだけなんて、と無力感に襲われた。バルセロナにいたぼくは、その日の夜遅く、恐ろしいニュースを耳にした。雪崩で3人のスキーヤーが死亡したという。ぼくの大切な友だちのクリス・ルドルフ、フリースキーのワールドツアーで知り合ったジム・ジャック、そして3人目はぼくも数回会ったことのあるジョニー・ブレナンだった。面識のあったプロスキーヤーのエリス・ソーグスタッドも雪崩に巻き込まれたが、幸運なことに彼女は九死に一生を得た。

そのニュースにぼくは打ちのめされた。空虚感を覚えてしかたなかった。

もし、ヨーロッパでの最後の撮影がなかったら、その日、たぶんぼくとぼくの撮影チームもスキー場にいただろう。ぼく自身、少し前に奇跡的に雪崩から生還したことがあっただけに、亡くなった人のことが身近に感じられる。最後の瞬間に彼らが経験したであろうことを思い浮かべると、少し怖くなった。

いままで考えてこなかったが、ぼくは自分が雪崩に巻き込まれて死に直面したときのことを振り返ってみることにした。あの雪の壁が時速60マイルで山を滑り落ちてきたとき、ぼくの頭には何がよぎったのだったろうか。恐怖？　後悔？　あきらめ？　シアトルに戻る早朝フライトの窓の外を眺めながら、ぼくは自分に問いかけた。ぼくは自分が生きたいように生きているだろうか。自分の真の欲求を満たしているだろうか、と。

一年後、ニューヨーク・タイムズ紙が、オンライン・マルチメディアという画期的なアプローチで、スティーヴンズ・パスの雪崩事故についての記事を発表した。写真、動画、アニメ、その日に録音された音声などを交えて、初めて双方向の発信を行ったのだ。『Snow Fall』と題するその特集記事に協力してくれないかと言われ、ぼくは数年の間にクリスと一緒に創った写真を提供した。

ぼくは誇らしく感じると同時に謙虚な気持ちになった。スキー場の空気感を映した写真や、スキーヤーの躍動感あふれる一瞬をとらえた写真、それにクリス本人のポートレートなどを提供した。彼との思い出に敬意を表し、彼のクリエイティブな功績をストーリーとして残すことにもなると思った。その記事はピュリッツァー賞を受賞し、オンラインのニューヨーク・タイムズでこれまでで最も多く読まれた記事になった。このストーリーが雪崩についての注意喚起につながることを願うばかりだ。

ぼくの友人であるクリス。君は若くして命を絶たれるまで、独自の道を歩いていたね。ほんのひとときだったが、ぼくを一緒に歩かせてくれてありがとう。君と一緒に歩いた道のことを、ぼくはこれからも大切に思っていくよ。

本書の最後でこのストーリーを書いたのは、あなたにとっても、ぼくにとっても大切なことを思い出させるためだ。

ぼくがこの本を書いたのは、ただ役に立つクリエイティブな技術を共有するためではないし、あなたに書きかけの小説を完成させたり、ずっと考えていたのになかなか行けなかった地元のコミュニティ・カレッジで開かれているジュエリー制作の教室に通わせたりするためでもない。もしそういう効果があったとしても、それは副次的なもので、ぼくの主目的ではない。

ぼくがこの本を書いたのは、あなたが胸に秘めてきたものを解き放つ手助けをするためだ。ぼくたちの文化では、胸に秘めたものを出してはいけないとされてきた。何か大切なものが欠けている、とイライラした思いを抱えながら生きている人のなんと多いことか。学校を卒業し、キャリアを築き、家族をもち、家を買い、友人をつくり、幸せで充実した人生に必要だといわれることをすべてやっても、なぜか満たされない。ぼくはそのうち、充実感を得られないのは、クリエイティブな表現をしていないからだ、と思うようになった。

創造性は人間の大切な機能のひとつだ。創造性があるからこそ、見るもの、聞くもの、触るものなど、人生で経験するすべてのものが豊かな意味をもつ。自分にも創造性があると感じたり、それを小さくてもつねに発揮したりする機会がないと、自分が歩むべき人生を想像し、計画し、実践し、ふくらませる力がむしばまれてしまう。創造性に欠けた人生は何の意義も形もなさない、人間性に欠けた人生だ。創造性がなければ、自分で自分の人生をコントロールするという感覚をもつこともできなくなり、ぼくたちはまるで波に翻弄されるコルクのようになってしまう。

この本の全体を眺めてみて、ぼくはまさに自分が必要としている本を書いたのだ、と気づいた。自分がクリエイティブな道を歩みはじめるときに出会いたかった、と思うような本だ。誰でもそうだろうが、ぼくはただ幸せになりたかっただけだ。ぼくが人生に望んでいるものを手に入れるたった一つの方法は、自分でそれを創ること、つまり、自分の心の声を聞き、クリエイティブな道を歩んでいくことだ、と気づくまでには時間がかかった。これは誰にとっても当てはまる真実だろう。あなたにとっても。

幸せは偶然手に入るものではない。その道理は明白だ。人間は何かを達成したからといって幸せを手に入れられるわけではない。自分で幸せだと思うから幸せなのだ。自分は幸せであると自分で決めれば、その思いが何かを達成することを後押ししてくれて充実感をもつことができる。その逆ではない。宝くじにあたっても幸せにはなれないし、占星術で水星逆行が起こったと聞いても幸せにはなれない。幸せとは決断なのである。

たしかに、雪崩などの自然災害や、重い病気、交通渋滞や水漏れのような厄介な問題など、人生には自分ではコントロールできないことがいろいろとある。それに、誰も運命の気まぐれには逆らえない。裕福な家庭に生まれたかどうかなど、手持ちの札に対する責任はあなたにはない。唯一あなたに責任があるのは、あなたに与えられた貴重な才能をどのように受け取るか、そして創造性を駆使してそれをどうやって生かすかということだ。自分の才能を生かすことは誰にでもできる。実際、そのためにぼくらは生きているのだ。

ぼくはとことん楽観主義者だ。これまで、自分のいちばんの特徴であるポジティブ思考をつねに失わないように努力してきた。そのことはぼくの人生や、ぼくの周りにいる人の人生に、おおいに役立ってきた。幸せやポジティブ思考というのは一部の幸運な人にしか与えられないものだと思い込んでしまうと、ぼくらは行きづまってしまう。でも、そうではない。幸せを手にした人は、それを手にすることを自ら選んだのだ。ポジティブでいるということは、手放しで楽観視したり、上辺だけ見たりすることでも、陳腐な決まり文句でもないし、現実から目をそらしたりすることでもない。与えられた環境のなかで、いい面を探すということだ。難しい問題や悪い点に注意を向けるのではなく、チャンスやいい点に注目することだ。ポジティブ思考とは、自分には何でもできると信じて人生を歩むことだ。

そう、何でもできる。

もしあなたが、これまでネガティブ思考で生きてきた人なら、ネガティブ思考のほうが馴染みがあるだろう。どうせうまくいくわけがない、と思っていれば失望することもない。実際、そういう考え方がネガティブ思考を強くしてしまう。脳は美しい夕日よりも、晩ご飯にありつこうとあなたを目がけて飛んでくる捕食者のほうに焦点をあてるように進化してきた。だから、ぼくたちは捕食者ばかりを見て、夕日を見損なってしまうのだ。

こうした本能は近代社会の負債だ。有害である。ネガティブ思考はストレスホルモンを分泌させ、血圧を上げ、免疫システムを弱らせ、健康問題を引き起こす。ネガティブ思考はあなたの認知能力や記憶力を低下させる。なかでも最悪なのは、ネガティブ思考は予言の自己成就を引き起こすという点だ。

ぼくたちが何かネガティブな結果を予想すると、そのとおりになるように本能がそういう行動をとらせてしまい、その結果ひどい結末になる。そのことがまたネガティブな反応を強化する。「ほらみてみろ、こういう結果になると言っただろう！」というのがそうだ。ほかにも伝染するものといえば負のスパイラルが挙げられる。人生に対して皮肉な見方をしていると、その有害な見方が周りの人や家庭や職場にも影響する。

ネガティブ思考をなくすいちばんいい方法は、クリエイティブなことをすることだ。あるいは、伝説的な投資家であるベン・ホロウィッツはこう言っている。「問題を解決できる銀の弾丸などない。たくさんの鉛の弾丸を使わなくてはならない」

小さなことでいいから、毎日クリエイティブな行動を続けていれば、ポジティブ思考ができるようになり、堅い意志をもてるようになる。ぼくの場合、ポジティブであることと創造性があることが、この仕事をしてくるなかで強みになってきた。本当かって？

あなたがいままでに出会った人のなかで、最も親切な人を思い浮かべてみてほしい。その人はポジティブな人だっただろうか、それともネガティブな性格の人だっただろうか。

あなたがいままでに出会った人のなかで、最も成功した人を思い浮かべてみてほしい。その人はポジティブだっただろうか、それともネガティブだっただろうか。

それでもまだ納得できないという人も心配しなくていい。あなたはいま、自分のバイオロジーと闘っているところなのだ。あなたの脳の中の神経回路を書き換える力が、あなたにはある。ポジティブであることを選ぼう。幸せであることを選ぼう。そうすれば、本当に考え方も変わっていく。だが、それを保つためには、習慣と行動というシステムが必要だ。そのことをこの本でわかってもらえれば嬉しく思う。

それがぼくの秘密の任務であり、ＩＤＥＡという枠組みが目指すところだ。あなたの人生の可能性を**想像**（Imagine）することができれば、あなたは自分を成功に導ける。人生をつねに**設計**（Design）し、その設計に基づいて繰り返し行動すれば、自分にとってうまくいく方法とうまくいかない方法がわかる。道筋を描けば、そのビジョンを**実行**（Execute）に移すことははるかに容易になる。あなたの創造性を**ふくらませる**（Amplify）ことを選べば、精神も豊かになるし、コミュニティにも深く根をおろせるようになる。あなたの生き方は周りの人にとって灯台のようなものになる。

この本で述べたことのなかには、あなたに合わないものもあるだろう。それはそれで構わない。ぼくが自分の人生へのアプローチの仕方を学ぶのに、クリエイターや、スケートボードをやっている奴らや、世界クラスのパフォーマーや、大学院で学んだ哲学者たちの人生を分析したように、あなたも自分に合うやり方だけを人生に取り入れて、あとは捨ててしまえばいい。

もしあなたが、自分はクリエイターであると自覚し、自分の夢を設計し、それを追うことの責任を自ら進んで引き受けるなら、ぼくの仕事は終わりだ。あなたのクリエイティブな活動が深まり広がっていくにつれ、自分の人生がどこに向かっているか、よくわかるようになっていくだろう。自分にはアイディアを形にする力があると何度も何度も自分に証明していくことになるだろう。そうやって自分で自分の人生の舵を握っているという感覚さえもてれば、あなたは幸せになれるし、満足感を得ることもできるはずだ。

あなたの創造への欲求を追求しよう。

# 謝辞

Acknowledgments

第10章の冒頭で、真空状態ではアイディアは生まれないこと、そしてどんなプロジェクトにも、プロジェクトの成功をサポートしてくれるコラボレーターが必要であることを書いた。この本は確かにその考えが正しいことを証明してくれている。

まず妻のケイトへ。君がいなければ、この本はいまだに走り書きの束だっただろうし、リストやポストイットを貼りつけたただの下書きで、たんにハードドライブに保存されているだけのドキュメントで、引用を書いた紙が床一面に広がっているような状態だっただろう。この本をつくるのはとても大変で、ぼくの精神状態が崩れてしまったときもあったけれど、そんなときは君がぼくを——そしてこの本を——元どおりにしてくれた。ぼくよりも君のほうがよっぽど働いていたときもあったね。ぼくにハッパをかけてくれたり、変えたほうがいいところを指摘してくれたり、ぼくが書きなぐって投げ捨てたものを見直して、ぼくが言いたいことをうまくまとめてくれたり。君が払ってくれた犠牲を、ぼくはけっして忘れない。この本のためにドラマの『ゲーム・オブ・スローンズ』を見のがしたこともあったね。とても感謝している。愛しい君はぼくの光であり、ぼくのミューズであり、ぼくの心の支えだ。

そして家族へ。ぼくの家族も親戚も含め、君たちの絶え間ないサポートは、ぼくの生きる原動力だ。君たち全員を愛している。それから、ぼくがその場にいないときでも、いつもぼくに寄り添ってくれていた友人たちへ。いつもそばにいてくれて、ぼくをそばに感じていてくれて、いいときだけではないぼくのことも知っているのに、ぼくのことを気にかけてくれてありがとう。君たちはぼくのいいときも、悪いときも、仕事やプライベートでひどい目にあったときのことも（書きはじめるとどこまでも続きそうなのでこのあたりでやめておく……）知ってくれている。ありがとう。君たちは最高の友だちだ。

ぼくのエージェントであるスティーヴ・ハンセルマンへ。とにかく君は最高の人だ。君のビジョンはすばらしい。何年もぼくを導いてくれてありがとう。ぼくの中にあったものを本という形で外に出すときに、最高の道筋を選ぶのを手伝ってくれたことに感謝している。この感謝はこの本についてのもの。まだまだ君に感謝することはこの先もあると思っている。将来、君と一緒に長い道を楽しく歩いているところがぼくには見える。

毎日、ぼくとともにこの本に取り組んでくれたチームにも感謝している。ホリス・ハイムボーチへ。初めて会ったときから、君こそこの本に命を吹き込んでくれる人だとわかっていた。ぼくがつくりたい本をつくる手助けをしてくれてありがとう。君がこの本のために闘ってくれたことをぼくは知っている。とてもありがたかった。君とハーパー社の他のメンバー、レベッカ、ブライアン、レイチェル、ほかにも裏方として頑張ってくれたさまざまな人へ。ありがとう。デイヴィッド・モルダワーへ。ぼくの脳や心や魂のなかにあったものを紙に引き出して本にするのを手伝ってくれてありがとう。君がリサーチをしてくれたり、ふと浮かんだアイディアを逃さないようにしてくれたり、不要な話を削って入れるべき話を入れてくれたりしたおかげで、なんとか締め切りに間に合わせることができた。この本を出版するために働いてくれたすべての人に感謝する。君たちと一緒にこの本をつくり出せたことをとても嬉しく思っている。みんなの力でこの本ができた。

ぼくに文章の指南をしてくれた、敬愛する友人のブレネー・ブラウン、ティム・フェリス、セス・ゴーディン、ロバート・グリーン、ライアン・ホリデイ、スコット・アーモント、ローゼン・ノージェロウ、メーガン・ジャスパー、キャル・マカリスター、アレックス・ヒリンジャー、そしてテイラー・ウィンターズへ。ごく初期のころの草稿を見てさまざまな指摘をしてくれた君たちのおかげで、このプロジェクトをふくらませることができた。ありがとう。この本のことで君たちと過ごした時間はぼくにとって宝物だ。力になってくれてありがとう。感謝してもしきれない。

本に登場した商品、インスピレーション、スター、リーダー、ヒーロー、友だち、それからコラボレーターへ。それから自分の経験、知恵、エピソードなどを、一緒に食事をしたときや、インタビューしたとき（録音したこともしないこともあった）、仕事をしているときに話してくれた人、あるいは言い伝えのなかから教えてくれたり、自分の人生から教えてくれたりした人へ。感謝申し上げる。この本で使わせてもらったひとつひとつのすばらしいエピソードの裏には、いくつかカットされたものがある。でも安心してほしい。それらはぼくがこれから書く本、ポッドキャスト、インタビュー、出版記念のイベント、そのほかさまざまな場所で与えられた機会に使わせてもらうつもりだ。ぼくにとっても、この本の読者にとっても、そして君たちが君たち自身の創造への欲求を追求して生きていくなかで出会ったさまざまな人にとっても、君たちがこの世ですばらしいお手本でいてくれることに感謝する。君たちは最高だ。

この奔放な本のデザインをめぐる話し合いで力を貸してくれた仲間たち、ミラン・ボジック、ルー・マクソン、ヴァスコ・モレリ、マット・クィーン、アンドリュー・ヴァン・リューウェン、そしてノートン・ザニへ。いま手元にあるような、独創的なデザインでなければ、創造性についての本はとても完成しなかっただろう。昼夜を問わず、週末や、ちょっとした合間の時間まで、考えてくれてありがとう。出来映えはとても気に入っている。

〈クリエイティブ・ライブ〉や〈チェイス・ジャービス・ライブ・ショー〉でぼくとこれまで働いてくれた人、いま働いてくれている人、そしてこれから一緒に働いてくれる人へ。これまで大変なことばかりだった。コラボレーターや、協力者のそのまた協力者などがたくさんいすぎて、どんなことでも協力してくれるぼくの仲間たちの名前をすべて挙げることはできないけれども、君たちは何千時間も、昼夜を問わず、周りの人が無理だといったこともやってくれた。君たちのチームワークや、個々の頑張りをすべて目にして、ぼくは多くのことを学んだし、この本を書く原動力にもなった。いろいろな場面で、ぼくのことをちょっと気がおかしいのではないかと感じるときもあると思うが——たしかに、ちょっとおかしいときもある——ここまで一緒にやってきたことを少しでも楽しいと感じてくれていたら嬉しい。ぼくは楽しかった。これから先どんなことが起きても、ぼくと同じようにわくわくした気持ちになってくれることを願っている。

最後にすべての人へ。ただアイディアを語り合っているだけではなく、実際にこの本をつくり出せたことに感謝している。

**著者　チェイス・ジャービス**
Chase Jarvis

写真家、アーティスト、起業家。全米で最も影響力のあるフォトグラファーのひとり。アップル、ナイキ、レッドブルなど、数々の有名ブランドのキャンペーンを手がけてきた。ピュリッツァー賞を受賞したニューヨーク・タイムズ紙の長編特集記事「Snow Fall」にも貢献したほか、ドキュメンタリー「Portrait of a City」でエミー賞にもノミネートされている。写真共有アプリ「Best Camera」を立ち上げたほか、世界トップクラスのクリエイターや起業家から写真、動画、デザイン、音楽、ビジネスなどを学べるオンライン学習プラットフォーム「CreativeLive」のCEOで共同設立者でもある。「フォーチュン100企業」のアドバイザーも務める。シアトル在住。
www.chasejarvis.com

**訳者　多賀谷正子**
Masako Tagaya

上智大学文学部英文学科卒。銀行勤務などを経て、フリーランスの翻訳者となる。訳書に『THE RHETORIC　人生の武器としての伝える技術』（ポプラ社）、『トロント最高の医師が教える　世界最新の太らないカラダ』（サンマーク出版）、『ハピネス・カーブ　人生は50代で必ず好転する』（CCCメディアハウス）などがある。

装丁＋本文デザイン　宮崎絵美子
校正　円水社
翻訳協力　リベル

Creative Calling

クリエイティブ・コーリング

創造力《そうぞうりょく》を呼《よ》び出《だ》す習慣《しゅうかん》

2020年4月30日　初版発行

著　者　チェイス・ジャービス
訳　者　多賀谷正子

発行者　小林圭太
発行所　株式会社CCCメディアハウス
〒141-8205
東京都品川区上大崎3丁目1番1号
電話　販売　03-5436-5721
編集　03-5436-5735
http://books.cccmh.co.jp

印刷・製本　株式会社新藤慶昌堂


ISBN978-4-484-20103-0